The Old Testament Documents:
Are They Reliable & Relevant?

Originally published by InterVarsity Press as *The Old Testament Documents: Are They Reliable & Relevant?* by Walter C. Kaiser, Jr.

Copyright © 2001 by Walter C. Kaiser Jr.

Korean translation copyright © 2016 by Seum & Bium

Translated and printed by permission of InterVarsity Press, P.O.Box 1400, Downers Grove, IL 60515, USA. www.ivpress.com

구약성서 다큐먼트
구약성서의 신뢰성과 적합성

초판 1쇄 발행 2016년 7월 30일
초판 2쇄 발행 2016년 12월 10일

지은이 월터 C. 카이저 JR.
옮긴이 김정봉
펴낸이 백도연
펴낸곳 도서출판 세움과비움

신고번호 제 2012-000230호
주소 서울특별시 마포구 양화로 16길 18(서교동)
연락처 T. 02-704-0494 / F. 02-6442-0423 / seumblum@naver.com

ISBN 978-89-98090-14-2 03230

값 15,000원

구약성서
다큐먼트

구약성서의
신뢰성과 적합성

월터 C. 카이저 JR. 지음 | 김정봉 옮김

세움과비움
Seum&Bium

구약성서는
정말 중요한가?

구약성서는 그리스도인의 신앙을 위해 정말 필요할까? 구약성서 없이 삶에서 신앙을 실천해 나간다면 결국 놓치게 되는 것들은 어떤 것들일까? 최근 한 성서학자가 제안했던 것처럼 성서는 "근본이 되는 문서"로써 유대교와 기독교가 어떻게 출현했는지를 알려주지만, 현대의 삶 속에선 신앙 혹은 도덕적으로 우리를 인도할 권한을 잃은 것 같다.

그러나 하나님으로부터 온 계시 전체의 75% 이상은 구약성서에 기초한다는 사실은 짚고 넘어가야 한다. 구약의 선지서만 봐도 신약 전체와 맞먹는 양이며 다양한 내용을 다루고 있다. 때문에 구약성서의 일부를 폐기한다는 것은 하나님의 계시 상당 부분을 극단적으로 없애는 것이 된다.

그러나 현대와 포스트모던 시대의 사람들에게[1] 구약성서의 실재와 부재의 문제를 우선하는 질문이 있다. 구약성서의 주장들과 사건들, 그리고 사람들과 가르침들은 신뢰할 수 있을까? 구약 본문에 기록된 내용이 검증된 인류의 다른 기록유산보다 더 신뢰할 수 있을까?

만약 역사와 인문학, 특별히 종교와 신학의 영역에서 무엇을 "증명하는 것"이 불가능하다는 것이 받아들여진다면(수학과 같은 반박할 수 없는 증거를 제

---

1   이 복잡한 현대 개념의 정의를 위해 용어 사전을 보라.

시하는 측면에서), 우리들과 같이 유한한 존재들에 의해 전해진 문서들이 신앙과 도덕에서 규범적이며 권위적인 것을 결정하는 데 어떻게 사용될 수 있을까? 구약 본문 한 구절에 너무 많은 것을 요구하는 것일까? 어떻게 보면 평범한 구절을 바탕으로 우리의 삶을 인도할 수 있는 신빙성을 찾았다고 여기는 해석자에게 너무 많이 의지하고 있는 것은 아닐까? 이 책을 쓴 나의 동기가 여기에 있다.

여러해 전 F.F. 브루스(F. F. Bruce)는 신약성서 다큐먼트: 신뢰할 수 있는가?(The New Testament Documents: Are They Reliable?)란 제목의 훌륭한 책을 집필했다. 이 책은 다양한 독자들에게 도움을 주었다. 그 책을 읽은 우리들 가운데 많은 사람들은 그 책과 짝을 이룰 구약성서 관련 서적이 왜 출간되지 않는지 궁금했다. 이제 내가 그 과제를 수행하면서 질문의 답을 알게 됐다. 그것은 구약성서가 신약성서보다 훨씬 더 광범위하며 다루기 어렵다는 것이다. 그렇더라도 누군가는 이 일을 해야 한다. 정말 많은 평신도들과 학생들, 학자들을 위해, 특히 구약성서의 신뢰성과 적합성에 대해 누군가 제시해줬으면 하는 사람들을 위해서, 이런 의문들을 다룸으로써 현대에서 구약성서의 유용성에 대해 대화가 열리게 할 것이다.

구약성서에 관한 책을 준비하는 사람들에겐 또 다른 짐이 있다. 구약성서의 신뢰성에 관한 질문에 더하여 "그래서 어쩌라는 거야?"라고 묻는 실제적 질문이다. 신뢰성은 구약성서 본문을 점검함으로써 해결될 수 있다고 해도, 구약성서가 현대 우리의 삶에도 의미가 있는가? 구약 본문이 우리를 위해 쓰인 것이 아니라면 그 메시지를 우리의 질문들에 적용하기 위해 노력하는 것이 무슨 의미가 있단 말인가.

부디 이 책이 비좁은 언어 속에 담긴 외적 증거들과 함께 구약성서의 내적 의미를 풀어내는 새 기준으로 받아들여지기를 바란다. 또한 학부생들과 신학생들, 평신도들과 학자들에게 의미가 잘 전달되기를 바란다. 구약성서에 관한 대화는 반드시 모든 참여자들이 살아있는 신앙 안에 있는 동반자들로서 참여하는 공동의 과제가 돼야 한다. 그 대화는 완전히 새로운 과제가 던져진 포스트모던 시대의 중심에서 공유된 것이며 하나님의 일들과 그의 세계를 포함한다.

책의 본문으로 떠나는 여정을 시작하기 전 한 가지 당부하고 싶다. 이 본문들 속에서 우리가 다루게 될 주제들은 복잡하다. 그러므로 독자들의 다른 해석은 늘 존재할 것이다. 그러나 성경본문이 어떠한 해석보다 우선되어야 한다는 확신은 변함이 없다. 성서학에서 가장 큰 분열은 어떤 해석을 따르느냐가 아니라 하나님이 성서의 궁극적인 저자인 것을 믿느냐 믿지 않으냐에 있다. 이 가장 중요한 사실에 비하면 나머지는 우선순위와 헌신의 사다리 맨 아래쪽에 걸쳐 있다.

이 책에서 제안된 주장들은 나 자신의 것이란 사실을 말할 필요가 없을 것이다. 부디 독자들이 내 주장의 증거가 설득력 있다 느끼고 내 결론들을 공유하거나 자신의 것으로 삼길 바란다. 이 책에서 수집된 자료와 독자들의 상호작용은 무엇보다 즐거운 일이 될 것이라고 신뢰한다. 나는 사십년 이상 이 문제들을 연구하면서 매우 즐거웠다. 시간이 갈수록 무지함의 가장자리로 밀려나지 않으려 애썼다. 지금까진 아니었다 해도 독자 여러분들 또한 이 같은 노력을 즐기게 되었으면 한다. 팔년 전부터 진행된 이 프로젝트를 위한 IVP 출판사의 짐 후버의 후원에 감사한다. 우리 주님이 이 책에 제기된 문제들의 결과로써 뒤따르게 될 대화들을 기뻐하시기를 희망한다.

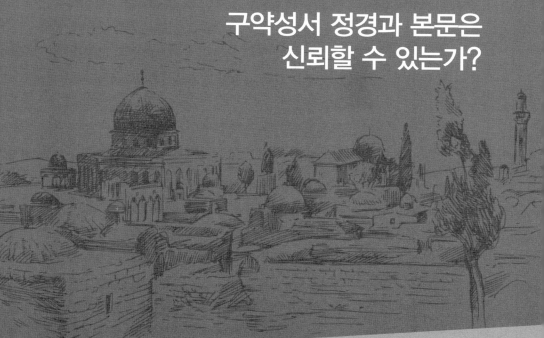

구약성서 정경과 본문은
신뢰할 수 있는가?

1.

구약성서는
어떻게 유래했는가?

　우리가 지금 구약성서라 부르는 책을 구성하는 서른아홉권의 책들을 어떻게 갖게 되었을까?에 대한 호기심에도 불구하고, 우리들의 무지함으로 인해 최종적이고 완전한 답을 할 수 없다는 것을 인정해야만 한다. 성경 혹은 신뢰할 수 있는 어떤 전승도 이 질문에 관해 완전한 해답을 주지 않는다. 뜨겁게 논쟁이 된 이 주제들에 관한 의견들은 우리가 받아들이게 될 다른 많은 자료들에 비춰 검토해야 하고 그 미묘한 차이들을 주의 깊게 주목할 필요가 있다.

　현재 우리 지식의 빈자리를 채울 추측들이 충분치 않다는 것은 아니다. 예를 들면 주후 약 100년경에 기록된 에스드라 2서 14:37-47절에 있는 억지로 꾸민 것 같은 전설은 그 나름대로 우리 질문에 대답하고 있다. 이 기발한 설명에 의하면, 하나님은 에스라에게 상당히 독한 술을 마실 것을 명령하셨다. 그리고 에스라가 묘사했던 것처럼 "그러므로 내 마음의 이해를 구하기 위해 쏟아놓았다… 그리고 지존자가 나와 함께 다섯 사람에게 설명해 주셨다. 차례로 그들은 알지 못했던 글자들로 구술된 것을 기록했다."
약 사십일 후 하나님은 에스라에게 명령하셨다. "스물네 권(그 뒤 현재의 서른
아홉 권의 책으로 배열된) 책을 공포하라."

그러나 그런 방식은 올바르지 않다. 왜냐하면 에스드라서의 본문이 '예
술적 능력은 황홀경의 상태로부터 기인 한다'는 헬라 사상에 강하게 의존
하기 때문이다. 성경은 헬라 사상이 창조성의 기원이 될 것을 암시한 바 없
으며, 성경의 저자 또한 책을 쓴 당시 자신이 이해하지 못한 방식으로 계시
를 받았다고 조장하지 않는다.

또한 당시 유대인들은 에스드라서를 그들이 하나님으로부터 온 계시로
받아들였던 다른 책들과 동등한 것으로 받아들이지 않았다는 사실을 주목
해야 한다.

지금의 구약성서가 어떻게 탄생했는가를 설명하는 적절한 방식은 본문
자체에 비교적 확실하게 남겨진 일련의 증거 세 개의 과정에 관해 묘사하
는 것이다. 이것은 영감을 받은 말씀들과 영감을 받아서 쓴 책들, 그리고
책들의 묶음을 포함한다.

영감을 받은 말씀들

구약성서는 대략 주전 1400년부터 400년까지의 천 년에 걸친 이야기다.
사실, 히브리서 저자(히 1:1)는 책을 시작할 때 그 사실을 매우 정확히 요약
했다. "옛적에 선지자들을 통하여 여러 부분과 여러 모양으로 우리 조상들
에게 말씀하신 하나님이." 여기서 "여러 부분"은 위에서 언급된 모세의 시
대로부터 역대기서가 완성된 때까지 천년을 포함한다.

우리는 히브리서 본문이 암시하고 있는 "여러 부분"을 놓쳐서는 안 될
것이다. 왜냐하면 하나님은 모세(민 12:6-8절에 의하면 "대면하여")와는 직접
말씀하셨기 때문이다. 또한 다윗과 같은 시편 저자에게 하나님은 영감을

받은 노래들을 통해 말씀하셨다. 반면 하나님은 이스라엘의 지혜자들 에게 는 창조와 사회적 행동 등에 관한 그들의 관측을 통해 말씀하셨다(잠 24:30-34절을 보라). 선지자들에게도 하나님은 환상과 꿈, 그리고 하나님의 말씀을 듣는 것을 통해 말씀하셨다. 그 방법들은 시간과 저자들에 따라 다양했다.

그러나 하나님이 인간에게 계시하신 첫 번째 것은 무엇이었는가? 우리 가 확신을 할 수는 없지만 그것은 창세기(창 2:4; 5:1; 6:9; 10:1; 11:27 등)에 열 번 반복된 "…의 내력/계보"(혹은 '이것은 …의 설명이다' 혹은 '이것들은 …의 역 사들이다'와 같은 유사한 결과로 번역) 구절로, 저자가 창세기를 쓸 때 하나님이 사용하길 기뻐하신 성서자료의 가장 초기기록으로 존재하고 있는 것이다. 이 사실로 볼 때 하나님은 성서의 저자가 그 자신의 앞 시대 역사의 자료들 을 함께 모으도록 이끄신 것을 볼 수 있다. 창세기 저자는 그의 자료들로부 터 이 부분들을 그의 영감의 저작 안에 포함시키도록 인도되었다. 책에 있 는 신적 계시의 완전한 형태 속에 녹아 들어간 최종 작문은 그 당시뿐만 아 니라 후세를 위해서도 하나님이 보존되기를 원하시고 의도하신 바로 그 것 이었다.

놀랍게도 누가복음에서도 그와 같은 자료의 사용을 볼 수 있다. 누가는 예수의 시대와 그분의 삶의 부정확한 것으로부터 정확한 것을 정리하기 위 해 그 이야기의 시작 때부터 전수된 모든 것을 주의 깊게 조사했다(눅 1:1-4). 연구자이자 저자에게 영감은 관점과 배열, 선택의 과정을 안내하며 분 별력을 주었다. 방금 언급했던 것처럼 모세(사견으론 창세기 저자로 가장 개연성 이 있는 자)는 창세기와 관련된 열 개의 구체적인 문서들을 분류하는 과제수 행 중에 분별력이 생겼다. 이런 설명은 가설 자료들에 관해 말하는 것과는 매우 다른 것이다. 현재 힘을 잃어 가는 문서 비평은 오경 전체를 위해 주 장된 J, E, D 그리고 P 문서들에 관해 말한다. 그러나 J, E, D 그리고 P 자 료들을 본 자는 아무도 없으며 창세기에 있는 "…의 내력 혹은 계보"에 관 한 열 차례 언급과 유사한 어떤 고대 문학 속에서도 그 문서들에 대한 암시조차도 본 자들은 없다. 이처럼 가설 문서들은 본문 속에서 지속적으로 언급되는 실제 자료들을 위하여 안전하게 생략되거나 혹은 고대근동에서 발견된 비문 자료들과 구별될 수 있을 것이다.

구약성서 정경의 핵심을 형성하는 영감의 말씀의 다른 보기는 "하나님의 손〔혹은 손가락〕"으로부터 직접적으로 온 십계명이다. 분명히 하나님은 영(요 4:24)이시다. 사실 하나님은 어떤 신체적 형상을 가지지 않았으므로 손에 관해 말하는 것은 맞지 아니다. 그러나 확실히 그 표현은 십계명이 하나님으로부터 즉각 온 것이란 사실에 대해 독특한 방식 속에서 가리킨다.

출애굽기와 신명기는 그 사실에 대해 다음과 같이 설명한다.

> 여호와께서 시내 산 위에서 모세에게 이르시기를 마치신 때에 증거판 둘을 모세에게 주시니 이는 돌판이요 하나님이 친히 쓰신 것이더라. (출 31:18)

그리고 다시 말한다.

> 여호와께서 이 모든 말씀을 산 위 불 가운데, 구름 가운데, 흑암 가운데에서 큰 음성으로 너희 총회에 이르신 후에 더 말씀하지 아니하시고 그것을 두 돌판에 써서 내게 주셨느니라. (신 5:22)

이스라엘 백성들 편에선 그들을 향한 하나님의 말씀임을 의심할 여지가 없었고, 그들은 응답했다.

> 말하되 우리 하나님 여호와께서 그의 영광과 위엄을 우리에게 보이시매 불 가운데에서 나오는 음성을 우리가 들었고 하나님이 사람과 말씀하시되 그 사람이 생존하는 것을 오늘 우리가 보았나이다. (신 5:24)

물론 모세는 첫 번째 돌판 들을 금송아지 곁에서 종교적 타락 속으로 빠져들고 있는 그의 백성들에게 넌더리를 내며 던졌다. 모세의 형인 아론은 모세가 없는 6주 동안 금송아지 상을 세웠다. 돌판을 대체하기 위해 야훼는 모세에게 "너는 돌판 둘을 처음 것과 같이 다듬어 만들라 네가 깨뜨린 처음 판에 있던 말을 내가 그 판에 쓰리니"(출 34:1)라고 지시하셨다. 한 번 더 하나님은 십계명의 직접적인 저자였다. 이 사실에 관해 본문은 어떤 의심도 남기지 않는다.

　핵심이 되는 십계명에 더해 모세는 오늘날 언약서로 알려진 것을 덧붙였다(출 24:7). 백성들은 모세가 하나님과 함께할 때 그 산위에 나는 천둥소리를 들었고 번개를 보았다. 그들은 뒤로 물러섰으며, 모세가 그들의 대변자이며 그를 통해 하나님이 그들에게 말씀하실 것을 구했다. 그들은 죽게 될까 두려웠던 것이다(출 20:18-19). 따라서 백성들이 먼 거리에서 남겨져있었을 때 모세는 다시 한 번 하나님이 계셨던 캄캄한 어둠으로 다가갔다(출 20:21).

　이번에 하나님은 출애굽기 21-23장 언약서의 내용들을 계시하셨다. 이번엔 "모세가 여호와의 모든 말씀을 기록했다"(출 24:4). 따라서 십계명과 언약서는 둘 다 모세가 하나님을 "대면할 때" 하나님의 말씀으로 주어졌다.

　같은 방법으로 선지자들은 종종 하나님의 말씀을 받았다. 하나님이 일반적으로 유대인 선지자들을 통해 말씀하셨다는 규칙에 대한 가장 놀라운 예외는 메소포타미아 상류지방 출신인 이방 선지자 브올의 아들 발람이다. 예를 들어 발람은 그의 네 번째 예언을 이 말씀으로 시작했다.

　예언하여 이르기를 브올의 아들 발람이 말하며 눈을 감았던 자가 말하며; 하나님의 말씀을 듣는 자가 말하며 지극히 높으신 자의 지식을 아는 자, 전능자의 환상을 보는 자, 엎드려서 눈을 뜬 자가 말하기를, 내가 그를 보아도 이 때의 일이 아니며 내가 그를 바라보아도 가까운 일이 아니로다 한 별이 야곱에게서 나오며 한 규가 이스라엘에게서 일어나서 모압을 이쪽에서 저쪽까지 쳐서 무찌르고 또 셋의 자식들을 다 멸하리로다. (민 24:15-17)

이 말씀을 그대로 문자 그대로 해석하면 "그 사람의 신탁, 브올의 아들, 발람의 신탁(히브리어: 네움 학게베르)."이다. 이 표제는 다른 곳에서 발견된 것들과 유사하다. "이는 다윗의 마지막 말이라 이새의 아들 다윗이 말함이여(히브리어: 네움 학게베르)"(삼하 23:1). 혹은 "이 말씀은 야게의 아들 아굴의 잠언이니 그가 …이른 것이니라(히브리어: 네움 학게베르)"(잠 30:1).[2] 성서 자료의 문학적 형태가 시, 잠언, 산문 등 무엇이든지 간에 하나님의 말씀은 중요하다. 게다가 하나님의 말씀을 듣고 기록한 자들이 유한한 자들("그 사람의 신탁")이었다는 명백한 고백이 있었다는 사실에도 불구하고, 자신들이 보고 듣고 얻은 지식들은 전능자로부터 직접 왔다는 사실을 강조했다. 그것은 "가장 높으신 이로부터 온 지식"이었다.

만약 우리가 어떻게 유한한 존재에 지나지 않는 인간이 하나님으로부터 직접 듣고 보고 그 말씀에 관한 확실한 지식과 환상과 가르침을 받았다고 고백할 수 있었는지 의문이 든다면, 다윗의 마지막 말들이 도움이 될 것이다. 다윗은 자신의 마지막 말들을 사무엘하 23:2-3절에서 이렇게 소개했다. "여호와의 영이 나를 통하여 말씀하심이여 그의 말씀이 내 혀에 있도다 이스라엘의 하나님이 말씀하시며 이스라엘의 반석이 내게 이르시기를…" 이 설명은 여러 세기 후에 사도 바울이 고린도전서 2장 13절에서 주장했던 것과 매우 유사하다. "우리가 이것을 말하거니와 사람의 지혜가 가르친 말로 아니하고 오직 성령께서 가르치신 것으로 하니 영적인 일은 영적인 것으로 분별하느니라." 바울이 영감에 관해 기계적인 견해를 가지지 않은 점에 주목하자. 그는 그 말씀들이 그의 머릿속으로 "구술되었거나," "속삭여

---

2   나는 브루스 월트케의 논문인 "How We Got the Old Testament," *Cruce* 30(December 1994): 14쪽에 있는 이 언급들을 인용하고 있다.

졌거나" 혹은 자동적인 글쓰기의 어떤 형태 속에서 표현됐다고 주장하지 않는다. 대신 바울과 다윗은 관념적 수준이 아니라 그들을 가르치시고 그들의 메시지들을 표현하는 부분까지 함께하시는 하나님의 살아 있는 영에 대해 얘기한다. 그것이 바로 많은 사람들이 하나님의 말씀으로 표현된 완전한 영감을 주장했던 이유이다.

자신의 잠언이 하나님으로부터 왔다는 확신을 가진 자는 솔로몬 왕이었다. 그는 "대저 여호와는 지혜를 주시며 지식과 명철을 그 입에서 내심이며"(잠 2:6)라고 증언한다. 진리의 근원은 인간이 아니라 하나님이시다. 비록 그 진리들이 전달되는 경로와 매체는 의심할 여지없이 인간이었지만 말이다.

이 주장은 구약성서의 문서선지자 16명 가운데서 최고조에 달한다. 5천 번 이상 그들은 "여호와께서 이와 같이 말씀하시니라"라고 표현한다. 이를 통해서 그들은 하나님 자신으로부터 받은 말씀들과 사고를 그들 자신의 것과 구별한다. 예를 들면, 선지자 나단은 사무엘하 7장 3절에서 자신을 위해 완성한 백향목 궁궐과 유사한 성전을 짓고자하는 다윗을 위해 개인적으로 찬성했다. 그러나 바로 그날 밤 하나님은 나단에게 나타나셔서 그 계획 전체를 거부하시고 하나님 자신의 말씀을 지시하셨다. 그러므로 선지자가 말한 모든 것이 영감을 받은 것은 아니었다. 오직 선지자가 하나님의 신탁자로서 말했을 때만 "여호와께서 이와 같이 말씀하시니라"와 같은 문구로 소개했다.

종종 선지서들의 근본 기반들은 선지자들이 주변 상황들로부터 들려져 천상 궁전 그 자체의 환상을 붙잡을 때 전해졌던 것들에서 발견된다. 모레셋의 미가 선지자에게 주어졌던 신탁이 바로 그것과 같은 것이었다. 미가는 경고했다.

> 이러므로 너희로 말미암아 시온은 갈아엎은 밭이 되고 예루살렘은 무더기가 되고 성전의 산은 수풀의 높은 곳이 되리라. (미 3:12)

우리는 하나님을 대신해 말한다고 주장하는 미가의 동시대 사람과 후대 사람들을 통해 깨닫는 바가 있다. 예를 들어, 한 세기 후 예루살렘과 예루살렘 성전에 관한 부정적 예언들을 한 예레미야와 관련해 논란이 발생했다. 그 예언들은 매우 반역적인 것이었으므로 그 예언들이 하나님의 이름 가운데 있었든지 어떻든지 간에 사람들은 예레미야가 죽어야 한다고 생각했다.

이로부터 한 세기 전, 히스기야 왕은 미가 시대 사람들처럼 다음의 말씀을 하나님으로부터 직접 받았다. 예레미야 26장 17-19절 말씀을 들어보자.

> 그러자 그 지방의 장로 중 몇 사람이 일어나 백성의 온 회중에게 말하여 이르기를 유다의 왕 히스기야 시대에 모레셋 사람 미가가 유다의 모든 백성에게 예언하여 이르되 만군의 여호와께서 이와 같이 말씀하셨느니라, 시온은 밭 같이 경작지가 될 것이며 예루살렘은 돌 무더기가 되며 이 성전의 산은 산당의 숲과 같이 되리라 하였으나, 유다의 왕 히스기야와 모든 유다가 그를 죽였느냐 히스기야가 여호와를 두려워하여 여호와께 간구하매 여호와께서 그들에게 선언한 재앙에 대하여 뜻을 돌이키지 아니하셨느냐 우리가 이같이 하면 우리의 생명을 스스로 심히 해롭게 하는 것이니라

이 말씀은 그 자신의 시대와 한 세기 후 예레미야의 시대에서도 하나님 자신으로부터 온 말씀으로 받아졌던 것이다. 유한한 사람들이 그 예언을 말했고, 그것은 국가적 자부심에 악영향을 주는 것이었을 것이다. 그럼에도 불구하고 그 내용을 혐오하는 자들에 의해서조차도 신적 발언으로 받아졌다. 다윗과 같은 시인과 솔로몬과 같은 잠언의 저자, 모세와 같은 율법 기록자, 발람과 같은 이방 선지자들을 변론했던 것처럼 하나님의 말씀은 모든 선지자들과 함께 있었다. 사람의 말은 하나님으로부터 온 말씀과 완전히 구별됐을 것이다.

영감을 받아서 쓴 책들

우리가 이미 창세기에서 본 것처럼 "…의 내력 혹은 계보"의 자료들은 완전한 책을 만들기 위해 사용된 것이다. 성경의 다른 책들에도 동일한 경우를 발견할 수 있다.

모세가 율법책 쓰기를 마쳤을 때 그는 레위 사람들에게 "이 율법책을 가져다가 너희 하나님 여호와의 언약궤 곁에 두어 너희에게 증거가 되게 하라"고 명령했다(신 31:24-6). 그것은 독립적 단위였다. 왜냐하면 백성들은 경고 받았기 때문이었다. "내가 너희에게 명령하는 말을 너희는 가감하지 말고 내가 너희에게 내리는 너희 하나님 여호와의 명령을 지키라"(신 4:2). 이 말이 단순히 십계명과 언약 법이었는지, 혹은 하나님의 율법을 구성하는 다섯 권 전체였는지는 분명하지 않다. 후대 저자들이 언약궤에 계신 주님 앞에 놓인 것을 언급한 방식에서 추론해볼 수도 있다.

그러나 정확히 그곳에서 멈춰야만 했다. 왜냐하면 모세 시대 이후에 첫 다섯 권에 더해진 몇 구절들, 즉 "모세 후기"로써 표시하는 것이 적합한 몇 구절들이 있기 때문이다. 예를 들면 신명기 34장 5-8절엔 모세의 죽음이 기록되어 있다. 여기엔 "오늘까지 그의 묻힌 곳을 아는 자가 없느니라"(6절)라는 특별히 흥미로운 구절이 포함됐는데, 모세의 죽음을 묘사하려 한 것일 뿐 예언일 가능성은 거의 없다. 다시 말해, 모세가 10절과 12절에 "그 후에는 이스라엘에 모세와 같은 선지자가 일어나지 못하였나니 모세는 여호와께서 대면하여 아시던 자요… 모든 큰 권능과 위엄을 행하게 하시매 온 이스라엘의 목전에서 그것을 행한 자이더라"라는 구절을 썼다는 것은 의심스럽다.

마찬가지로 여호수아의 모세 계승을 기록한 신명기 34장 9-12절은 모세의 기록이라 할 수 없을 것이다. 이것 또한 모세가 기록하기에는 특이한 사건이다.

민수기 12장 3절에 "이 사람 모세는 온유함이 지면의 모든 사람보다 더하더라"도 마찬가지로 모세의 저작으로 간주하기는 어렵다. 번역가들은 대부분 이 말을 괄호 속에 둔다. 본능적으로 이 말들은 모세 자신의 저작으로 귀속시키기엔 어렵다는 것을 인식하기 때문이다. 모세의 겸손함을 보여주는 문구들을 볼 때 자신을 내세우는 것 같은 이 표현들이 모세의 발언으로 생각하기는 어렵기 때문이다.

그렇다면 이 기록들은 모세 후기의 다른 저작인가? 혹은 모세 저작이 아닌가? 다섯 율법 책들에 이 말씀을 더한 자는 성령의 영감과 인도를 받은 여호수아였다. 여호수아 24장 26절에는 "여호수아가 이 모든 말씀을 하나님의 율법책〔다른 말로 토라 혹은 오경〕에 기록하고 큰 돌을 가져다가 거기 여호와의 성소 곁에 있는 상수리나무 아래에 세우고"고 나와 있다. 토라 전집의 본래 부분을 준 모세처럼 여호수아 역시 일부를 기술하고 있는 것으로 보인다.[3] 모세가 율법책을 언약궤에 계시는 하나님 앞에 내려놓았다는 사실은 분명 오경의 완성된 현재 형태에 도달했음을 가리킨다. 그러므로 오경이 바빌론 유수의 후대(일부의 자료 비평 이론에서 확신하는 것처럼)에 완

---

3 G. C. H. Aalders, *A Short Introduction to the Pentateuch* (London: Tyndale Press, 1949), 108. 앨덜스(Aalders)는 다음과 같이 자신의 의견을 내어놓았다. "이 모세 후기 혹은 모세 저작이 아닌 것들에 관해서 어떤 저자들은 그것들 전부는 후대 저자의 편집적 추가로써 설명될 수 있다는 추정에 의지하였다. 이론적으로 이 가능성은 부인될 수 없을 것이다. 그러나 그 추측은 자유는 객관적이고 완성된 기록 본문과 함께 취해졌다는 것을 추정한다. 그렇지만 거의 믿을 수 없는 추측이다. 우리는 고대 근동 세계에서 설형문자의 사용이 얼마나 광범위하였으며 또한 토판 물질이 변화를 가하기에는 얼마나 좋지 못하였는지도 기억한다면 보다 오래된 문서들의 광범위한 재 주조를 믿는 것은 쉽지 않다." W. Gunther Plaut, *The Torah: A Modern Commentary* (New York: Union of American Hebrew Congregations, 1981), 1580. 플라우트(Plaut)는 다음과 같이 견해를 밝힌다. "[신명기] 34장에 관한 전통적 견해들은 다양하였다. 어떤 자를 따르면 전체 토라는 마지막 장 전부를 포함하여 모세에 의해 기록되었으며 다른 자를 따르면 여호수아는 5-12절을 기록했다. 반면에 이븐 에스라(Ibn Ezra)는 34장 전체를 여호수아에게 할당하였다. 그는 34장에서 3인칭 사용과 그 산으로부터 모세의 마지막 귀환에 관한 본문의 침묵의 두 이유를 개진하였다." 수 24:26절에 있는 표현, "하나님의 율법책"은 우리가 여기서 반드시 동일하게 고려하여야 할 것처럼 모세에 의해 기록된 것으로 오경에 대한 언급으로서 구약성서 전체에 빈번하게 나타난다. 사실, 여호수아가 수 24:23절에서 사용한 말들은 야곱이 창 35:2절에서 사용했던 바로 그 말이다. M. H. Segal, *The Pentateuch: Its Composition and Its Authorship* (Jerusalem: Magnes Press, The Hebrew University, 1967)를 보라. 특별히 95-102쪽을 보라.

성되었다는 주장은 상당히 빗나간 것들이다.

선지서의 상당 부분은 원래 선지자들이 하나님의 말씀을 듣고 기록함으로 시작되었을 것이다. 이것은 초기 예언 선집으로 이어져 완성된 책으로 계승됐다. 사무엘처럼 사무엘서 상하가 다 그에게 귀속된 경우도 있었지만, 역대기서나 열왕기서는 누가 저술했는지 알지 못한다. 사실 역대기 저자는 자료 75개를 언급한다. 그러므로 성서의 책들이 현재의 최종 형태로 갖추어진 과정은 대부분 일급 신비에 가깝다.

잠언 25장 1절엔 그 과정에 관한 암시가 나온다. 우리는 "이것도 솔로몬의 잠언이요 유다 왕 히스기야의 신하들이 편집한 것이니라"고 듣는다. 만약 솔로몬의 통치가 주전 931-971년으로 추정된다면[4] 히스기야는 주전 700년경의 사람이 된다. 약 250년의 간격이 그들 사이를 구별한다는 것은 분명하다. 잠언은 적어도 그 시대에 걸쳐 편집됐던 것이다.

이 사실에 "야게의 아들 아굴의 잠언"(잠 30:1)과 "르무엘 왕이 말씀한 바"(잠 31:1)는 "지혜 있는 자의 말씀"(잠 22:17-24:22)과 또 다른 쌍의 "지혜로운 자들의 말씀"(잠 24:23-34)에 덧붙여졌다. 따라서 잠언 1-24장에 있는 솔로몬의 본래의 자료들에 관해 케네트 키친(Kenneth Kitchen)은 "이집트와 메소포타미아 그리고 레반트의 나머지 지역으로부터 온 (비슷한)가르침들"을 사용했다고 주장했다.[5]

어떤 책들은 후대에 확장됐다는 분명한 증거도 있다. 예레미야 선지자의 책은 좀 더 짧은 형태의 책과 보다 긴 형태의 책이 존재한다. 짧은 책은 사해 쿰란 사본과 헬라어 칠십인 경에 보존된다. 두 책 모두 영어번역의 기반이 된 예레미야서의 히브리어(중세 히브리어 사본에 보존된) 마소라 형태보다

---

4 이 연대에 관한 증거를 위해 다음을 보라. Walter C. Kaiser Jr. *A History of Israel: From the Bronze Age Through the Jewish Wars* (Nashiville: Broadman & Holman, 1998), 248-50, 269-85.
5 Kenneth A. Kitchen, "Proverbs and Wisdom Books of the Ancient Near East: The Factual History of a Literary Form," *Tyndale Bulletin* 28 (1977): 69-114.

약 팔분의 일 정도 짧은 형태이다.

이 사실은 포악한 유다 왕들이 본래 예레미야 사본의 각 부분을 인정사정없이 자르고 불 속으로 던졌기 때문으로 설명될 수도 있을 것이다. 예레미야 36장 32절은 "이에 예레미야가 다른 두루마리를 가져다가 네리야의 아들 서기관 바룩 에게 주매 그가 유다의 여호야김 왕이 불사른 책의 모든 말을 예레미야가 전하는 대로 기록하고 그 외에도 그 같은 말을 많이 더 하였더라"라고 기록에 남긴다. 여기에 예레미야서 확장에 대한 강력한 증거가 있는 것이다.

성서는 본래 사본의 확장이 가능함을 인식했던 저자들의 기록이기도 하다. 이 "통지하는 신학"은 성서의 저자들이 하나님이 자신의 백성들과 소통하기 위해 그들에게 들려주신 메시지를 위한 근거 혹은 역할을 했다. 일부의 학자들은 어떤 책들이 그 권위서들(즉 정경)의 공식적 목록을 구성하는지는 주전 400년, 혹은 심지어는 그보다 더 늦게까지 이루어지지 못했다고 주장한다. 그러나 그런 주장은 많은 수의 "제2의 기록"(deuterograph)[6] 즉 새로운 경고를 위해 추가된 초기 자료들의 반복들을 놓칠 것이다. 예를 들면, 사람들은 레위기 26장과 신명기 28장(하나님에 대한 국가의 반응에 근거한 축복과 저주의 전망)의 수많은 인용들과 암시들을 열여섯 권의 문서 선지서들 가운데서 하나님의 후대 신탁들이 이 신적 계시의 초기 형태들을 보존한 깊은 존경과 권위에 관한 사상들을 포착하기 위해 수집할 필요가 있다. 조금도 과장하지 않고 그것은 놀라운 목록이다.

브루스 월트케(Bruce Waltke)는 후대의 저자들이 주님의 말씀으로써 초기에 전달된 것들을 증명했다는 동일한 깊은 존경을 입증했다. 월트케는 잠언 30장에 있는 지혜자 아굴(개종자의 가능성이 있는 자)은 모세의 율법과 다윗의 찬송들을 그가 이들 초기 자료들로부터 분명히 영감을 얻었을 때 하

---

6   "제2의 기록"은 후기 문서에서 반복된 본문과 연관된다. 따라서 그것은 그 본문의 "두 번째 저작"을 만든다.

나님의 영감된 권위의 말씀으로 인식했음을 지적했다. 아굴은 잠언 30장 2-3절에서 자신을 부족하고 무지한 자로 소개한다. 5절과 6절에 이르러 그는 그 자신의 인식된 부적절함을 위한 신적 권위와 결심은 하나님의 계시 속에서 다윗(시 18:30〔히브리어 본문 31절〕)과 모세(신 4:2)에게 발견될 것이라는 결론에 이른다. 그가 불평했다.

> 나는 다른 사람에게 비하면 짐승이라
> 내게는 사람의 총명이 있지 아니하니라
> 나는 지혜를 배우지 못하였고
> 또 거룩하신 자를 아는 지식이 없거니와

그래서 그는 어쩌다 그가 알아야 할 사실을 알게 된 것인가? 그는 4절에서 누가 하늘에 올라가서 땅으로 돌아와 우리가 알아야 할 필요가 있었던 진리에 관해 알릴 수 있는지 물었다. 그의 이름이나 그의 아들의 이름을 아는 자들이 있는가? 만약 그들이 어느 이름이라도 알았다면 지금이라도 큰 소리로 말해 줄 것을 그는 4절에서 재촉하였다.

그런 후 5절과 6절에서 그의 딜레마에 대한 해답에 이르렀다.

> 하나님의 말씀은 다 순전하며
> 하나님은 그를 의지하는 자의 방패시니라
> 너는 그의 말씀에 더하지 말라
> 그가 너를 책망하시겠고 너는 거짓말하는 자가 될까 두려우니라

5절은 다윗의 시편 18:30절에서 인용한 것이다. 반면에 6절은 모세의 신명기 4장 2절로부터 인용한 것이다. 그러므로 아굴은 그의 날에 이미 이 두 저자들과 그들의 말들을 그들의 시대에 대해 신적 신탁과 권위로써 수

용했다는 사실을 강조한 것이다.[7]

책들의 수집

오경

모세가 구약성서의 첫 다섯 권, 즉 창세기, 출애굽기, 레위기, 민수기 그리고 신명기를 썼다는 주장에 대해 많은 의심이 있다. 확실한 것은 이 영감으로 기록된 책이 여호수아 때에 완성되었다는 것이다. 여호수아만이 이 법률서에 말씀들을 추가했기 때문이다(수 24:26).

신적이며 거룩한 그 책의 지위는 하나님이 구체적으로 그 책을 언약궤 내에 놓도록 지시하신 사실에 의해 충분히 인식된 것으로 보인다. 당시 어느 정도 완성되었는지에 관한 의문이 있을 것이다. 그러나 우리가 아는 한 여호수아가 더한 것 외 추가된 것은 얼마 되지 않는다.

신명기와 전기 예언서들

신명기, 여호수아, 사사기, 사무엘서 그리고 열왕기서들은 대체적으로 학자들에 의해 "신명기적 역사"라 반복적으로 불렸던 특징적 통일성을 가진 것으로 취급됐다. 이 책들의 문체, 언어 그리고 신학의 유사함뿐만 아니라, 또한 사려 깊게 각 책의 결론 속에 있는 항목들에 의해 연결된 것처럼 보인다. 한 책은 그 결론을 뒤잇는 책의 서론 속에서 반복된다. 따라서 신명기 34장 5절은 여호수아 1장 1절과 겹치며, 여호수아 24장 29-31절은 사사기 2장 6-9절의 일부가 된다. 유사한 고별 연설들은 모세(신 34장)와 여호수아(수 23장), 사무엘(삼상 12), 다윗(왕상 2:1-4) 그리고 솔로몬(왕상 8:54-61)에게서 발견된다. 그 모든 연설들은 열왕기하 17장에 있는, 전체 수집

7　이 보기를 위해 다음을 보라. Waltke, "How We Got the Old Testament," 16.

물의 최종 저자에 의해 제시된 웅장한 결론과 함께 있다. 전체 수집물은 이 역사가 기록되었던 시기에 실현된 예언들로 보인다.[8]

선지서들

주전 6세기경쯤 선지자 다니엘의 책에 "그 책들"에 관한 명백한 언급들이 존재했다(단 9:2).[9] 사실 다니엘은 칠십년 동안 포로 상태로 남는 유다에 관한 예레미야의 예언을 참고했다. 다니엘은 유다의 포로기에 기록했기 때문에, 예레미야가 그의 예언을 쓴지 칠십 년도 채 안 된 때였다. 그런데도 다니엘은 이미 예레미야의 예언을 "성서"로써 여겼다.

시편

시편이 각 권의 끝맺음(추가 부분 혹은 한 부분의 마지막 구절들)에 의해 결정된 것처럼 다섯 개의 찬송집들로 구성되었다는 것을 모두가 알고 있다.

- 1권: 시편 1-41
- 2권: 시편 42-72
- 3권: 시편 73-89
- 4권: 시편 90-106
- 5권: 시편 107-150

시편 일부는 포로기와 후기 포로기로부터 온 것이 확실하다. 그러나 그것이 시편의 완성에 어떻게 영향을 미쳤는지는 여전히 문제로 남아 있다. 시편 72:20절에 표현된 것처럼, 72개의 첫 번째 시편 대부분은 다윗의 저작이다. 따라서 그 시편들은 주전 1000년경에 자리매김 된다. 최근에 게랄

---

8   이 현상을 삼하 2장과 열왕기서에서 입증한 자는 게르하르트 폰 라트이다. Gerhard von Rad, *Studies in Deuteronomy* (Chicago: Henry Regnery, 1953), 74-91.

9   치열하게 논의된 주제인 다니엘의 육 세기 연대의 고전적 방어는 로버트 딕 윌슨(Robert Dick Wilson)으로부터 온다. Robert Dick Wilson, *Studies in the Book of Daniel*, 2 vols. (New York: Putnam, 1917, 1938). 후에 한 권의 책으로 재판되었다(Grand Rapids, Mich: Baker, 1979).

드 윌슨(Gerald Wilson)은 3권이 포로시기를 나타내며 4권과 5권은 포로후기 시대로부터 기인한다고 주장하였다.[10] 시편의 연대와 순서에 관한 정확한 주장일 수 있지만 아직 입증되지 않았다.

느헤미야의 수집

느헤미야가 영감을 받아 기록한, 권위의 책들을 성전에 위치시켰다는 사실에 대해 정확하다는 전승이 있다. 마카비 2서 2:13절에 느헤미야의 도서관에 관한 언급이 있다. "위에 말한 기록문서와 느헤미야의 회고록에는 이런 이야기 이외에 느헤미야가 책을 수집하여 도서관을 세운 이야기가 있습니다. 거기에는 여러 왕들에 관한 책과 예언자들과 다윗이 쓴 글과 제물을 드리는 일에 관해서 여러 왕들이 쓴 편지가 들어 있습니다(공동번역)"

유대인 공동체에서 마카비 1서와 2서는 영감을 받은 글들로 간주되지 않았다. 그러나 유대인들이 적들과 전쟁하던 고통스런 날들 동안 발생한 사건들에 관해 주전 1, 2세기로부터 온 믿을 수 있는 설화들로써 항상 정중하게 다뤄졌다.

결론

구약성서의 기원에 관한 이야기는 상당히 길고 복잡하다. 그럼에도 불구하고 언뜻 봐도 사람들이 생각하는 것보다 더 많은 정보가 있으며 대단히 흥미롭다.

신자들은 성경 전 과정을 인도했던 마음과 한 손, 즉 하나님의 손과 마음을 볼 수 있다. 이것은 성서의 저자들이 성경의 문구가 자신보다 더 높은

---

10 나는 이 언급에 대해 브루스 월트케에게 감사한다. Bruce Waltke, "How We Got the Old Testament," 17. 또한 다음을 보라. Gerald H. Wilson, *The Editing of the Hebrew Psalter* (Chico, Calif.: Scholars Press, 1985).

힘과 능력에 의해서 태어났다는 것을 주장했기 때문이다. 그러나 이 주장은 현대 학자들에 의해 빈번하게 묵살된다. 만약 우리가 미국의 사법 체계를 사용한다면, 성경 본문의 주장은 그 반대를 보여주는 증거들에 의해 유죄가 입증될 때까지 틀림없이 무죄로 남아 있을 것이다. 불행하게도 현재 학계에선 그 반대가 유행하고 있다. 성경 본문은 하나님의 말씀과 기적들로 인해 유죄를 선고받는다. 하나님 자신으로부터 온 것으로 주장되는 바로 그 본질, 모든 종류의 불가능함으로 가득한 내용으로 인해 의문이 제기되는 것이다. 이런 객관성 고발의 측면에서 역사의 심판은 일편의 계몽주의의 자만심의 발목을 붙잡았으며, 다수의 주관적인 상대자들로서 객관성에 대한 권리의 주장자들을 노출했다. 그리고 나머지는 역사가 됐다.

2.

구약성서의 정경에 속한 책들은
어떤 것들인가?

오늘날 우리가 "정경"이라 부르는 구약성서에는 어떤 책들이 포함되는 지를 결정하기 위해 어떤 규정들이 사용되었으며 또 누가 그 결정을 내렸 는가? 그리고 구약성서는 바로 신적권위를 가진 것으로 인정되었는가? 아 니면 상당한 기간이 지난 후에 유대인 회당과 교회와 같은 단체들의 많은 개정과 광범위한 논쟁 이후에 구약성서가 신적권위를 인정받았는가? 이것 들이 이 장에서 우리 앞에 놓인 질문들이다.

캐논(Canon)의 의미

캐논이란 용어는 그리스도교 공동체내에서 표준적 담론으로 고정되어 있었다.[11] 캐논은 히브리어 단어 카네(qaneh)로부터 오는데 그 의미는 "갈

---

11 이 이슈와 관련된 가장 중요한 참고문헌의 일부는 Roger T. Beckwith, *The Old Testament Canon of the New Testament Church* (Grand Rapids, Mich.: Eerdmans, 1985)와 Lee M.

대" 혹은 "식물의 줄기"(왕상 14:15; 욥 40:21)로 측정하는 막대기로 사용되었다. 헬라어는 그 단어를 카논(kanōn)으로 그 언어 속에 포함시켰다. 그 의미 또한 "막대 자"이다. 그러나 "규정 혹은 표준과 안내"등의 다소 광범위한 의미를 지니고 있었다.[12] 그러나 성서에 사용되었을 때에는 구약성서를 형성하는 책들의 모음에 포함된 책들을 의미한다.

캐논은 아타나시우스 대주교(296-373)가 그 단어를 주후 367년에 회자된 서신 속에서 사용하고 그리고 니케아 공의회의 신조 18번(Decrees of the Synod of Nicea)에서 사용되기 전까지 하나님으로부터 오는 순수하고 권위적인 말씀이 기록된 책들을 명시하기 위해 사용되지 않았다. 하지만 이런 사실이 캐논이라는 단어의 개념이 그 시대에 이를 때까지 알려지지 않았다는 것을 의미하는 것은 아니었다. 오리겐 교부(185-254)는 캐논을 교회의 "신앙의 규칙"과 연관시켜 사용하였다. 성서 본문의 독자들을 위한 규칙 혹은 표준으로써 간주된 것을 명시하기 위해 캐논이외에 다른 구절들도 있었다. 예를 들면 주후 이 세기 랍비는 "손을 더럽히는" 그 책들에 관해 언급했다.[13] 이 구절이 의미했던 것이 무엇이었든 그것은 랍비는 다른 책들보다 더 높은 경외감이 있는 책들이 있음을 암시하고 있다. 그 책들의 거룩함 때문에 "손을 더럽히게 되는 것"으로 고려된다.

인정하건대 어떤 책들은 다른 책들보다 더 높은 경외와 존경을 받을 가치가 있는 책들로 생각되며 논쟁들에 관한 상당한 증거들이 있다. 그러나 질문은 계

McDonald, *The Formation of the Christian Biblical Canon*, rev. and exp. ed. (Peabody, Mass.: Hendrickson, 1995), 321-29로부터 얻을 수 있을 것이다.

12 R. H. Pfeiffer는 "Canon of the Old Testament," *Interpreter's Dictionary of the Bible*에서 헬라어 용어 카논은 본래 "방패의 말뚝과 베 짜는 막대기 그리고 색칠 혹은 측정을 위한 자와 커튼을 거는 막대 그리고 침대기둥(유딧서 13:6)의 의미였으며 그리고 은유적으로 규칙, 표준, 모델, 전형, 연대표, 경계, 조세 평가, 관세"등을 의미했다고 주목하였다. 파이퍼는 신약성서 시대쯤에 그 단어는 "규칙"과 "표준"(빌 3:16(textus receptus 본문에서), 갈 6:16) 혹은 "한계" 혹은 "길"(고후 10:13, 15-16)을 의미했다고 더하였다.

13 David Kraemer, "The Formation of Rabbinic Canon: Authority and Boundaries," *Journal of Biblical Literature* 110(1951): 615.

속 남는다. 이 결정들이 무슨 근거위에 혹은 누구의 권위 위에 형성되었는가?

왜 어떤 책들은 정경적인 것으로 받아들여졌는가?

16세기 로마 가톨릭 교회는 일곱 개의 출처가 불분명한 책들을 외경으로써 받아들였다.[14] 게다가 동방 정교회는 동일한 책들에 시편 151편과 마카비 3서와 4서를 포함시켰다. 그러나 유대인 성서는 많은 개신교 단체들에 의해 정경으로 인정받아온 현재의 서른아홉 권과 동일하게 남아 있다. 그 이유는 정확하게 이야기 할 수 없다. 왜냐하면 정경이 성장의 결과로써 나타났는지 아닌지 혹은 과거의 어느 시점에서 시작된 수집으로의 증가인지 아니면 이 책들이 저자들의 손으로부터 정경으로 점진적으로 공인된 것인지 어떤지에 관해 논쟁이 계속되기 때문이다.

우리가 지금 논쟁하고자 하는 요점은 저자들의 주장들을 결정하기에 최고의 위치에 있었던 청자들이 그 책들의 시초부터 정경적 권리를 지닌 것으로 인정하고 있었다는 점이다. 이 견해는 정경의 형성이 정경적인 것으로써 받아들여지기 전에 이미 점진하는 성장, 시간, 그리고 존경을 요구했다는 최근의 견해와 일치한다.

과거 두 세기에 너무 많은 학자들에 의해 가장 많이 단언된 오보(misinformation)중 하나가 주후 90년에 얌니아에서 개최된 랍비 회의에서 일부 학자들이 구약성서 정경에 어떤 책이 포함되어야 하는지에 관해 결정했다는 것이다.[15]

---

14 트렌트 회의(주후 1546년)에서 로마 가톨릭 교회는 또한 토빗서, 유딧서, 솔로몬의 지혜서, (시라 혹은 에수스 벤 시락의 지혜로 불리는) 집회서, 바룩서, 그리고 마카비 1서와 2서를 정경의 책들로 포함시켰다. 비록 외경의 지위로 항상 포함되었지만 말이다. 이 일곱 권의 책들에 더해서 로마 가톨릭 전승은 또한 첨가된 에스더서와 첨가된 다니엘 그리고 예레미야 서신서를 정경에 추가된 것으로 받아들였다. 1548년 트레트 공의회는 에스드라 1, 2서와 마낫세스의 기도의 다른 세 묵시 서들은 받아들이지 않았다.

15 예를 들면 프란츠 불(Frants Buhl)은 F. 불(Buhl)의 *Canon and Text of the Old Testament,* trans. John Macpherson (Edinburgh: T & T Clark, 1892), 24쪽에서 "그 회의에서 거룩한 저작들의 전

물론 예루살렘 포위를 탈출했던 랍비 요하난 벤 자카이가 로마 장군에게 야브네(얌니아)에서 그의 학파를 다시 설립하기 위해 허락을 구했던 것은 사실이다. 이 학파는 스스로 산헤드린이라 부르지 않고 예루살렘에 있던 대법정처럼 법적 기능을 행사하기 시작했다.[16] 그러나 긴 설명과 반대되는 논쟁들의 역사에도 불구하고 얌니아가 구약성서 정경의 형태와 내용을 결정했다는 논제는 적어도 세 가지 기본적인 결함을 지닌다.

(1) 그 회의에 의한 모든 심의들은 어떤 구속력도 가지지 않았다.

(2) 전도서와 솔로몬의 아가서만이 논의되었으며 그 토의 자체도 기본적으로 이 책들을 어떻게 해석할 것인가에 관한 것이었지 그것들이 정경적인가, 아닌가? 에 관한 것은 아니었다.

(3) 그들의 논의에 정경적인 것으로 다루어진 책들은 요세푸스에서 발견된 목록과 다르지 않았다.

잭 루이스(Jack Lewis)는 박사 논문에서 이것에 대한 오보를 바로잡았다. 그는 빈번하게 주장된 "야브네에서 만들어진 성서 전체를 포괄하는 구속력을 가진 결정은 기껏해야 추측적인 것으로 나타난다고" 바르게 결론지었다.[17] 시드 레이만(Sid Leiman)도 동일한 결론에 도달했다. "얌니아 회의가 성서의 정경을 결정지었다거나 혹은 어떤 책들을 정경화 하였다는 견해는 증거상의 어떤 지지도 받지 못하며 더 이상 그 주장들을 심각하게 유지해야할 필요도 없다."[18] 그러므로 주어진 얌니아에서 논의한 범위는 이미 주후 100년 이전에 정경이 인식되었다는 것으로 나타난다.

지금 구약성서 가운데 무슨 책들을 우리는 포함시키는가? 어떤 종류의

체의 정경성이 인정되었다"라고 썼다.

16 이 질문에 관한 최고의 학문적 작품은 Jack P. Lewis, "What Do We Mean by Jabneh?" *Journal of Biblical Literature* 32 (1964): 125-30쪽에서 이루어졌다.

17 Jack P. Lewis, "What Do We Mean be Jabneh?" 130.

18 Sid Z. Leiman, *The Canonization of Hebrew Scripture: The Talmudic and Midrashic Evidence* (Hamden, Conn.: Archon, 1976), 124.

회의가 그 이슈들을 결정했다는 시도들은 파산된 것으로 선언되었다. 이 현존하지 않는 이론을 대체하여 책들의 점진적 인식을 논의하는 것은 가능한가? 우리는 논증될 수 있는 것을 생각한다.

문서 선지자들의 받아들여진 계승

성서 본문 내에 발견된 기준들 중 하나는 한 저자가 다른 저자의 계승자가 되었다는 것이다.[19] 역대기서에 있는 일련의 진정한 구절들은 이 논제에 좋은 배경을 제공한다. 예를 들면 역대기상 29장 29절은 다윗의 행적은 선지자 사무엘, 나단 그리고 갓의 책들에 기록되어 있다. 이는 역대하 9장 29절에서 솔로몬의 행적은 선지자 나단, 아히야 그리고 잇도에 의해 기록된 것이란 소개에 의해 뒤잇게 된다. 유사하게 르호보암의 행적(대하 12:15)은 선지자 스마야와 잇도에 의해 기록되었다. 그 무렵 아비야의 행적은 선지자 잇도에 의해 기록되었다(대하 13:22). 여호사밧의 행적은 선지자 예후에 의해 기록되었으며(대하 20:34) 히스기야의 행적은 선지자 이사야에 의해 기록되었다(대하 32:32). 므낫세의 행적은 익명의 "선견자들"(선지자의 또 다른 명칭)에 의해 기록되었다(대하 33:18-19). 이들 선지자들의 연속은 다윗의 시대 전부터 유다 왕국의 마지막 때까지 존재했다. 따라서 선지자들의 계승에 대한 경우는 성서 본문에 기록 된 것으로 틀림없는 사실이다. 사실 선지자들은 한 사람에게서 다른 사람에게로 패턴을 전달했다. 이로 인해 그들은 사조와 정경적으로 간주되어야 할 것을 어디에서 찾아야하는지에 관한 표시를 할 수 있었다.

그러나 이것들이 전부는 아니다. 기록된 내외적 본문에 의하면 주전 6세기에 기록된 다니엘 9장 2절과 예레미야 25장 11-12절에서 기록한 예레

---

19 나는 이 개념을 제시하기 위해 나의 스승이신 R. Laird Harris, *Inspiration and Canonicity of the Bible: An Historical and Exegetical Study* (Grand Rapids, Mich.: Zondervan, 1957), 166-79 쪽의 신세를 지고 있다.

미야의 예언 이후 약 75년에 다니엘은 예레미야가 "주의 말씀"으로 기록했던 것으로 간주했던 것을 주장한다. 게다가 그는 "나 다니엘이 책[혹은 성서]을 통해 여호와께서 말씀으로 선지자 예레미야에게 알려 주신 그 연수를 깨달았나니 곧 예루살렘의 황폐함이 칠십 년 만에 그치리라 하신 것 이니라"고 말할 때 그 사실을 히브리어에서 사용한다. 이 사실은 매우 지시적이다. 왜냐하면 다니엘은 예레미야서를 다니엘서의 작문의 시기와 거의 동시대에 "성서"로써 받아들였고 간주했던 "그 책들"의 묶음 속에 포함시켰기 때문이다(그 작문의 75년 이내).

유사한 상황은 예레미야가 그 보다 약 125년 정도 앞서 기록했던 선지자 미가의 예언을 다루는 방식 속에서도 알 수 있다. 예레미야는 경고했다. "유다의 왕 히스기야 시대에 모레셋 사람 미가가 유다의 모든 백성에게 예언하여 이르되 만군의 여호와께서 이와 같이 말씀하셨느니라 시온은 밭 같이 경작지가 될 것이며 예루살렘은 돌 무더기가 되며 이 성전의 산은 산당의 숲과 같이 되리라 하였으나"(렘 26:18). 여기서 또 다시 그 말씀은 하나님의 말씀으로 한 세기 반을 밑도는 시간 이내에 교회와 공의회의 도움이 없이 하나님의 말씀으로 인정되었다.

모세의 율법이 이스라엘 백성들에게 규범적인 것이었다는 사실은 에스라 9-10장과 느헤미야 8-9장에서도 또한 분명히 나타난다. 의심할 여지없이 토라의 다섯 책들의 내용은 주전 5세기에 바빌론 포로로부터 귀환한 직후 유대인들에 의해 하나님으로부터 오는 권위를 지닌 말씀으로써 인정되었고 알려져 있었다.

본문을 누군가 기계적으로 인용한다고 해서 성서 정경의 인용된 본문의 일부로 만들지 않는다. 이미 그 본문들은 하나님으로부터 온 말씀들이란 성서 내적 주장으로 인해 성서로써 간주된 것들이다. 그러나 한 선지자로부터 다른 선지자로 "넘겨 준 것"은 잠재적인 정경이 확실히 추적해서 밝혀질 수 있는 규칙으로 받아들여진다.

히브리 정경을 위한 초기 증거

주전 200-180년경 벤 시락의 지혜(시락 49:8-10, 44-50)로 알려진 묵시문학적인 집회서는 구약성서가 율법, 선지서, 그리고 "그것들에 잇따르는 나머지 책들" 또는 "우리 조상들의 다른 책들," 또는 "그 책들의 나머지들"의 세 그룹으로 구성되었다는 사실을 보여주었다. 이 세 번째 범주는 일반적으로 가장 큰 책인 시편이 머리 부분에 있는 성문서로 알려진다.

집회서의 서두 부분(때로 시락의 아들인 예수/여호수아의 지혜로 불린)은 주전 132년경에 헬라어로 번역되었으며 히브리 성서의 삼중 구분을 사용했다. 시락의 아들 예수는 기록했다.

> 그러므로 나는 여러분이 이것에 흥미를 가지고 주의 깊게 읽어 주기를 바라며, 우리의 노력에도 불구하고 어떤 구절의 번역이 혹 잘못되었으면 널리 양해해 주기를 바란다. 원래 히브리어로 표현된 말을 다른 언어로 번역해 놓으면, 그 뜻이 제대로 드러나지 않는 수가 많다. 이것은 비단 이 책의 경우뿐만이 아니라, 예언서와 그 외의 다른 저서들, 심지어는 율법서마저도 그 번역서와 원서와의 사이에는 큰 차이가 있음을 발견할 것이다.[20]

마카비 2서 2장 13절에서 저자(주전 104-64)는 유다 마카비가 알았던 거룩한 책들의 모음집에 관해 말했다. 그는 논쟁하였다.

> 위에 말한 기록문서와 느헤미야의 회고록에는 이런 이야기 이외에 느헤미야가 책을 수집하여 도서관을 세운 이야기가 있습니다. 거기에는 여러 왕들에 관한 책과 예언자들과 다윗이 쓴 글과 제물을 드리는 일에 관해서 여러 왕들이 쓴

---

20 집회서 머리말(역자 주: 공동번역)

편지가 들어 있습니다. 이와 같이 유다도 전쟁 때문에 흩어 졌던 책들을 모아서 전해 주었기 때문에 우리가 지금 그 책들을 보존하고 있습니다. 그 책들이 필요 하셔서 사람을 보내시면 보내드리겠습니다.[21]

예를 든다면 "제물을 드리는 일에 관해서 여러 왕들이 쓴 편지들"과 같은 종류의 참조들이 의미한 것은 수수께끼와 같다. 그러나 그렇게 알려진 수집물들이 주전 일세기에 존재했다는 사실과 느헤미야[22]가 그 성전에서 일찍 수집하여 세웠던 도서관을 구성했다는 사실에 대해서는 의심의 여지가 없을 것이다(느헤미야는 주전 430년경에 속한다).

또 다른 초기의 참조는 필로의 명상적인 삶(3.25-28)에서 발견될 것이다. 그 책에서 필로는 성서를 우리가 에세네파로 알고 있는 사람들과 연관시킨다. 그러나 그는 그들을 이집트에 있는 테라푸태(Theraputae, 역자 주: 이집트에 거주한 에센파와 같은 유대인 수도자들)라 부른다. 필로(주전 20-주후 50)는 이 개인들을 거룩한 장소들로 데려갔다고 주장했다.

거룩한 선지자들과 찬송들 그리고 시편들에 의해 선언된 하나님의 율법들과 거룩한 신탁들과 지식과 경건이 증대되고 완전에 이르게 되는 것에 관한 이유로 모든 종류의 다른 사안들

이 말은 의도가 무엇인지 정확하게 알 수 없다. 그러나 주전 1세기의 참조는 마치 이 수집물들은 많은 사람들이 동일한 에세네파로써 여기는 자들 가운데 쿰란에서 발견된 것들과 유사한 것들로 들린다. 발견된 사해 사본 가운데 이백 개 이상의 성서 히브리어 사본들로부터 에스더서를 제외한 모든 구약의 책들이 설명된다. 어떤 사람들은 에세네파들은 여성들에 대한

---

21   마카비 2서 2:13-15(공동번역). 이 진술에 대한 역사적 배경을 위해서는 마카비 1서 1:56-57절을 보라.
22   이 인물은 일반적으로 성서의 인물인 느헤미야와 동일인으로 생각된다.

부정적 견해를 가졌다고 추측한다. 성서 본문의 수집물들 가운데 에스더서가 없는 것을 그 이유로 설명한다. 그러나 권위를 지닌 것으로 인정하는 책들의 나머지들은 사해 사본 내에 존재한다는 사실만 여전히 있다. 그리고 그 사실은 적어도 그리스도 이전 두 세기와 그리스도 이후 일세기의 본문 전승을 나타낸다. 틀림없이 그 수집물 중에는 다른 여러 저작물들이 있다. 그러나 구별의 기준이 되는 표준들이 로마군의 침공으로부터 사본들을 보호하기 위해 동굴들 속에 서둘러 저장한 것으로 추측할 수 있다. 하지만 일부 수집물들을 다른 수집물들보다 더 존중하기 위해 구별하고 있었는지에 대해 쿰란 공동체에서도 어떤 증거도 찾을 수 없다.

고대에서도 완성된 성서의 정경에 관한 공통의 인정이 있었다는 사실을 증명하기 위해 가장 일반적으로 사용된 자료는 요세푸스의 아피온의 반박(Contra Apion, 1:37-43)에 있는 주후 일세기의 인용이다. 이는 구약성서의 구분을 세 부분의 정경으로 받아들이는 것을 보인다. 그 인용은 아래와 같이 표현되어 있다.

> 정당하게 공인된 우리의 이십이 권의 책들은 역대 기록을 포함한다. 이들 가운데 다섯 권들은 모세의 책들이다. 모세를 뒤잇는 [그] 선지자들은 열세권의 책들에서 그들 자신의 시대에 관한 사건들의 역사를 기록했다. 남은 네 권의 책들은 하나님을 향한 찬양과 인간 삶의 행위에 대한 교훈을 포함한다. 우리는 우리 자신의 성서들을 위한 경의의 실제의 증거를 주었다. 왜냐하면 비록 그런 긴 시기는 지금은 지났지만 아무도 한 음절도 더하거나 제거하거나 바꾸는 위험을 무릅쓰지 않았다. 모든 유대인들이 그 책들을 하나님의 신조로써 그들의 출생의 순간부터 간주하고 그 책들 곁에 거주하고 만약 필요하다면 그 책들을 위하여 기분 좋게 죽는 것도 본능적인 것이다.

분명히 요세푸스는 정경의 삼중 구분을 알고 있었고 사용했다. 이것은 우리가 곧 설명해야 할 이유들을 위해 주목해야 할 중요한 부분이다. 요세푸스의 스물두 권 책의 정경은 후에 유대교에서 스물 네권 책의 정경으로 알려지게 된 것과 동일하다. 사실 스물네 권의 수는 에스드라스 2서 14장 44-48절에서 증언하는 것처럼 요세푸스의 시대에도 또한 알려진 사실이었다.

요세푸스의 스물 두 권 책들과 대부분의 히브리 성서 목록들의 스물네 권, 영어 성서 서른아홉 권의 조화를 위한 설명은 레이만(Leiman)이 주장했던 것과 같다. "요세푸스의 22책들은 아마도 사사기-룻기와 예레미야-애가의 실재를 한 권의 책으로 세는 탈무드 정경의 24권과 일치한다. 나중에 팔레스타인 증거는 이 방식 속에서 정확히 22권의 책들로 계수한다."[23] 성문서의 세 번째 부분에 요세푸스가 열한권의 책들을 놓는 대신에 그는 오직 네 권만 포함시켰다. 그렇게 함으로써 그는 에스라-느헤미야와 역대기서에 덧붙여 다니엘서를 선지서들의 두 번째 부분에 배치했다. 우리가 본 것처럼 룻기는 사사기에 붙이고 애가는 예레미야에 연결시켰다.[24]

심지어 요세푸스로부터 온 이 증거를 더욱 신뢰할 수 있게 만드는 것은 요세푸스가 로마 장군 티투스가 예루살렘을 주후 70년에 정복했을 때 티투스는 자신을 위해서 금 촛대와 진설병의 테이블(오늘까지 로마에서 티투스의 아치에 있는 부조에 입증하는 것처럼)을 가져왔다는 것을 언급했다는 사실이다. 그러나 티투스는 성전의 거룩한 사본들을 요세푸스에게 주었다. 그러므로 요세푸스는 어떤 책들이 그 수집물의 일부였는지 그리고 또한 그 책들이 어떤 순서로 나타났는지를 알 수 있는 탁월한 위치에 있었다.

그러므로 이 모든 역사적 증거의 배경을 종합적으로 판단한 데이빗 노엘 프리드만(David Noel Freedman)의 판단은 정확하다고 할 수 있다. 프리드

---

23 Leiman, *Canonization of Hebrew Scripture*, 31-32.

24 요세푸스는 스물두 권의 책들로 세는 것에 혼자가 아니었다. 주후 400년에 유세비우스는 주전 250년에 오리겐이 그랬던 것처럼 스물두 권을 가졌다. 그러나 제롬은 스물네 권을 가졌는데 그것은 터툴리안(주후 200년)과 멜리토(주후 170년)가 가졌던 것과 동일한 것이었다. 그리고 위에서 진술했던 바와 마찬가지로 탈무드도 동일하다.

만은 전기 선지서(여호수아, 사사기, 사무엘서, 열왕기서)들은 유대인들이 바빌론 포로로부터 주전 536년에 귀환하기 전에 고정되었으며 구약성서 정경은 주전 400-350년 보다 더 늦게 완성된 것이 아니라고 주장하였다.[25]

정경의 삼중 구분

우리는 이미 요세푸스가 어떻게 세 개로 구분된 정경에 관해 알고 있었는지를 보았다. 그는 기록했다. "다섯은 모세의 책들이다. 모세를 뒤잇는 〔그〕 선지자들은 열세권의 책들에 그들 자신의 시대의 사건들의 역사를 기록했다. 남아있는 네 권의 책들은 하나님을 향한 찬송과 인간 삶의 행동을 위한 교훈들을 포함한다." 그러므로 예수님이 누가복음 24장 44절에서 동일한 삼중 구분을 사용했던 것은 이상한 일이 아니다. 그 구절에서 예수님은 그의 죽음과 묻힘 그리고 부활의 사건들에 관한 필요의 묘사들을 포함했던 그 부분들로써 "모세의 율법과 선지자의 글과 시편"에 관해 언급했다.

물론 신약성서에 누가복음 24장 44절에 있는 엠마오 도상에서 두 제자들에 대한 우리 주님의 꾸짖으심으로부터 우리가 인용했던 구절에 다르게 나타난 약 열두 개의 언급들은 삼중 구분 대신에 이중 구분에 관련이 있는 것은 사실이다(예. 마 5:17: 눅 16:16-17). 그 곳들에서 구약성서 전체는 단순히 "율법과 선지자" 두 부분으로 요약된다. 이 사실은 시편과 다른 지혜서들의 저자들은 공식적으로 선지자들과 마찬가지로 여겨진 것을 의미한다.

구약성서의 삼중 구분에 관한 신약성서 언급에 앞서 구분에 대한 약간의 참고들이 존재한다. 주목할 만한 예외는 주전 132년에 그 서언에 동일한 삼중 구분을 기록한 묵시서인 집회서이다(이집트 왕에 대한 언급에 의해 연대가 설정되었다). 집회서는 "율법과 선지자들 그리고 그들의 발자국을 따르는

---

25 David Noel Freedman, "The Earliest Bible," in *Backgrounds for the Bible*, ed. M. P. O'Connor and D. N. Freedman (Winona Lake, Ind.: Eisenbrauns, 1987), 29.

다른 책들"에 관해 말한다. 다른 참조에서 구약성서는 "율법과 선지자들 그리고 우리 선조들의 다른 책들"이었다. 다시 말해 구약성서는 "율법 … 과 선지자들 그리고 그 책들의 나머지들"이었다. 분명히 세 번째 구분에 관한 명칭은 여전히 확정되지 않았지만 존재하고 있었던 성서 책들의 모음들은 삼중 구분이었다는 사실은 상당히 잘 정착되었던 것으로 보인다.

이 구분의 중요성은 그것이 우리들에게 구약성서의 현재 정경 개념을 주전 2세기로 투영하는 것을 허락한다는 점이다. 우리가 논의했던 것처럼 이것은 이미 그 책들의 출현이 이루어졌으며 그 책들의 동시대 사람들이 책들을 기록했던 자들과 그들의 권위와 신뢰성 그리고 삶에 관한 판단을 내렸고 점진적으로 인정되었던 것을 후대 형식화한 것이다. 결국 책들이 처음 나타났을 때 보다 훨씬 더 멀어진 것을 우리는 알게 된다. 여러 방면에 있어서 그 사실은 그 만큼 더 정경 속에 무슨 책들이 있었는지에 관해 결정을 내리는 것을 더욱 어렵게 만든다.

결론

정경의 삼중 구분은 오늘날 많은 사람들이 주장하는 것처럼 아마도 주후 4세기까지 완전히 유행했던 것은 아닌 것으로 보인다. 사실 사해 공동체의 제자도의 교범과 사독 계열의 문서는 대부분의 신약성서에 일반적인 견해처럼, "모세와 선지자들," 오직 이중 구분만을 받아들인다. 그러나 반드시 주목되어야 할 것은 사해 문헌은 사실상 집회서의 서언과 함께 동시대에 속한다. 그러므로 구약성서의 책들은 이중 구분 또는 삼중 구분으로 구성되고 있는 것으로 간주되었는가? 라는 질문이 있어야 한다.

더 확정적인 논쟁은 모세가 언약궤에 임재한 주님 앞에서 기록했던 책들을 모아 둔 것처럼(신 31:26) 여호수아도 그를 따랐으며(수 24:26) 사무엘도 "왕의 법도"에 관해 기록한 후에 "책에 기록하여 여호와 앞에 두고"(삼상 10:25) 라 한 것은 모두 사실인 것 같은 생각이 든다. 역대기서에 주어진 사실상 연속적인 저자들과 역사의 일련을 고려해 볼 때 저자들은 그들이 사람들에게 신적 말씀으로써 간주한 것을 기록하는 것에 관해 의식이 있었으며 대대로 전해지는 전통적인 부분들이었을 가능성이 높다.

예수님이 유대인들의 경외심 속에서 들려있었던 책들을 가리키는 것에 의심의 여지는 없을 것이다. 그리고 날카롭게 말씀하셨다. "이 성경이 곧 내게 대하여 증언하는 것 이니라"(요 5:39). 그리고 만약 그 때에 영감을 받은 정경적인 것으로 존중되고 수용되었던 그 책들의 범위가 무엇이었는지에 대해서 질문이 주어진다면 그 대답은 누가복음 11장 51절과 병행 본문인 마태복음 23장 35절에서 발견된다. 거기서 예수님은 그가 알고 계셨던 것처럼 현재 서른아홉 권과 동일한 스물네 권의 책들이 되는 정경의 범위를 보이셨다(표 1을 보라). 그는 "그러므로 의인 아벨의 피로부터 성전과 제단 사이에서 너희가 죽인 바라갸의 아들 사가랴의 피까지 땅 위에서 흘린 의로운 피가 다 너희에게 돌아가리라." 물론 아벨에 대한 언급은 정경의 가장 첫자리에 있는 창세기에서 가장 초기의 이야기들 중의 하나에 관한 언급이다. 그러나 "바라갸의 아들"로서 사가랴의 지칭은 약간의 혼돈을 초래해왔다. 왜냐하면 그는 선지자 사가랴이기 때문이다. "여호야다의 아들" 사가랴는 역대하 24장 20절에서 성전 근처에서 죽임을 당했다. 누가복음 11장 51절은 적어도 마태복음의 한 헬라어 사본에서처럼 사가랴의 아버지의 이름을 생략한다.

우선은 본문 비평 이슈들은 잠시 옆에 두고 예수님이 언급하기를 바라셨던 사건은 역대하 24장 20-22절에 있는 것이었다. 이렇게 하여 예수님은 구약성서에서 열거된 첫 번째와 마지막 살인 사건들을 언급하셨다. 왜냐하면 유대인 정경은 역대기로 끝났기 때문이다.

이 장이 시작될 때 제기된 질문을 다시 생각해야 할 시점이다. 정경에 무슨 책들이 포함되어야 하는지와 그것을 위해 사용된 표준들이 무엇이었는지 그리고 이런 결정을 내린 자는 누구인가?

우리가 제시할 수 있는 답변은 어떤 집단, 공의회, 혹은 다른 어떤 종교적 혹은 비종교적 무리들도 그런 결정을 내렸다는 증거가 없다는 것이며 더구나 그들의 표준들이 무엇이었는지에 관해 남겨진 단서는 더욱 없다는 것이다. 오히려, 저자들 스스로가 그들이 서술하고 있는 것은 하나님으로부터 온 신적 계시일 뿐만 아니라 그것은 하나님으로부터 온 계속 진행 중인 의사소통의 수단의 경우이며 일부였다는 것을 증언했다. 그런 대담한 주장들의 정확성은 후속 세대들 보다 이 주장들을 평가하는데 더 나은 위치에 있는 동시대인들에 의해 면밀히 조사되었다. 그들은 그것들이 다른 저작들과 다른 저자들에 의한 말씀들 혹은 다른 경우들에 관해 표현된 동일한 저자들의 말씀들과 다르며 구분된다는 것을 선언했다. 여기에 구약성서의 정경을 위한 논쟁의 본질이 자리한다.

도표 1. 스물 네 권의 유대인 정경

토라	선지서	성문서		
	전기 선지서	시가서	오축	역사서
창세기	여호수아	시편	아가서	다니엘
출애굽기	사사기	잠언	룻기	에스라
레위기	사무엘서1.2	욥	애가	느헤미야
민수기	열왕기서1.2		전도서	역대서1.2
신명기			애스더	
	후기 선지서			
	이사야서			
	예레미야서			
	에스겔			
	열두선지서			

3.

구약성서의 본문은
얼마나 잘 보존되었는가?

거의 삼천년을 가로지르는 본문 전승이 큰 관심의 원인이 되는 것은 당연하다. 이 진술은 다음과 같은 질문을 갖게 한다. 삼천년이라는 시간을 지나는 동안 이러한 본문을 누가 필사하였는가? 이 필사자들은 원문 저자의 본문의 완전성을 보전하기 위해 어떤 방법을 사용하였는가? 그리고 지금 우리가 소유하고 있는 이 필사본들은 원문을 반영하는가? 이러한 질문들은 다른 문제들보다도 더 빠르게 신뢰성의 문제에 영향을 미칠 것이다.

중요한 것은 구약이든 신약이든 본래의 사본들(자필사본들)은 존재하지 않는다는 것을 미리 주목하는 것이다. 실제로, 사본이란 단어 그 자체는 필사된 것을 의미하는 라틴어로부터 파생된 것이다. 15세기에 인쇄술이 발명되기까지 모든 책들은 필사되었다. 이러한 사본들은 파피루스나 동물의 가죽에 기록되었을 것이다. 그러나 마모에 따른 손실을 대비해야 하는 중대한 의무가 있었음에도 불구하고, 이 원본들이 오래 유지될 수 없었다는 것 또한 사실이다. 더불어 이스라엘의 예배장소가 약탈당하고, 불에 타고, 철

거당할 때 주요 도시들은 여러 번 고난에 시달렸다는 것도 사실에 더하라. 그러므로 존재하는 원본을 발굴하는 기회들은 거의 희박하다.

물론 마모되는 징후를 보이기 시작하는 사본들을 대비하기 위한 방법들이 있었다. 이러한 사본들은 게니자(genizah, "숨겨진")라고 불리는 저장실에 넣어 두었다가 매장의식이 치려질 수 있을 만큼의 충분한 사본들이 차면 매장의식을 치르는 방식으로 처리되었다. 카이로에 위치한 19세기 후반의 회당에도 하나의 저장실이 있는데 여기에 설명된 절차를 명확히 보여주는 최근의 사본들의 상당수가 모습을 드러내었다.

그러나 이런 초기의 히브리어 사본들은 어떠한가? 50년 전까지만 해도 소수의 표본들만 유효했다. 우리는 사마리아 오경과 70인 역과 그리고 주후 1000년쯤으로부터 유래된 내쉬 파피루스(Nash Papyrus)로 제한되었다. 그러나 1947년에 시작된 사해 문서 발굴로 증거는 약 1000년을 뛰어넘게 되었다. 이러한 800개의 성서 본문의 전형들은 주전 250년에서 기원후 50년에 걸쳐 유래되었다. 그러나 심지어 이 사해 사본 두루마리들은 정방형 혹은 아람어 문자로 기록되기도 하였다.

우리가 아는 가장 초기의 성서 본문들은 원시 가나안어 혹은 고대 히브리어 문자로 쓰였다는 것이다. 성서본문의 가장 이른 보기는 은으로 된 부적에서 발견되었는데 이것은 주전 7세기 중반으로부터 유래되었다. 그 안에는 민수기 6장 24절에서 26절의 아론의 축복기도를 포함하고 있었다.[26] 고대 히브리어에서 정방형 혹은 아람어 문자로의 전환은 아마도 주전 3세기에서 5세기 사이에 일어났다고 할 수 있다.[27]

두 번째 문제가 부각된다. 이스라엘 민족은 단어 사이의 공백 없이 연속

---

26 G. Barkay, "The Priestly Benediction on the Ketef Hinnom Plaques," *Cathedra* 52 (1989): 37-76.

27 Frank M. Cross, "The Development of the Jewish Scripts," in *The Bible in the Ancient Near East*, ed. G. Ernest Wright (Garden City, N. Y.: Doubleday, 1961), 133-202 (reprinted Winona Lake, Ind.: Eisenbrauns, 1979).

쓰기를 사용했을까? 확신 할 수는 없지만, 그들이 단어 사이에 공백을 가지고 있었다는 것은 사실로 보인다. 초기 아람어로 된 서신은 공간의 증거들과 때때로 단어들 사이의 표시들을 보여주었다. 예를 들어, 히스기야 터널 끝에 위치한 고대 히브리어로 된 비문에는 단어들 사이에 점들도 포함되어 있다. 그러나 신성한 문서가 이런 예들을 따랐을까? 이미 언급된 은으로 된 부적들안에는 단어들 사이에 공간이나 어떤 표시들도 포함되어 있지 않았고, 그렇지만 이런 부적들은 성서만큼 성스럽게 다루어지지 않았을 것이다. 단어를 나누는 것 없이는 어떤 문맥이든지 모호성의 여지를 남겨놓게 되었을 것이다.

이것은 더욱더 긴급한 질문을 야기한다. 구약성서의 원본은 오늘날 우리를 위하여 얼마나 잘 보전되었는가? 현재의 본문은 예언자들과 시인들 그리고 그것들을 기록하기 위해 하나님에 의해 권위가 주어졌던 거룩한 사람들로부터 온 진정한 본문 전승으로 신뢰될 수 있는가? 우리는 우리 앞에 놓인 성경을 이해하기 위한 모든 노력들이 헛되지 않는다고 어떻게 장담할 수 있는가? 만약 우리의 신학과 우리의 영원한 운명의 기반이 되는 핵심들이 하나님의 의회 안에 서 있었던 저자가 선택한 단어들이 본래의 의미를 충실히 포함하지 못한 본문이나 불확실한 글에 기반을 두었다고 밝혀진다면, 그 핵심들을 어떻게 신뢰할 수 있을까? 이 질문들에 대답하기 위해서는, 우리는 본문의 역사를 철저하게 조사해야 한다.

이 역사는 일반적으로 구약성서의 원문에 가장 중요한 증거들이 히브리어 사본에서 발견된다는 사실을 확신하는 것으로부터 시작된다. 이 히브리어 증거들을 찾아볼 수 있는 세 개의 주요 자료들이 있다: (1) 마소라 본문, 마소라인으로 알려져 있는 유대인 학자들의 그룹에 의해 보전된 히브리어 본문(주후 500-1000년); (2) 사마리아 오경; 그리고 (3) 쿰란에 있는 유대 광야에서 발견된 사해 사본이 3가지 이다

마소라 본문

위의 세 가지 자료 중에 가장 위대한 증거는 마소라 본문으로, 이것은 본문의 온전함을 보전하기 위해 마소라 학파들이 고안한 장치들과 서명체계들이 포함되어 있기 때문이다. 일반적으로 마소라 본문(이후로는 MT로 씀)이라는 용어는 기원후 10세기 아론 벤 아셀에 의해 쓰인 특정한 사본으로 제한된다. 이 사본은 그가 수백 개의 중세 사본들을 분석한 것을 반영하는 본문이다(이후로는 MSS로 씀). 마소라 본문의 정확성은 주전 1세기와 2세기에서 시작된 가장 오래된 사해 문서(이후로는 DSS로 씀)안에서 몇 개가 발견됨으로써 입증되었는데, 이 사해 문서들은 마소라 학파들에게서 물려받은 본문과 기원후 10세기 벤 아셀의 히브리어 성경에서 제시된 본문에서 물려받은 본문과 근본적으로 같다는 것을 반영하였다.

벤 아셀 가족이외에, 또 다른 가족이 기원후 10세기 초기에 티베리아에서 번성하였는데, 벤 납달리 가족이었다. 이 두 가족들은 두 가지 본문의 전통을 지켰지만, 사실상 둘 다 약간의 차이를 가진 단 하나의 본문을 나타내었다. 사실, 두 가족 사이에는 발성과 단어 분할에 다른 점이 존재했지만, 자음 문자들에 있어서도 8가지 작은 차이점이 있었다. 벤 납달리 가족의 전통은 소멸되었고 벤 아셀 가족의 전통은 유지되어 우수한 본문을 대표했다.

가장 오래되고 완전한 사본은 레닌그라드 B19a(용어사전을 보라. 기호알림표 "L"과 함께)로 불리는데, 이것은 기원후 1008년에서 1009년 사이의 것이다.[28] (레닌그라드는 현재 보관되어 있는 도서관으로부터 그 명칭을 부여받았다) 이 사본은 엘리거(K. Elliger)와 루돌프(W. Rudolph)가 이끄는 국제 학자들의 위원회에서 발행하는 현재 히브리어 성경들의 토대 역할을 하고 있는 본문이

---

28 K. Elliger and W. Rudolph, *Biblica Hebraica Stuttgartensia* (Stuttgart: Deutsche Bibelstiftung, 1977).

다. 또한 이 사본 역시 사실상 벤 아셀의 본문과 같은 것이고, 수백 개의 중세 사본들의 마소라식의 검사를 반영한다.

마소라 학파들의 임무는 네 가지 구체적인 과제를 포함했다.

첫째, 그들은 자음 본문을 둘러싸는(혹은 마소라인들은 "에워싸다"라고 말하는 것을 선호했다) 지시 도구를 고안했다. 이 여백 읽기는 마소라라고 불렸다. 요점은 이것 이었다. 성서의 자음 본문(히브리어는 자음으로 쓰였다)은 아마도 기원후 1세기 이전부터 오래전에 고정된 것으로 받아들여진다. 어떤 마소라 학파들도 이 자음들 중 어떤 것도 멋대로 손질할 수 없었다. 임마누엘 토브(Emanuel Tov)는 이러한 필기의 정확성이 얼마나 중요한지를 탈무드에서 랍비 이슈마엘의 글을 인용하면서 설명하였다.

> 내 아들아, 조심하여라, 왜냐하면 너의 일이 하늘의 일이다; 심지어 너가 한 글자라도 생략한다면, 전 세계는 파괴될 것이다. (B Sota 20a)[29]

따라서 마소라 학파들은 자손대대로 성경의 최초 서른아홉 개의 히브리어 본문이 완전히 순전하게 보존된 것을 확실히 하기 위해 작업했다. 그들은 본문을 본문 양쪽의 난외의 주로 에워쌌고, 본문 아래는 다양한 지시들로 제한하였는데, 이것은 미묘한 차이나 사소한 세부사항도 필사하는 어떤 사람의 주의를 피해갈 수 없도록 하는 것이었다. 필사하는데 있어서 어떤 실수라도 막기 위해서, 각각의 성서의 책은 끝부분에 전체 자음 수, 위치별로 책의 중간 글자와 필사자 들이 작업을 점검하기 위한 수단이 되는 다른 수학적인 장치를 포함했다.

두 번째 일은 마소라 학파들은 자음본문에 모음 표기를 추가하였다. 그들은 자음본문의 위와 아래에 모음 부호를 덧붙여서 단어들을 어떻게 발음

---

29 Emanuel Tov, *Textual Criticism of the Hebrew Bible* (Minneapolis: Fortress, 1992), 33.

하고 읽는지에 관한 구전을 보전하였다. 마소라 학파들에 앞서, 어떤 초창기 필사 자들은 아주 가끔 네 개의 히브리어 자음(요드〔y〕, 바브〔w〕, 헤〔h〕, 와 알렙〔'〕)을 덧붙이는 연습을 시작하였는데 이것은 바빌로니아 유수 이후의 시기에는 일반적인 것이 되었다. 이러한 문자들은 모음 문자로 알려졌다. 이러한 모음 문자들에 이따금씩 독자들이 올바른 모음으로 문자를 읽도록 확인하는 것을 추가하는 동안에, 발성의 전체 체계에 이미 고정된 자음 본문에 하나의 자음을 더함이나 삭제함 없이 전체 자음 본문을 첨가하였다.

세 번째 일은 히브리어 본문에 억양법을 포함시키는 것이었다. 이러한 발음 구별 부호는 세 가지의 과제, 즉 (1) 구두점의 역할, (2) 영창에서 본문을 읊조리기 위한 음악적 계명으로써의 역할, 그리고 (3) 강조되는 단어 음절을 나타내는 강세 부호의 역할을 완성했다.

마소라 학파들이 수행했던 마지막 역할은 문단 구분을 나타내는 것과 회당을 위하여 연간 혹은 삼년 독서 프로그램을 표시하는 것 중의 한 가지였다. 이러한 여백 표기법외에, 마소라 학파들은 소수의 보존된 교정에 주목하였는데, 그들은 수용된 본문의 필요한 교정을 주목하기 위해서 절반 괄호처럼 보이는 뒤집힌 눈(nuns)들을 첨가하였다. 본문에 대한 또 다른 중요한 일련의 교정은 케티브-케레(Kethiv-Qere) 변형으로 불렸다. 케티브는 "쓰인" 이란 의미로 본문의 자음들로 쓰인 것을 나타내고, 반면에 케레는 "읽혀야 하는"의 의미로 케티브 본문에서 발견된 모음들과 여백에 쓰인 자음들을 나타내었다. 이것은 수용된 자음 본문에 대한 어떤 종류의 간섭이나 변화를 주는 것에 대한 마소라 학파들의 극단적인 꺼림을 분명히 보여주었다. 따라서 쓰인 것은 보존되고 변형되지 않고 남아있는 반면에, 본문이 변형될 것을 두려워하면서, 어떤 왜곡된 부분이 있을 수도 있다는 것에 주의해야 한다고 내내 환기시켜주면서, 다른 방식으로 읽는 것이 전통이었다.

사마리아 오경

구약성서 본문의 두 번째 중요한 증거는 사마리아 오경이었다. 이 본문은 한때 번성했지만, 지금은 작은 종파로 줄어든 그룹에 의해 쓰였는데, 이 종파는 이전의 성서속의 세겜/수가로써 근대의 나블루스 근처를 중심으로 하고 있었다.

사마리아인들은 주전 721년에 사마리아의 멸망 이후에 출현했는데, 그때는 아시리아 왕이 정책적으로 거주민을 다른 정복지역의 사람들과 의도적으로 민족들이 섞이도록 만들었다. 이 정책은 이전에 사마리아에 살고 있었던 유대인들의 순수성을 희석시키게 되었다.

사마리아인들은 그들의 예배를 예루살렘 대신에 그리심(세겜 쪽으로 있는 두 개의 산중의 하나)을 중심으로 드림으로써 자신들을 고대 유대인들과 구별하였다. 그들의 성서는 오경에 한정되었다.

사마리아 오경의 역사는 우리의 알고 있는 자료에 따르면, 주전 2세기말에 시작되었다. 사마리아 오경은 마소라 본문과 비교해볼 때 근대화되고, 매끄럽고 다소 확장된 본문으로 보일 것이다. 예를 들어서, 한 가지 분명한 삽입은 그리심 산에서의 그들의 특징적인 예배를 십계명에 명시함으로써 가능하도록 했다는 것이다. 그들은 십계명 처음의 두 계명을 하나로 묶고 신명기 11장 29절과 27장 2-3절 그리고 11장 30절을 출애굽기 20장 17절 뒤에 삽입하였다. 따라서 신명기 28장 4-7절과 11장 30절이 사마리아인들의 십계명이 되었다.

사해 사본들

19세기의 발견된 사본들 중에 가장 유명한 것들 중의 하나로 1946년 키르베트 쿰란(Khirbet Qumran, 사해 근처 여리고의 남쪽 약 9마일에 위치한 현존하지 않는 지역)의 서쪽의 11개의 산 동굴 중 첫 번째에서 발굴되었다. 이 동굴들은 약 팔백 개의 문서들을 보관하고 있었는데, 이 문서들은 부분적으로 또는 어떤 경우에는 에스더서를 제외한 구약성서의 서른아홉 권 전체의 책들의 본문의 전체를 보여주었다.

다른 여러 곳에서도 추가적인 두루마리들이 드러났다. 나할 헤벨(Nahal Hever)과 와디 무라바아트(Wadi Muraba'at)는 우리에게 기원후 70년 로마인들에게 멸망되었던 마사다 에서 유래된 몇 개의 본문들과 좀 더 많은 고대 마소라 본문들의 전형들을 제공하였다.

우리가 이미 언급했듯이 최근에 히브리어 성경의 가장 오래된 본문 증거는 힌놈 골짜기를 따라 있는 예루살렘 바로 남쪽에 위치한 케테프 힌놈(Ketef Hinnom)에서 발견되었다. 거기에는 두 개의 아주 작은 은으로 된 둥글게 감긴 모양에 민수기 6장 24절에서 26절의 아론의 축복기도가 기록되어 있었고, 이 두루마리들은 목에 걸 수 있는 인장의 형식으로 되어 있었다. 이것들은 주전 6-7세기로 연대가 정해진다.[30]

사해 사본들의 여러 가지 전형들은 히브리어와 아람어 그리고 그리스어 문자 형태를 보인다. 고문서학, 고전학 그리고 전형들이 발견된 동굴에서 그것들을 둘러싼 약간의 고고학적 배경을 근거로 볼 때 일반적으로 사해 사본의 연대는 주전 3세기 중반부터 기원후 135년으로 주어진다. 이러한 쿰란 사본의 약 60퍼센트 정도는 마소라 학파들이 제도화한 것과 같은 본문을 반영한다. 학자들은 이것을 마소라 본문의 원형이라고 불렀다. 다른 본문 형태들도 보였다. 예를 들면, 사마리아 이전 본문, 다른 것들은 그리스어로 된 칠십인 역의 원문(이 경우는 연대적으로 [히브리어] 본문 "앞에 놓여있는" 것으로 그리스어 칠십인 역에 반영된 것)과 거의 유사하며, 심지어 다른 것은 비대칭적 본문 유형들을 나타냈는데,[31] 즉 다소 매우 작은 차이들로 선행하

---

30 Barkay, "Priestly Benediction," 37-76.

31 외경인 아리스테아스의 편지(주전 130년경)에 의하면 오경은 그리스어로 주전 285년경에 칠십 두

는 형식들에 나타나지 않은 것들이다.

　사해 사본의 일부분의 완전성의 상태는 극적인 것이나 다름없다. 예를 들어, 한 개의 완전한 이사야서 두루마리에는 책 한권에 하나의 다른 철자법을 보이는 세 개의 단어만 발견되었는데, 이 책은 영어 본문의 대략 백 페이지 정도이며 66장들로 구성되어 있다.[32] 그것은 주전 100년으로부터 유래된 본문들 가운데 매우 잘 보존된 상태이다. 그리고 이사야의 현재 본문인 히브리어 본문으로 나타날 때까지 그 본문들은 천년의 사이에 있는 기간에 입증된 적이 없었다.

원 본문(Urtext)에 대한 논쟁

　그러나 진정한 질문은 이것이다. 이 모든 구체적인 필사들은 본래의 본문 혹은 원 본문으로 거슬러 추적될 수 있는가? 마소라 본문의 모든 사본들이 하나의 근원(마소라 본문의 고대 형태 혹은 원 본문. 그것은 재구성되는 것이 가능한 것으로 생각되었다)에서 유래되었다는 명제는 원 본문(Urtext) 이론으로 알려지게 되었다. 대부분의 본문 비평가들은 이 원 본문 이론을 수용해 왔다. 근대의 성서 본문의 발전에 대한 첫 번째 이론적인 진술들은 아이크호른(J. G. Eichhorn, 1781과 그 이후), 바우어(G. L. Bauer, 1795) 그리고 로젠뮬러(E. F. C. Rosenmuller, 1797)들로부터 시작되었다. 그들 모두는 마소라 본문의 모든 히브리어 사본들은 유일한 본래의 원 본문을 반영한다고 결정했다.[33]

명(이런 이유로 칠십 인경의 명칭이 "칠십"으로 반올림되었다)의 번역자들에 의해 번역되었다. 후에 이 전통은 구약성서의 서른아홉 권 모두를 포함시키기 위해 확장되었다.

32　이 결론은 RSV 성경에 관한 유일한 유대인 학자였던 해리 올린스키(Harry Orlinsky)와 함께 들었던 1960년 대학교 수업에서 공유되었다. 본래 RSV는 오직 새로운 DSS에 근거한 열세 단어들만 교정하였다. 그러나 후에 이 열셋은 더 주의 깊은 조사에 근거해서 세 개로 떨어졌다.

33　임마누엘 토브의 훌륭한 논문이자 문서인 Emanuel Tov, "The History and Significance of a Standard Text of the Hebrew Bible," in *Hebrew Bible/Old Testament: The History of Its Interpretation*, ed. Magne Saebo (Göttingen: Vandenhoeck & Ruprecht, 1996), 1:52쪽을 보라.

마소라 본문의 모든 사본들이 마소라 본문의 원형역할을 했던 하나의 자료에서 유래되었다는 이론을 가장 간결하게 진술한 사람이 바로 드 라가르드(P. de Lagarde, 1863)[34]이었다. 드 라가르드는 현재 우리에게 이용 가능한 본문을 바탕으로 해서 성서 본문의 원래의 형태를 재구성하는 것은 가능하였다고 주장했다. 이것이 드 라가르드의 원 본문 이론으로 알려진 명제이다.

그러나 칼레(P. V. Kahle)는 부분적으로 드 라가르드에 반대하는 주장을 했다. 칼레는 하나의 원 본문이 있다는 가정은 부인하지 않지만, 그는 대신에 우리에게 알려져 있는 본문들은 중간 단계의 본문으로부터 형성되었다고 강조했는데 이 중간 단계의 본문은 1915년 자신이 "통속적인 본문들"(Vulgar Texts)이라고 명명한 것이다.[35] 칼레의 사상은 이 본문들은 복수의 본문들로부터 단일 본문으로 발전되었다는 것이고, 반면에 드 라가르드는 복수의 본문들을 선행하는 본문의 통일성을 위해 주장하였다.

임마누엘 토브는 몇 가지의 어려움들을 칼레에게 제기했다.

(1) 칼레의 "통속적인 본문들"은 그가 그 본문들에게 부여하고자 하는 중심적 위치를 가지고 있지 않았다.

(2) 특별히 주전 3세기로부터 지금까지 계속해서 많은 원 마소라 본문 형식들을 나타낸 사해 사본의 발견이후 뿐만 아니라 심지어 칼레의 시대에 마소라 본문이 보다 늦은 시대에 편집되었다고 주장하는 것은 정당하지 않았다.

(3) 칼레가 그의 본문 다중성의 이론을 끌어낸 카이로 게니자의 본문들은 후대의 것들이며 제 2성전 시대와 더구나 제 1성전 시대와는 관련이 없다.[36]

---

34 P. de Lagarde, *Anmerkungen zur griechischen* Übersetzung der Proverbien (Leipzig: n.p., 1863).

35 Paul Kahle, "Untersuchgen zur Geschichte des Pentateuchtextes," ISK 88(1915): 399-439. 그의 책 *The Cairo Geniza* (Oxford: Blackwell, 1947, 1959)를 또한 보라.

36 Emanuel Tov, "The History and Significance of a Standard Text," 52-53.

칼레의 사상들을 받아들인 자들은 소수의 학자들이다. 몇몇의 학자들은 "통속적인 본문들"들 채택했지만 핵심 사상은 바꾼다. "통속적"이라는 명칭은 자유로운 형식을 나타내며, 이 형식들에서 철자 변화들을 포함한 변화들이 본문들 안에 첨가되었다.

1955년 윌리엄 팍스웰 올브라이트(William Foxwell Albright)가 출간한 단편 학술 논문 이 후 미국에서 새로운 사상의 학파가 형성되었다. 이 학파는 모든 본문의 증거들은 그룹으로 나누어질 수 있는데 처음에는 교정본으로 묘사되었고, 나중에는 동일한 계열의 본문으로 묘사되었다는 관점을 옹호했다. 동일한 계열의 본문들은 바빌론(마소라 사본), 팔레스타인(사마리아 오경, 몇 개의 쿰란 본문들과 역대기가 속한 마소라 사본), 그리고 이집트(70인 역의 히브리어 원본)처럼 특정한 지리적인 장소들과 연관되었다. 프랑크 크로스(Frank Cross)는 이 사상을 성서 본문들은 보존되고 필사되었던 다른 지역들에 있는 다른 방식들과 지시들에서 전개되었다는 가정과 함께 상세히 발전시켰다. 여기에 제시된 논지는 그 본문 안의 다른 특성들을 형성시킨 중심지들 간의 접촉의 부재라는 것인데, 그 본문은 마치 이집트 본문이 완전하였고 바빌론 본문은 짧고 보수적이었던 것처럼 많은 주석들과 조화를 위해 덧붙여진 첨가들로 인해 확장된 형식을 띄고 있다는 것이다.[37]

그러나, 올브라이트/크로스의 이론이 요구했던 것처럼 그와 같은 상세한 사항들을 확인할 수 있는 방법이 없었다. 토브는 그 이론에 대해 다음과 같은 문제들을 발견하였다.

(1) 그 본문의 특성들은 너무 일반적이며 증거도 없다.

(2) 이집트 특성에서 유래되었다는 칠십인 역은 입증되지 않은 사상이

---

37 William Foxwell Allbright, "New Light on Early Recensions of the Hebrew Bible," *Bulletin of the American Schools of Oriental Research* 140 (1955): 27-33; Frank M. Cross, "The History of the Biblical Text in Light of Discoveries in the Judean Desert," *Harvard Theological Review* 57 (1964): 218-99; Frank Cross, "The Contributions of the Qumran Discoveries to the Study of the Biblical Text," *Israel Exploration Journal* 16 (1966): 81-95.

며 그리고 오히려 아리스테아스의 편지가 주장했던 것처럼 훨씬 더 팔레스타인 본문들로부터 유래되었던 것으로 보인다.

(3) 쿰란 사본들의 발견은 지역의 동일한 계열의 본문들의 이론과 상충 되는 팔레스타인에 위치한 세 개 지역의 동일한 계열의 본문들 모두 의 혼합물을 증명했다.[38]

그러므로, 성서 전체 속에 있는 성서 본문의 발달을 설명할 수 있는 본 문 이론은 존재하지 않는다. 여기서 통속적이거나 비통속적인 것으로 묘 사된 모든 본문들은 그리스도 시대가 시작되기 이전 삼세기 동안 존재했었 다. 그러나 이 주장은 그 본문들 모두가 드 라가르드가 한 세기 이전에 잘 주장했던 것처럼 본래의 원 본문으로부터 유래되지 않았다는 것을 증명할 수는 없다.

성서 본문들 내에 있는 다양성의 범위

쉐마르야후 탈몬(Shemaryahu Talmon)은 히브리어 성서의 본래의 원 본문 에 대한 의견일치와 계통적인 관계의 양을 요약했다. 그는 다음과 같이 결 론을 내렸다.

이 모든 본문 전통들 내에 있는 다양한 것들의 범위는 상대적으로 제한적이다. 본질적으로 의미에 영향을 주는 주요한 차이점들은 극히 희박하다. 한 역본 내

---

38   Tov, "History and Significance of a Standard Text," 54. 토브는 예레미야서나 에스겔서와 같은 그런 성서의 책들은 그 본문들의 발달에서 한 단계 이상(짧은 초기 판과 확장된 후대 판)을 거쳤다고 주장 했다. 그러므로 본문 비평가의 임무는 초기의 짧은 판을 재구성하는 것이 아니라 예레미야서나 에스겔서 와 같은 완전히 발달된 원-MT 본문과 같은 최종판을 재구성하는 것이다. 토브는 그 보통의 의미에서 원 본 문의 용어를 사용하지 않았다. 왜냐하면 그의 견해에서 성서 본문들에 있는 자료들의 일부의 복사본들은 더 완전한 그 본문의 마지막 쓰인 단계를 선행했기 때문이다 (Emanuel Tov, *Textual Criticism of the Hebrew Bible [Minneapolis: Fortress*, 1992], 171-77).

에 있는 병행 구절들의 비교에 의해 혹은 각각의 주요 역본들에 관해 이용 가능한 자료들의 개요 연구에 근거한 현존하는 이형들의 대조는 고대 저자들과 편집자들 그리고 구술자들과 서기관들은 본문의 다양함으로부터 통제된 자유로 칭해지게 된 것을 즐겼다는 결론을 야기하였다.[39]

우리는 지금 소유하고 있는 것과 같은 본문 순도의 이해에 관한 모든 다양성들의 영향을 결정하는 것이 필요하지만 우리는 상당히 사소한 어떤 교리에도 거의 영향을 미치지 못한다는 사실을 인식해야할 필요가 있다. 나의 동료 교수인 더글라스 스튜어트(Douglas Stuart)는 다음과 같이 동의한다.

성경의 구절들과 장들 그리고 책들은 대체로 동일하게 읽고 그리고 독자에게 동일한 인상을 남긴다고 말하는 것은 공정하다. 비록 누군가 사실상 지금 현재 영어 번역들의 근거로 역할하고 있는 것들에 대해 가능한 모든 대안적 읽기를 채택했다고 하더라도 말이다.[40]

그러므로, 구약성서의 90%는 본문에 관한 온전하고 한결 같은 주요한 모형들에 의해서 입증된다는 브루스 월트케(Bruce Waltke)의 말에 동의하는 것은 가능하다. 다양한 형태를 나타내는 본문의 나머지 10%에 관해서는 그것들 가운데 어떤 주요한 교리적인 문제들을 포함하는 특별한 의미를 가지고 있다고 보는 것은 어렵다.[41]

---

39 Shemaryahu Talmon, "Textual Study of the Bible-A New Outlook," in *Qumran the History of the Biblical Text*, ed. Frank M. Cross and S. Talmon (Cambridge, Mass.: Harvard University Press, 1975), 326.

40 Douglas Stuart, "Inerrancy and Textual Criticism," in *Inerrancy and Common Sense*, ed. Roger R. Nicole and J. Ramsey Michaels (Grand Rapids, Mich.: Baker, 1980), 98.

41 Bruce K. Waltke, "Old Testament Textual Criticism," in *Foundations for Biblical Interpretation*, ed. D. S. Dockery, Kenneth A. Matthews and Robert Sloan (Nashvill: Brodman,

결론

만약 그 본문이 원 본문을 대표하는 것인지 혹은 아닌 것인지를 알기 위해 읽기를 평가하는 임무는 객관적인 과학이며 주관적인 예술 둘 다에 해당된다. 가장 기본적인 규칙은 다른 모든 글들보다 우선 되는 읽기는 아마도 다른 읽기들을 유발했던 것이라는 사실을 논증하는 것이다. 그러므로 잘 설명되지 않는 읽기는 아마도 원 본문이다.

천년 정도 이른 쿰란 사본들이 마소라 본문보다 필연적으로 더 나은 읽기를 포함하고 있지는 않다는 사실을 주목해야 할 것이다. 초기 본문의 무작위적인 발견은 우리가 자동적으로 그 본문이 정말로 다양하지만 입증되지 않은 읽기들을 보존하였다고 할 때 그 본문을 선호된 본문으로 지정하는 것을 요구한다는 사실은 잘못 된 것이다. 마소라 본문의 서기관들은 쿰란에 있었던 많은 자들보다 본래 본문을 보존하는데 훨씬 더 정확성을 나타낸다. 마소라 본문은 지금까지 학자들의 공동체에 의해 본문들의 분석에 근거한 것이었다. 그러나 구체적인 양식은 쿰란의 사해 사본의 분석에서 나온다. 사해 사본의 절반 남짓한 부분은 마소라 본문에서 발견된 동일한 본문을 반영한다.

분문 비평은 구약성서의 학문적인 연구에 단순히 필수적이다. 왜냐하면 구약성서의 본문이 전해지면서 오류가 없을 수 없기 때문이다. 그러나 오랜 문서 전승의 과정에서 이 본문들은 그것들이 지금 존재하는 것처럼 아주 소수의 다양함의 결과만을 보이는 것은 놀라운 사실이다. 현대의 독자들을 원래의 본문으로 돌아가도록 돕는 임무는 지속적인 도전이 될 것이다. 왜냐하면 원래의 모든 문서들은 현재 우리에게 존재하는 정보에 한해서 볼 때 소멸되었기 때문이다. 현재 드러나는 오류들이 우연이건 아니면

1994), 157.

의도적이든(사마리아 오경에서처럼 정치적 또는 자기 고양적인 이유이든), 그 오류들은 틀림없이 찾아지고 원래 본문은 우리의 최선을 통해 복원되어져야 할 것이다.

모든 것을 고려해 볼 때, 본문은 전달되는 과정 속에서 놀랍게 보존되었다.

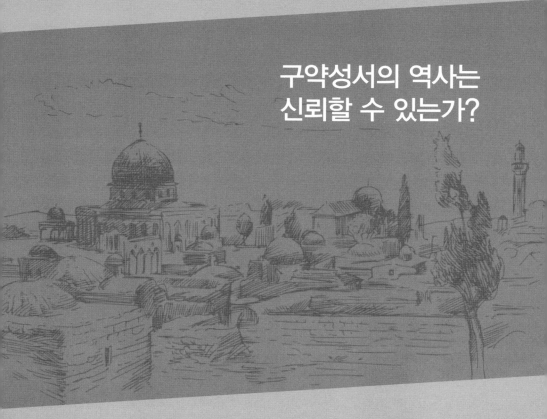

P/a/r/t 2

구약성서의 역사는
신뢰할 수 있는가?

4.

창세기 1-4장은
얼마나 신뢰할 수 있는가?

어느 곳도 창세기의 첫 열한 장 보다 어려움으로 가득한 곳은 없다. 인
정하건대 정말 이 장들에 포함된 그 주제들과 저자(혹은 누군가가 판단했던 것
처럼 저자들)로부터 토의된 주제들을 구별해야 했던 긴 시간의 간격은 이를
연구하는 자를 너무나도 바쁘게 만들기에 충분하다.[42]

이 장들의 신뢰성에 대한 첫 번째 중요한 도전은 문학 자료 비평의 형식
에서 왔다.

1753년 아스트뤽의 "단서"로 시작된 것(적어도 창 1장과 2장에서 사용된 하나
님의 다른 두 이름들)은 그라프(K. H. Graf)와 쿠에넨(A. Kuenen) 그리고 특별히
벨하우젠(J. Wellhausen)의 저술들이 나타났던 20세기로 접어들기 바로 직
전에 완전한 문서 이론으로 자리매김했다. 처음에는 이 초기 자료를 위해

---

42 4장과 5장에서 제시된 많은 주제들은 나의 이전의 책에서 주어졌던 것이다. Walter C. Kaiser Jr.,
"The Literary Form of Genesis 1-11," in *New Perspectives on the Old Testament* (Waco, Tex.:
Word, 1970), 48-65.

단지 두 개의 문학적 자료들이 창세기에 있었다고 생각되었다. 이것은 하나님에 대해 사용되었던 두 가지 다른 이름들 "엘로힘"과 "야훼"에 근거한 것이었다.

그러나 그 이론은 곧 J, E, D, P, L, K, 그리고 S 문서들을 오경에 일정 기간 동안 쓰였던 자료로써 말하는 것이 가능하게 되었다. 그러나 이 모든 "자료들"은 순전히 오경의 내적 조사로부터 추론된 가설적인 것들이었다. 어느 누구도 이 자료들 혹은 이 문학적 자료들 중의 어떤 것으로도 표시된 문서를 보지 못했다.

이 자료 이론의 실재는 변증법적으로 움직였다고 주장했던 헤겔의 역사 철학에 근거해서 세워졌다. 그런 방식에서 각 주제는 통합을 초래했던 대조에 반대하는 것이었다. 그러므로 농업적인 사고방식과 삶의 방식은 마치 제례를 위한 제사장적 논쟁처럼 모두에게 정의와 자비의 예언자적 요청에 반대한 것처럼 보였다. 자료 비평 이론이 발전하면서 19세기를 지배했던 찰스 다윈의 진화론의 철학에 심각한 빚을 졌다.[43] 그러나 이 철학 속에서 자료 비평은 사회와 종교적인 발전에 적용되었다. 모든 것은 간단한 것에서부터 훨씬 더 복잡한 제의와 교리로 움직이는 것으로 말해졌다. 지식의 다른 분야들에서 시작된 이 적용방법으로 네 개에서 일곱 개의 문서들을 가진 체계를 위한 근거로 채택되었다. 그 문서들은 오경 전체가 유래되었던 자료들로써 목록된 것들이다. 그러나 결국 문서 이론이 세워졌던 밑바탕으로써의 역할에서 자료 비평 이론의 철학적인 뒷받침은 붕괴되었다. 소수만이 그 문서들의 두 번째 이야기의 체계가 세워졌던 첫 번째 층이 제거되었을 때 손상된 여부를 조사했다.

자료 문서들이 충돌을 견뎌내지 못했다는 주장을 시도했던 학자는 움베

---

43 자연 영역에서 다윈의 진화론의 개념은 사회와 종교 운동에까지 가로질러 적용된 보편적 원리가 되었다. 비록 그 개념은 생물학적 영역에서 정확한 원리인 것으로 보인다 하더라도 아무도 왜 그 개념이 다른 영역들에 적용되어야 할 필요가 있는지 그 이유를 증명하기 위해 멈추지 않았다.

르토 카수토(Umberto Cassuto)와 케네트 키친(Kenneth Kitchen) 이었다.[44] 이 러한 발전을 추적하는 것은 이 장의 한계를 벗어나는 것이나 성서를 공부 하는 학생들에게 고유한 언어들로 되어있는 고대 근동의 문서에 대한 연구 는 대단히 큰 도움이 될 것이다. 중요한 질문은 문서 가설의 주장된 자료들 각각을 제시한 표준들이 신뢰될 수 있는가 혹은 아닌가에 자리한다.[45]

또 다른 도전은 영국 박물관에 의해 1850년대에 발굴된 토판들의 수집의 결과로써 출현되었다. 특별히 중요한 것은 1872년 니느웨에 있는 아슈르바 니팔(Ashurbanipal)의 도서관에서 발굴된 토판들 중의 하나인 길가메시 서사 시에 대한 조오지 스미스(George Smith)의 출판물이었다. 그것은 바빌로니 아의 홍수에 관한 이야기로 1876년에 갈대아인의 창조 설화(The Chaldean Account of Creation)로 제목 붙여진 출판물에서 앞자리에 위치되었다.[46]

그 다음의 주요한 기여는 1890년에 젊은 미국인 학자인 조오지 바톤 (George Barton)이 요한 계시록에 나오는 라합과 레비아탄 그리고 로단과 용에 관한 구약성서 구절들을 바빌로니아 신화 속에 나오는 비슷한 묘사들 과 연관시킨 글을 발표함으로 이루어졌다. 그 글은 1893년에 출판되었다. 바톤은 독일 학자 헤르만 궁켈(Hermann Gunkel)에게 영향을 준 것으로 보

---

44 Umberto Cassuto, *The Documentary Hypothesis (Jerusalem: Magnes Press, 1961)*와 *Kenneth A. Kitchen, Ancient Orient and the Old Testament* (Downers Grove, Ill.: InterVarsity Press; London: Tyndale Press, 1966), 112-38. 또한 Edwin Yamauchi, *Composition and Corroboration in Classical and Biblical Studies* (Philadelphia: Presbyterian and Reformed, 1966), 7-38쪽을 보라. J. A. Motyer, The Revelation of the Divine Name (London: Tyndale Press, 1955). 이 모든 책들에 더해서 G. L. Archer, R. K. Harrison and E. J. Young의 표준적인 구약성서 개 론을 보라.

45 고전적인 자료 문서 가설에 관한 나의 분석과 이 책에 있는 이스라엘 역사에 관한 상세한 토론을 보라.

46 대영 박물관의 조오지 스미스(George Smith)는 타임지의 한 칼럼에 그리고 1872년 12월 3일에 the Society of Biblical Archaeology 모임에서 그가 발견한 후에 길가메쉬 서사시로 알려진 바빌론에 기원한 홍수 이야기를 읽었다. 그 이야기는 그 학회의 회보로 출판되었다(1873: 213-34). 1875년 3월 4 일 그는 데일리 텔레그래프(Daily Telegraph)에 보낸 편지에서 그가 바빌론 창조 이야기라 불렀던 스 무 개의 단편들의 발견을 묘사했다. 그 다음해에 바빌론의 에누마 엘리쉬의 본문들을 가진 그의 책 The Chaldean Account of Creation이 등장했다.

인다. 왜냐하면 궁켈은 1895년에 그는 야훼와 위에서 언급된 바다 괴물들 사이의 전쟁을 알아차렸다고 생각한 구약성서의 일련의 시적 본문들을 가리킴을 통해 동일한 사고방식을 지속하였기 때문이다. 그는 그 전통은 창세기의 창조 이야기의 배경이었다고 단언하였다. 비록 그것은 히브리인의 유일신 신앙의 목적 때문에 자연스럽게 제거되었음에도 불구하고 말이다.

양쪽 모두의 도전은 특별히 창세기 1-11장이 평가되는데 막대한 영향을 미쳤다. 만약 이 장들이, 비록 이미 제거된 신화적인 주제들을 반영한 고대 근동으로부터 얻어진 자료들의 모음집이라고 한다면, 이 장들은 하나님으로부터의 신적인 계시로써 신뢰될 수 없었을 것이다. 그러면, 창세기 1-11장까지를 어떻게 읽어야만 하는가? 만약 그 내용과 자료들이 고대 근동의 신화들을 반영했다면, 창세기의 첫 열 한 장들은 문학 형식들과 구조들의 전체적인 새로운 장르를 대변하였다는 것이 가능하지 않았을 것이다.

이미 1895년에 궁켈은 창세기 1-11장까지만이 아니라 창세기 전부는 역사가 아니라 "전설"이라고 대담하게 선언하였다.[47] 따라서 이 선언은 창세기에 묘사된 사건들은 더 이상 공간과 시간에서 발생한 일들로 간주될 수 없다는 식으로 전개되었다. 이것은 특별히 "전설 시대"(legendary age)[48]가 이후에 이스라엘의 내러티브를 뒤따르는 역사의 이상적인 배경으로서 필수적이라고 여겨지는 곳에 적용되었다. 창세기 1-11장은 "문학 이전의 그리고 무비판적인 사회의 단계"를 반영하였다고 가정되었다.

궁켈은 창세기 1-11장과 실제 역사 사이의 차이점들을 다음과 같이 열거하였다.

1. 창세기 1-11장은 구전으로 유래되지만 역사는 문명사회와 실제의 사건들을 기록한 문서 들 속에서 발견된다.

Hermann Gunkel, *The Legends of Genesis* (New York: Schocken, 1964), 1.

John Skinner, *A Critical and Exegetical Commentary on Genesis*, 2nd ed. (Edinburgh: T & T Clark, 1904; Naperville, Ill: Allenson, 1963), v.

2. 창세기 1-11장은 개인적이며 가족적인 이야기들을 다루지만 역사는 그 자체가 공공이익을 위한 커다란 사건들과 관련된다.

3. 창세기 1-11장은 다른 고대 근동의 신화로부터 빌려오는 것을 반영하는데 그 신화들은 "재담가들의 상상"에 자리하지만 반면에 역사는 직접 얻은 증거로 확인된다.

4. 창세기 1-11장(그리고 이것은 궁켈의 "가장 중요한" 기준이었다.)은 불가능한 일을 이야기한다(예를 들어, 행성들로부터의 별들의 기원, 단 하나의 강의 근원으로부터 지구의 모든 물줄기들이 파생되는 것, 창조로부터 출애굽까지의 2666년의 연대, 방주에 꼭 들어맞는 모든 동물들, 가장 높은 산으로써 아라랏 산), 반면에 역사는 오직 가능한 것만 이야기한다.

5. 창세기 1-11장은 본래 시적이고 기쁘게 하고 영감을 주며 그리고 고양하고자 하지만 반면에 역사는 정보를 추구하는 산문이다.

6. 창세기 1-11장은 진정한 히브리 역사 기록인 사무엘하 9-20장의 고전적인 보기와는 다르다. 역사는 다윗 궁정의 그 면밀하고 무례한 문서들과 형태와 양식이 동일하다.

물론, 궁켈은 그의 조사를 창세기 1-11장에만 제한하지는 않았다. 왜냐하면 그는 창세기 전체에 그와 같은 조사를 적용했기 때문이다. 그럼에도 불구하고 그의 의견들은 지난 세기의 전환기에 관한 좋은 측정자를 제공하는 것이다. 창세기 12-50장의 족장 내러티브들의 신뢰성에 관한 학문적 견해는 이십세기의 중반 많은 성경 연구자들에 의해 간단히 바뀌었다. 그러나 창세기 1-11장에 관한 많은 관점들은 거의 변하지 않았다. 창세기의 첫 열 한 장들은 계속해서 원 역사로 고대 근동의 뿌리를 강하게 반영하며 그리고 이 고대 시대와 개념에서 유래된 철학적인 연관성과 동일한 신화적 연결들에 깊이 연관되어 있는 것으로 간주되었다.

만약 이 장들의 신뢰도에 대한 사례가 증가될 수 있다면, 그것은 틀림없이 개인 또는 가족의 이야기를 반영한 것과 상상에 의존한 것 그리고 불가능한 일에 대한 내러티브와 시적인 형식의 사용 그리고 탐구하고 무례한 형식의 부재들이 구전에서 기원하는 그 자료들의 고소들이 틀림없이 직면하게 될 것이다. 다음에 이어지는 각각은 우리의 주의를 차지하게 될 것이다.

I. 창세기 1–11장은 구전으로부터 유래되었는가?

처음 창세기 1–11장을 읽는 독자들은 일반적으로 이 장들의 내용으로 인해 깜짝 놀라게 된다. 우리는 어떻게 이런 정보들을 얻었을까? 이 질문은 대부분의 마음속에 즉시 떠오르는 질문이다. 그리고 이 사건들에 대해 확증할 수 있는 것도 거의 없다는 사실을 가진 후에 그리고 만약 그 사건들을 기록할 수 있는 어떤 장비들도 거의 없었다면, 우리는 이 장들이 말하는 것에 대해 어느 정도 신뢰성을 부여할 수 있을까? 분명히 어떤 종류의 자료라도 필요했다. 모세 자신을 포함한 모든 저자는 이 사건들로부터 수천 년의 시간으로 인해 제거되었던 자료들에 대해 제안했다. 그래서 만약 그 정보가 신적 관점을 대변하는 것과 그리고 사실이라는 것을 주장한다면 이 정보가 어떻게 성서의 책들 속으로 들어왔는가? 만약 구전을 이 정보에 대한 주요한 자료의 하나로 의존할 수 있다면 그런 과정 안에서 어떤 부분이 신적인 계시와 관련되는가?

구전을 위한 경우는 유지하기 어렵다. 왜냐하면 그 저자가 누군가의 기억 혹은 사망한지 이미 오래된 세대들에 대해 말했던 것에 관한 구두로 기억에 의존한 내적 암시들이었다는 암시들은 거의 없기 때문이다. 사실 우리가 직접 가진 소수의 내적 암시들은 구전의 사실과 모순된다.[49]

---

49 성서 본문은 성령이 구전 자료들을 사용한 것을 가리키지 않은 사실에도 불구하고 그 질문은 여전히 지속된다. 구전 전승은 성령에 의해 사람의 기록보다 (만약 일부의 경우들에 관한 것보다 더 많지 않다면) 신뢰할 수 있는 것으로 감독받지 않았는가? 게다가 많은 구전 문화들은 구체적 이야기들을 매우 좋게 보존하지 않는가? 그 대답은 반드시 이 반대들의 일부를 승인해야한다. 반면에 여전히 있는 것은 틀림없이 성서 그 자체들에 있는 내적 증거들과 여전히 비교되어야만 한다. 비평가들에 의해 백 년 전에 사용되었던

창세기 5장 1절에서 본문은 아담 계보의 구성을 위한 근거로써 "두루마리"(히브리어로 세페르)에 구체적으로 의존했음을 주장했다. 더욱이 첫 열한 장에 저자는 여섯 번이나 그 장들의 구성을 위해 사용했던 알려진 몇 개의 자료들에 관심을 가졌다. 그는 이 자료들을 사건들 혹은 알려진 개인들 각 각의 "내력들," "계보들," 혹은 "역사들"로 불렀다. 히브리어 단어는 톨레도트였다. 그 명사는 동사 "낳다 혹은 잉태하다" 또는 그와 비슷한 뜻의 동사인 얄라드와 연결된다.

이 여섯 개의 자료들은 다음과 같은 제목이 붙었다.

1. "이것이 천지가 창조될 때에 하늘과 땅의 내력"(창 2:4).

2. "이것은 아담의 계보"(창 5:1).

3. "이것이 노아의 족보"(창 6:9).

4. "셈과 함과 야벳의 족보"(창 10:1).

5. "셈의 족보셈"(창 11:10).

6. "데라의 족보"(창 11:27).

분명하게, 2~6은 "~의 족보"(또는 "~의 역사")라는 단어를 지시문들로 즉 뒤 따라오는 자료들에 대한 제목들로 다룬다. 저자는 자신의 자료들을 얻은 곳을 가리킨 것처럼 보인다. 어떤 사람들은 창세기 2장 4절이 한 부분의 끝에 놓인 표시라고 주장하였다.[50] 이 언급들이 머리말인지 꼬리말인지에 관한 논쟁은 우리의 목적과는 직접적인 상관이 없다. 훨씬 더 중요한 것은 저자가 자료들을 가리키고 그리고 그것들 중의 하나는 분명하게 두루마리 혹은 어떤 종류의 기록된 자료라 부른 사실이다. 확실히 그 사실은 우

것처럼 구전은 성경을 위한 자료들의 덜 신뢰된 방법이었다고 제안했다. 이런 이유로 우리는 그것을 그 수준에서 다루었다. 그러나 어느 쪽 방법이 사용되었든지 그것은 저자들을 그들의 자료들이 기록된 것이거나 구전이거나 간에 바로잡기 위해 도왔던 것은 성령이었다.

50 "이것은 ~의 계보이다"라는 표현은 오랫동안 창세기를 틀 혹은 계획으로 만드는 보수주의자들뿐만 아니라 그라프-벨하우젠(Graf-Welhausian) 이론의 주창자들에 의해 알려져 왔다. 보기. S. R. Driver, *The Book of Genesis* (1904), ii쪽과 P. J. Wiseman, *New Discoveries in Babylonia Abut Genesis* (1958), 46.

리를 다른 다섯 가지의 지시문들 또는 끝에 놓인 표시들 중의 하나 혹은 그 이상은 기록된 자료들로부터 유래되어졌을 수도 있다는 사실을 추정하는 것을 허락한다. 만약 어떤 확실한 증거가 그 본문들 내에 혹은 구전을 가리키는 본문들 밖에 존재하지 않는다면 말이다.

심지어 구전 자료의 제안이 처음 이루어졌을 때 저작의 가능성은 그것 자체도 모세 혹은 그의 시대들을 제시하지 않았다고 추정되었다. 그러나 어떤 현대 학자도 오늘날 그런 전제로부터 시작하지 않을 것이다. 왜냐하면 우리는 이미 주전 3400년에 수메르 사람들 가운데 기록된 글을 가지고 있기 때문이다. 모세는 주전 두 번째 천 년대 중반에 글을 쓸 수 있었을 뿐만 아니라 심지어 그 공동체의 젊은이들도 글을 쓸 수 있었다. 모세 이후에 몇 세기 지나지 않아 기드온의 사사시대에 기드온은 숙곳 으로부터 어린 소년을 붙잡았고 그가 그의 성읍에 있는 칠십 일곱 명의 비협조적인 관리들의 이름들을 쓸 것을 요구했다(삿 8:14). 분명히 기드온은 이 소년조차도 글을 쓸 수 있다고 생각했다. 그리고 그것이 그가 그렇게 했다고 본문이 주장하고 있는 것이다.

그러나 첫 열 한 장들에 있는 자료들의 근원으로써 구전에 대한 논쟁들은 더욱 최근에 창세기 본문 그 자체에 있는 어떤 수사적 장치들과 지시문들 보다 오히려 본문들과 그것들이 주장하는 고대 신화들과의 병행에 의존하는 것으로 나타난다. 그 경우에 우리는 이 장 후반부에 이 문제에 대해 더 자세히 설명할 때까지 이 주장의 완전한 검토를 연기할 필요가 있을 것이다.

II. 창세기 1-11장은 단지 개인과 가족의 이야기들만 반영한 것인가?

제기되는 질문은 이것이다. 그 이야기들이 그처럼 작은 범위의 가족들 혹은 그 이야기들이 매우 제한적일 때 어떻게 전 인류를 위한 하나님의 계시가 의도될 수 있는가? 이 이야기들은 성서의 하나님의 초국가적인 정체성에 대해 가치가 없는 것이 아니지 않는가?

궁켈은 이 특성을 족장들의 이야기에 더 적용하였다. 하지만 그는 그가 책을 썼던 시대 이후에 대략 주전 2000년부터 1750년까지의 족장 시기에 만들어졌던 막대한 양의 토판들을 예측할 수는 없었을 것이다.

이 시대에는 히타이트인과 바빌로니아인 그리고 이집트인들로부터 유래되었고 그리고 알라라크(Alalakh)와 누지(Nuzi) 게다가 마리(Mari)와 같은 지역들의 사람들로부터 유래된 수많은 비문 자료들의 발견 때문에 역사의 가장 잘 알려진 그리고 가장 잘 문서화된 시대들 중의 한 시대가 되었다.[51] 이 시대에 기록된 것은 정확하게 족장들에 관해 기록되었던 특이한 방식들을 포함한다.

역사적인 것을 위한 궁켈의 기준은 이 가족 이야기들보다 더 큰 공적 관심에 관한 사건들을 요구한다. 그 기준은 본문에 부과된 것이다. 만약 누군가 따르기를 원하는 역사가 한 가족과 그 가족의 초라한 기원에 뿌리를 둔다면 그 역사는 합법적인 장치에 의해서 그 순서가 뒤바뀔 수 있는가?

물론 창세기 도처에 있는 이야기들은 훨씬 빈번하게 가족과 개인적인 이야기들을 다루었지만, 그것은 오직 기대된 성경의 강조를 위해 주어진 것이었다. 하나님의 계획은 위대한 공적 관심을 가진 구원을 가져오시기 위해 개인들과 가족들을 통해 일하시는 것 이었다. 그것은 바로 세계사의 일반적 패턴 안에서 관측될 수 있는 전략과는 반대되는 것이다. 왜냐하면 강조는 다수의 개인들에 영향을 미치는 국가들의 정치적 사건들과 커다란 공적 사건들에 놓이기 때문이다. 그러나 하나님의 질서는 정반대인 것이다. 하나님은 의도적으로 그리고 결정적으로 인간들의 일반 역사에 있을 수 있는 것에 저항하셨으며, 그 대신에 개인들과 가족들을 사용하셨다.

한 가족 이야기는 창세기 4장에서 접하는 가인과 아벨의 이야기이다. 많

---

51 학자들에 의해 만들어진 족장들과 초기의 일부의 비교들이 지금은 거절된 반면(족장들에 관한 본 책의 장을 보라)에 어떤 것들은 여전히 창세기 12-50장에 묘사된 문화들과 시간들에 대한 좋은 증거로 남아 있다.

은 사람들이 이 이야기를 공간과 시간 안에서 실제 있었던 일로 여길 수 없는 이유들 중의 하나는 누군가는 이 이야기를 목축의 신 두무지(Dumuzi)와 농업의 신 엔킴두(Enkimdu) 사이의 대결이라는 수메르 사람들의 자료로써 간주했기 때문이다. 수메르 사람들의 신화는 목동들의 관심과 농부들의 관심의 충돌을 대변했기 때문에 아마도 가인과 아벨의 대결 뒤에 숨어 있는 것이었다고 느꼈을 것이다.

그러나 가인과 아벨이 두무지와 엔킴두와 같다는 전체 방정식은 나훔 사르나(Nahum Sarna)가 결론지었듯이 "극히 부실한 것이다."[52] 수메르의 신화는 결혼 관계에 있는 목축의 신인 두무지의 손보다 오히려 농업의 신인 엔킴두의 손을 더 선호하는 이난나(Inanna. 이쉬타르와 같은 여신)를 가지고 있다. 반면에 이난나의 형제인 태양 신 우투(Utu)는 목축의 신을 더 선호했다. 그러나 이난나는 엔킴두를 고수했는데 그는 나중에 패배자인 두무지에게 온갖 선물을 주며 달랬다.[53]

수메르 신화는 적어도 창세기 4장을 이해하기 위한 배경이나 자료의 역할을 하지 않는다. 사르나는 또한 성서 본문은 농업이라는 직업을 결코 폄하하지 않았고 두 개의 직업들 각각을 대립해서 평가하지도 않았다고 지적했다. 창세기에서의 대조는 그 사람들의 자질과 그들의 마음태도들에 관한 것이지 그들의 직업들에 관한 것이 아니었다. 결혼에 관한 것도 아니고 실패자를 달래는 것에 관한 것도 아니었다. 반대로 사르나는 창세기 4장은 목자의 생활양식과 일반적으로 연관된 그 기술들을 계속해서 나열했으며 이것들을 농부인 가인 계열에 놓았고 그리고 가축 사육과 음악 그리고 야금학의 문화들에 첨가하였다고 논평했다.

창세기 1-11장은 아담과 하와, 가인과 아벨, 그리고 노아와 그의 가족들

---

52 Nahum M. Sarna, *Understanding Genesis* (New York: McGraw Hill, 1966), 28.

53 Samuel Noah Kramer, *Sumerian Mythology*, rev. ed. (New York: Harper/Torcbooks, 1961), 101-3.

의 일화들과 함께 가족과 개인 일화들의 일부를 포함하였다. 그러나 그것들은 그들의 삶의 삽화적인 가치를 위해 선택되어진 것이 아니라, 더 광범위하게 그들에게 발생했던 사건들과 그들이 행했던 것에 관한 더 광범위한 대중적 함축들을 위해 선택되어 졌다. 근동의 병행적 전승들은 틀림없이 실제 발생했던 일들이 아니라는 제안과 함께 이 자료들 뒤에 놓인 자료들로써 두고자 하는 모든 시도들은 기껏해야 추측과 억측에 불과한 것으로 남을 것이다.

III. 창세기 1-11장은 다른 고대 근동의 신화로부터 빌려온 것에 의존하는가?

창세기 1-11장이 다른 신화들에서 파생되었다는 주장은 다루기 어려운 문제이다. 왜냐하면, 그 주장은 너무나 많은 주관적인 기준들-우리가 이미 다루었던 것들보다 훨씬 더 많은 기준에 의존하고 있기 때문이다. 우리는 우리의 논의의 목적을 위해, 여기서 의도된 것은 본문 내에 주장된 신화적 주제들에 대한 언급들이었다는 것을 상정할 것이다.

그런 차용을 위한 자료로써 가장 초기의 후보들 중의 하나는 한 지역의 주요 신과 혼돈의 괴물 사이의 싸움이었다. 창세기에 그 대결은 야훼와 "깊음" 히브리어로 테홈 사이에 있었던 것으로 알려졌다. 현재 테홈 "깊음"은 대부분의 학자들에 의해 없어진 티아맛에 관한 언급으로 여겨졌다. 에누마 엘리쉬(Enuma Elish, "위에 있을 때…")로 불린 바빌로니아인들의 창조 서사시에서는 바빌로니아에 나타난 으뜸 신인 마르둑(Marduk)이 바다와 그 깊음의 물을 인격화한 티아맛이라는 용을 죽였다. 그는 그 용을 반으로 잘라서 그 반으로 "상부 바다"인 하늘을 만들었고 나머지 반으로 그는 땅에 위치한 "하부 바다"를 만들었다.[54]

---

54 에누마 엘리쉬 IV.135-40. James B. Pritchard, *Ancient Near Eastern Texts*, 2nd ed. (Princeton, N. J.: Princeton University Press, 1955), 60-72쪽을 보라. 지금은 동일한 본문의 그의 3판

어느 곳에서도 창세기의 이야기를 바빌로니아인들의 배경과 연관시키기 위해 "깊음"의 단어와 동일 시 하는 것을 심각하게 의존하는 학자들은 없을 것이다. 1895년에 궁켈이 창세기 1장 2절에 있는 테홈 "깊음, 대양, 바다"에는 바빌로니아 사람들의 신화의 흔적들이 보존되었다고 주장한 이후에 테홈과 바빌로니아 여신인 티아맛 사이에는 직접적인 연관성이 있다는 주장이 인기를 얻어 왔다.[55] 이러한 논의가 도달할 수 있는 정경적 지위에 관한 전형적인 것은 시드니 후크(Sidney H. Hook)의 진술이다. 그는 '깊음', 테홈 이라는 것은 "혼돈의 물을 위해 사용된 히브리어 단어로 일반적으로 마르둑이 혼돈으로부터 질서를 창조하기 위해 나아가기 전에 마르둑에 의해 살해된 혼돈-용의 이름의 히브리어 변질이라고 주장했다.[56]

가장 유명한 저자들 가운데 한 사람인 버나드 앤더슨(Bernhard W. Anerson)은 그의 저서 '구약성서의 이해(Understanding the Old Testament)'에서 "'깊음(tehom)을 위한 히브리어 단어는 바빌로니아 사람의 단어 티아맛과 동등하며 여기에서 우리는 고대 세계의 신화에 대해 먼 반향을 가지고 있다"[57]고 썼다. 이 울림의 합창에 참여했던 다른 많은 사람들이 있었지만 요점은 항상 같은 것이다. 창세기의 창조 이야기는 "깊음"과 바빌로니아어의 티아맛 사이의 언어학적 유사성을 볼 때 신화적 자료들로부터 파생된 것이 틀림없을 것이다.[58]

을 보라. 특별히 Alexander Heidel, *The Babylonian Genesis* (Chicago: Phoenix, 1951)을 주목하라.

55 Gunkel, Legends of Genesis, pp. 109-12. 원 저작은 Hermann Gunkel, *Schopfung und Chaos in Urzeit und Endzeit* (Göttingen, 1895), 29ff.

56 Sidney H. Hooke, *Middle Eastern Mythology* (Baltimore: Penguin, 1963), 119.

57 Bernhard W. Anderson, *Understanding the Old Testament* (New York: Prentice-Hall, 1957), 385. n. 11.

58 예를 들면 Norman Gottwald, *A Light to the Nations* (New York: Prentice-Hall, 1957), 457쪽에서 "제사장적 용어인 테홈은 언어학적으로 혼돈의 깊음의 여신인 바빌로니아어인 티아맛과 관련된다"고 선언했다. B. Davie Napier, *Song of the Vineyard* (New York: Harper & Row, 1962), 48-49쪽에서 "여기[에누마 엘리쉬]의 혼돈은 아마도 히브리어 '깊은'의 단어인 테홈에서 반향된 이름인 여신 티아맛에서 대변된다고 발표했다.

1951년에 알렉산더 하이델(Alexander Heidel)은 바빌로니아의 여성 명사를 차용하는 것과 그 단어를 접미사적 요소들에 의해 확장되지 않은 히브리어 속으로 가져오는 것과 그 단어의 중간에 후음 문자 "h"(히브리어 헤)를 위치시키는 것의 어려움은 결코 설명될 수 없다고 오래전에 주장했다.[59] 그러나 하이델의 연구 작업은 테홈이 바빌로니아어의 티아맛 으로부터 유래되었다는 관점에 대해 지배적인 주장으로 고려하거나 답변을 제공하지 않는다. 케네트 키친(Kenneth Kitchen)은 그가 이 두 용어들의 동등은 "완전한 오류"였다는 사실을 주목하면서 하이델의 견해에 그의 목소리를 더했다.[60] 키친은 고대 근동의 규칙은 첨가와 각색의 방식으로 단순한 설화와 전통들로부터 전설들과 신화들을 만들기 위한 것이었음을 계속해서 주목했다. 그러므로 기억해야할 것은 테홈은 이미 주전 두 번째 천 년대에 "바다" 혹은 그와 같은 것을 의미하는 thm으로 가나안 본문들에 나타나는 공통의 셈어 어근을 공유한다는 사실을 기억할 필요가 있다.

나훔 사르나는 하이델의 이의에 대한 반응을 지키고자 시도했다.

(1) 테홈은 문법적인 형태에서는 여성형이 아니지만, 종종 여성형의 동사나 형용사를 이용한다.

(2) 테홈은 정관사 없이도 쓰인 고유 명사의 특성을 가지고 있다.

(3) 창세기 19장 25절과 신명기 33장 13절 그리고 하박국 3장 10절은 테홈을 시적 담화에 배치했고 테홈은 "웅크림"과 "외침"을 의미한다.

그러나 존 스키너(John Skinner)는 이전에 다음과 같은 것들로 세 가지 주장들 모두를 예상 했었다.

(1) 테홈은 "시에 한정된다(창 1:2; 7:11; 8:2; 신 8:7; 암 7:4절은 제외)."

(2) 정관사의 변할 수 없는 부재(시 106: 9의 복수 형태와 사 63:13을 제외)는 그것이 고유 명사임을 가리킨다. 그러나 그것은 인격화된 것을 의미

---

59 Heidel, *Babylonian Genesis*, 98-101.

60 Kitchen, *Ancient Orient*, 89-90.

하지는 않는다.

　(3) 인격화에 대해 허용된 분명한 언급들은 창세기 49장 25절과 신명기
　　 33장 13절들의 시적 구절들에 있다.[61]

　또 한 가지의 논쟁을 여기에 추가할 수 있는데, 티아맛과 "깊음"의 이
동일시는 성경의 창조 이야기에 대해 바빌로니아의 차용에 대한 수많은 사
례들에 대한 답이다. 가나안은 지중해가 근접해 있기 때문에 바다(마르둑 신
혹은 얌 신) 혹은 바다의 여신과 어떠한 대결도 일어날 수 있는 자연적, 환
경적 배경이 된다. 확실히 토르킬드 야콥슨(Thorkild Jacobsen)은 마르둑이
"폭풍의 아들"을 의미한다고 주장하였다. 그러므로 티아맛과의 그의 대결
은 폭풍과 비 그리고 번개와 천둥의 신 또한 바다의 여신의 폭풍우와의 싸
움이었다. 그것은 주전 두 번째 천 년대 중반에 바알 대 얌, "바다"의 우가
릿 신화에서 가나안에서 발생했던 동일한 신화이기도 하다. 그러므로 누가
누구로부터 빌려온 것인가에 관한 것이 지금의 질문이다. 야콥슨은 신화는
본래 가나안에서 발생했고 그 차용은 단지 우리가 항상 학문 세계에서 상
상했던 것에 대해 정반대였다고 결론을 내렸다. 게다가 이 사실은 바빌로
니아어의 티아맛은 티하마툼(tihamatum)에서 유래했다는 사실을 추정하는
언어학적 의미를 만들 것이다. 반면에 그 반대의 과정은 우리가 이미 들었
던 모든 언어학적 증거로 반대이유를 제기했다.[62] 키니어 윌슨(J. V. Kinnier
Wilson)은 "창세기의 히브리어가 바빌로니아어와 포괄적으로 관련되어 있
다는 이론은 오래전부터 있어왔다… 그리고 티아맛과 히브리어 테홈, '깊
음'과의 널리 알려진 등식에 매우 의존하여왔다. 그러나 지금 인식해야할
것은 두 단어가 다른 의미들을 가지고 있다는 것이고… 그것들이 어원학

61　Skinner, *Critical and Exegetical Commentary on Genesis*, 17, n. 2.

62　Thorkild Jacobsen, "The Battle Between Marduk and Tiamat," *Journal of American Oriental Society* 88 (1968): 104-8. R. Laird Harris, "The Bible and Cosmology," *Bulletin of the Evangelical Theological Society* 5 (1962): 14.

적으로 연관이 있든지 없든지 간에 그것은 중요하지 않다… 그 서사시는 창세기와 어떤 점에 있어서도 연관성이 없다"[63]고 경고했으며 그제야 넓은 의미를 가질 수 있게 되었다. 마르둑과 신화적 대적인 인격화된 티아맛의 개념은 창세기 1장 2절에서 테홈의 숨겨진 개념으로 여겨질 수 없다. 대신 테홈은 오직 하나님의 창조 행위에 대해 하나님의 창조와 무생물의 인격화 되지 않으므로 하나님의 창조 사역에 저항할 수 없는 것이다.

창세기의 몇 개의 자료들의 근원으로 빌려온 것을 사용한 또 다른 예는 창세기 1장 2절의 동사 "알을 품다"(역자 주: 히브리어 자음 레쉬, 헤트, 페의 어근 으로 이루어진 히브리어 단어는 개역개정에서 '운행하다'로 번역되었다.)이다. 궁켈이 주장했던 것은 이 단어는 히브리어 저자가 이 부분에 있어서 페니키아 사 람들에게 도움을 받았다는 이론에 신빙성을 더해준다는 것이다. 왜냐하면 그들은 세계가 우주적 알이 부화된 직후에 나왔다고 생각했기 때문이다. 따라서 성령이 세계라는 알을 품어 부화하였다고 주장되었다.

그러나 여기서 사용된 바로 그 어원인 rhp는 우가릿어에서 나타나는데 이 우가릿어는 히브리어와 아주 가까운 동족어이며 신명기 32장 11절에 서 의미하는 것과 같은 의미를 가지고 있다는 것이 밝혀진다. 이 신명기 구 절에서 독수리는 새끼 독수리들이 나는 것을 배우도록 돌보기 위해 하늘 을 "맴돌다, 날개를 파닥거리다, 또는 부드럽게 움직인다"고 하고 이와 동 일한 이미지로 하나님이 지구를 형성하시고 돌보시는 것으로 사용된다. 세 계의 알에 관한 페니키아인의 신화에 대한 믿음의 가능성은 없으며 오히려 그가 말하고자 했던 것을 묘사하기 위해 다른 근동 신화들로부터 저자의 차용에 관한 또 다른 의심스러운 보기가 있다.

다른 사람들은 창세기 1장 20절에서 21절의 창조의 다섯 번째 날에 나 타나는 "탄닌(Tannin)"을 여신인 아낫(Anath)이 얌(Yam, "바다"), 나할(Nahar,

---

63 J. V. Kinnier Wilson, "The Epic of Creation," in *Documents from Old Testament Times (London: Thomas Nelson, 1958), 14.*

4. 창세기 1-4장은 얼마나 신뢰할 수 있는가?

"강"), 로탄(Lotan) 그리고 레비아탄(Leviathan)과 같은 다른 괴물들에게 재갈을 물렸던 "용"(우가릿어 tnn)에 대한 병행으로써 지목하고 있다. 그러나 다시 고유 명사인 탄닌(Tannin)에 대한 사례는 붕괴되었다. 왜냐하면 구약성서에서 열 세 번 중 일곱 번은 단순히 동물들을 언급하는데 사용된다. 그것은 악어 혹은 어떤 신화적인 색체와도 관련 없는 유사한 큰물의 동물이다.[64] 대신에 탄니님(Tanninim)은 창세기 1장 21절과 시편 148편 7절에서 하나님의 창조물들 이다. 그것들은 신화적인 능력들을 가지고 있지 않다. 사실 히브리어 동사 바라(bara), "창조하다"(항상 아무것도 없는; 왜냐하면 바라와 관련되어 사용된 어떤 물질의 수단이 없었기 때문이다)는 그런 창조물들이 창조주를 선재하는 경쟁자들이었다는 그런 추론들의 배경에 대항하는 논증으로써 창조 내러티브에 오직 두 번만 사용 된다. 탄닌은 아마도 모든 작은 수중 창조물들을 대표하는 "떼를 지어 다니는" 수중 창조물들에 대한 총칭적인 용어라 할 수 있다. 하나님은 시편 104편 25절과 26절에서 나중에 확인할 수 있는 것처럼 크고 작은 수중 창조물들 모두를 창조했다.

심지어 빛나는 것들의 창조는 창세기 저자가 결코 "태양"과 "달"을 명명하지 않았고 다만 그것들을 "더 큰 빛"과 "더 작은 빛"(창세기 1:16)으로 불렀다는 점에 있어서 이교 신화들에 유사한 항의를 포함한다. 이 빛들에 할당된 기능은 빛을 내어 낮과 밤을 다스리는 것이지만 고대 근동의 신화들에서 나타난 다른 천체나 천체의 신들을 다스리는 것은 아니었다. 폰 라트(Von Rad)가 결론을 내린 것처럼, "14절에서 19절까지의 전체 구절들은 강력한 반신화적인 격정을 풍기고 있다."[65]

어떤 사람들은 바빌로니아 신화들에서 빌려온 히브리 사람의 가장 좋

---

64 그래서 게르하르드 하셀(Gerhard F. Hasel)은 "The Polemical Nature of the Genesis Cosmology," *Evangelical Quarterly* 46 (1974): 86쪽에서 주장했다. 오직 사 27:1, 51:9; 욥 7:12 그리고 시 74:13절에서만 이 시적 구절들이 고대 뱀 이야기의 측면들에 관한 일부를 설명한다(p. 98 n. 77).

65 Von Rad, Genesis, 53.

은 예는 길가메시 서사시로 불리는 바빌로니아 홍수 일화의 새에 대한 이야기(방주로부터 새를 날려 보내는 것)에서 찾아질 수 있을 것이라고 생각한다. 그러나 학문 공동체는 창세기에 대한 바빌로니아 배경에 관한 램버트(W. G. Lambert)의 논문에 의존한다. 왜냐하면 그는 수메르와 바빌론에 있는 우리의 주장된 원형들의 연대들을 재평가하면서 시작했기 때문이다. 흥미로운 전개가 일어났다. 수메르어의 원형은 주전 약 1800년에 시작되었으나 가장 초기에 알려진 바빌로니아 본문의 미완성된 사본은 주전 1600년경에 기인한다. 그러나 그 연대를 설정하기 위해서는 새들과의 일화와 그리고 학자들은 항상 모든 것의 가장 인상적인 종속 관계의 표시가 되는 것에 관한 언급들이 부족하다. 그러므로 홍수 이야기의 가장 인상적인 병행으로 이 사실에 대해 존재하는 유일한 증거는 성서 이야기보다 후대로 그 연대가 설정된다는 것이다. 램버트는 이러한 실망스러운 사실에도 불구하고 "메소포타미아 전통에 대한 히브리 저자들의 분명한 의존"이 존재한다고 단호하게 주장했다."[66]

그래서 주전 750년 보다 이른 바빌로니아 홍수 이야기의 어떤 사본들도 이 사건에 관한 언급을 포함하지 않는다. 이 사실은 틀림없이 홍수 이야기를 위해 히브리 사람들이 바빌로니아로부터 차용을 했다는 사례를 크게 약화시킨다. 만약 그렇게 (가장 근접한 병행들 중의 하나는 차용한 사람의 투영된 본문보다 후대인 것을 나타낸 사실) 주어진 것이 아니라면 이 두 개의 이야기는 역사 속에 있는 실재 사건의 반영이라고 말하는 것과 둘 다 하나의 공통된 자료에 의존한다는 것이 그럴 듯하게 간주될 수 있다.[67]

심지어 정화되지 않은 신화들의 차용에 대한 궁켈의 경우는 그 증거가

---

66 Wilfred G. Lambert, "A New Look at the Babylonian Background of Genesis," *Journal of Theological Studies*, n.s. 16 (1965): 292.

67 게르하르드 하셀이 "The Polemical Nature of the Genesis Cosmology"에서 성서 설명은 바빌로니아 설화를 비난하고 있는 변증법적인 사실을 어떻게 주장하는지를 주목하라.

정밀한 조사 아래 놓여 졌을 때는 지속적으로 유지되기가 어렵다. 직접적인 증거의 반영들이라기보다는 오히려 빌려왔다는 주장을 위한 이 기준은 현대성에 의해 할당되어진 무거운 짐을 지는 것을 기대할 수 없다.

결론

궁켈에 의해서 제안된 길고 상세한 마지막 세 개의 표준들을 시작하기 전에 지금까지 주장되었던 것을 평가하는 시간을 가지는 것은 중요하다. 첫째 글쓰기는 대부분이 추정해왔던 것보다 훨씬 이전에 유래되었다. 그러므로 창세기 1-11장에서 언급된 문자사용 이전의 사회들에 대한 모든 판단들은 철저하게 수정되어져야 할 것이다.

본문은 명백히 자료들에 근거했다는 사실을 지적한다. 대부분은 아니지만 이 자료들 중의 일부는 기록되었다. 그러므로 그 사건들 자체는 가족의 사건들에만 관련한다는 사실은 공적이고 탈지역적 관심을 가진 사건들로부터 그 중요성을 제거한 사실이 아니다. 특별히 만약 가족들이 그 이야기들의 주요 단위들로 특징지어졌다면 말이다.

다른 고대 근동 자료들로부터 창세기 1-11장의 사건들이나 이야기들을 얻기 위한 주요 시도들은 그 본문들에 놓인 언어학적 요구들로 측정될 수 없다. 그러므로 우리는 반드시 그 당시 제한된 인류의 종족들을 위해서 존재했던 실재와 진정한 공적 사건들의 예로써가 아니라 창세기에 있는 결과들을 더 풍부한 상상력들의 작업으로 귀속하는 것에 반대해야 할 것이다.

창세기 1-11장의 본문은 그것이 외부의 증거에 의해 분명히 유죄로 입증되기 전까지는 여전히 무죄로 추정되어져야만 한다. 그것은 여기서 제안된 신뢰성에 관한 검사들의 도전이다.

5.

창세기 4-11장은
얼마나 신뢰할 수 있는가?

지금까지 우리는 헤르만 궁켈의 세 가지 기준들을 분석했다. 그러나 최초의 인간들이 금속으로 작업을 했다든지 혹은 터무니없이 많은 연수를 살았다든지 또는 지하세계가 기둥들에 의해 지지되며 위로 단단한 반구형 지붕을 가진 평평한 지구를 암시하는 것으로 보이는 우주관에 관해서는 어떠한가? 그리고 이 자료는 특별히 창조 이야기는 어떤 문학 형식에서 구성되는가? 이것들은 우리가 지금 다루어야할 문제들이다.

IV. 창세기 1-11장은 과학적으로 불가능한 것을 이야기하는가?

이것은 헤르만 궁켈이 "가장 중요한" 것이라고 여겼던 기준이다. 창세기 1-11장은 불가능한 것들을 서술했다. 이는 학자들이 그 서술을 실제 공간과 시간 안에서 일어났던 것을 말했던 것보다 다른 장르 속에 그것을 포함하여 연구하도록 만드는 원인을 제공하였다. 이러한 범주 안에 일반적으로 속하는 것들은 다음과 같다.

(1) 창세기 4장 22절에 쇠를 만드는 일에 대한 언급,

(2) 최초의 부부로부터 주전 2000년경의 족장인 아브라함까지 펼쳐진 제한된 세대들의 수,

(3) 창세기 5장과 11장에 열거된 생존하고 자녀를 생산한 대부분의 스무 세대들의 터무니없는 연수의 기간들,

(4) 소위 말하는 우주의 삼층 개념,

(5) 하늘에 닿는다고 전해진 바벨탑

(6) 거인들을 자손으로 가진 "사람의 딸들"과 결혼한 "하나님의 아들들."

이 각각의 주장들을 일부 현대인들이 모두 받아들인 것처럼 이해되었다면 첫 열 한 장들에 관해서는 과학적으로 "불가능한 것"이며 그러므로 많은 사람들이 시간과 공간 안에서 발생한 사건들이 아닌 것으로 충분히 주장될 것이다. 그러나 이 주장들의 각각에 대한 지속적인 연구는 "불가능 한 것은" 설명 될 수 있으며 그리고 현대성이 그 본문 자체의 주장들 보다 오히려 그것들을 과장하는 이해들을 입증할 수 있을 것이다.

쇠를 만들었다는 초기의 증거

가인 또는 족장 이전의 개인들의 사건들의 연대를 설정하는 것은 불가능하다(왜냐하면 아무도 아브라함 이전의 어떤 연대들에 관해 추론된 가정들 이외에 다른 것을 제안할 수 없기 때문이다). 그러나 창세기 1-11장의 사건들에 대한 정확한 날짜들을 계산하는 것을 제쳐놓은 후 일반적으로 주전 1200년경에 시작되었던 소위 철기시대 보다 훨씬 이전에 흙을 함유한 쇠를 만들었다는 사실을 입증할 수 있을지도 모른다.

로이드 베일리(Lloyd Bailey)는 가인의 친척들의 이야기 속에 쇠에 대한 언급은 신뢰할 수 없다는 결론을 만든다고 주장했다. 창세기 4장 22절에서 "그는 구리와 쇠로 여러 가지 기구를 만드는 자요"라고 두발가인을 묘

사한 사실은 분명히 철기 시대의 시작을 주전 1200년으로 정한 우리의 일반적인 지식으로부터 벗어나는 것이다. 금속을 제련하는 것이 어떻게 지구에 인류가 나타난 지 단 일곱 세대 만에 성취할 수 있는가라고 베일리가 질문을 했다. 철의 제련에 대한 가장 최초의 증거는 주전 1500년에 히타이트족에 의해 만들어진 것이라고 그는 인정했다.[68]

실제로 증거는 지금 다양한 예술들과 공예들의 작업을 위한 많은 기술들은 알려졌으며 상실하였고 그리고 재발견되었으며 또한 잃어버렸다는 것을 증명하기 위해 존재한다. "쇠"를 의미하는 히브리어 단어인 바르젤은 외래어로, 네 번째 천 년대의 후반부 혹은 세 번째 천 년대의 전반에 메소포타미아 계곡에서 살았던 초기 수메르인 들로부터 유래된 외래어라는 사실이다. "쇠"를 의미하는 수메르어 단어는 파르질룸(parzillum)인데 히브리어 바르젤은 수메르에서만 필요하게 되었던 마지막 자음 "l"의 이중과 움(-um)의 격어미가 제거된 순음 "b"가 "p"로 교환된 것으로 쉽게 설명할 수 있을 것이다.[69] 그때 쇠를 의미하는 히브리어 단어는 우리가 후에 주전 1200년에 철기 시대라고 불렀던 공식 시작 이전 이천 오백년 전에 이미 알려졌고 사용되었다.

몇 개의 다른 발견들이 이 사실의 중요성을 증가시켰다. 터키의 북서쪽에 위치한 도라(Dorah)[70]에 있는 텔 아스마르(Tell Asmar)[71]와 카탈 후육(Catal Huyuk)[72]의 두 지역들에서 주전 6500년과 5800년 사이에 그리고 주

---

68 Gerhard F. Hasel, "The Polemical Nature of the Genesis Cosmology," *Evangelical Quarterly* 46 (1974): 80.

69 에벨링(E. Ebeling)의 *Keilschriften aus Assur religiösen Inhalts* I,185,3,1로부터 비문을 인용한 다이말(Deimal)의 Sumerisches Lexikon, Heft 2를 보라.

70 *Illustrated London News*, November 28, 1959, 754.

71 *Oriental Institute Communications*, 17, 59-61.

72 Kenneth A. Kitchen, *Ancient Orient and the Old Testament* (Downers Grove, Ill: InterVarsity Press; London: Tyndale Press, 1966), 37, n. 10. 키친은 Anatolian Studies 14 (1962-1964): 111-14쪽을 언급한다.

전 2500년경에 흙을 함유한 철(다른 니켈 함량을 가진 운석 철과는 반대)의 초기 작업이 밝혀졌다. 그러므로 흙을 함유한 쇠의 작업이 우리의 철기 시대의 연도 설정 이전에 불가능하였거나 혹은 심지어 야금학에서 히타이트나 팔레스타인의 철기 독점들의 출현과 함께 결론짓는 것은 잘못된 것이다.

아담부터 아브라함까지 세대들의 제한된 수

창세기 5장과 11장의 족보는 종종 연대학적인 불가능성들의 주요한 보기들로 이용된다. 그러나 이 장애물의 즉각적인 해결 방안은 윌리암 헨리 그린(William Henry Green)이 오래전인 1890년에 제시한 것과 같이[73] 성서 연대들의 기능들에 관한 보다 심층적인 조사였다.

그린에 의해서 수행된 두 가지의 기본적인 연구들은 창세기 5장과 11장의 이 본문들에 대한 다른 모든 연구들의 기본 토대가 되었다.

첫째로 이 이야기들에 제공된 숫자들 중의 어느 것도 총합되지 않았다. 비록 오경의 다른 부분들은 총합과 연관되었지만 말이다. 예를 들어 구약 성서에서는 출애굽기 12장 40-41절에서 이집트에서의 430년과 같은 합계의 연대를 제공하였다. 또한 성서의 저자는 열왕기상 6장 1절에서 출애굽으로부터 솔로몬 통치 제 사년에 성전을 건설하기 시작했던 해까지 480년이었다는 사실을 요약하는 것에 숨기지 않았다. 그러므로 저자가 땅위에 인간 거주의 연대를 구성하기 위해서 그 숫자들을 더하였다는 입증하는 다른 어떤 이론도 나타나지 않는다. 만약에 그것이 저자의 의도였다면 그는 확실하게 각 부분의 총합을 기록함으로써 각 부분을 결론지었을 것이다.

둘째로 창세기 5장과 11장의 저자는 두 개의 목록 맨 끝에 세 명의 아들과 함께 각각의 족보에 열 개의 이름들을 기재하는 대칭적인 패턴을 사용하였다. 그러므로 그 저자는 이 구성들 위에 놓는 특별한 강조가 있었다.

---

73 William Henry Green, "Primeval Chronology," *Bibliotheca Sacra* (1890): 285-303.

그러나 그 강조는 무엇인가?

우선 다음과 같은 용어들의 다양한 범위를 인식하는 것이 중요할 것이다. (1) "한 세대"(사십년, 팔십년, 백년 또는 그 이상과 같을 수 있다), (2) "아비가 되었다," (3) "~의 아들," (4) "~의 아버지," 그리고 (5) "그녀는 아들을 낳았다[히브리어 얄라드]." 이 용어들을 위한 의미의 동일한 범위는 성경과 고대 근동 문학 둘 다에서 존재한다. 우리의 현대 서구적인 의미를 고대 근동의 표현위에 놓는 것은 종종 불확실한 결론들로 이끈다.

예를 들어 계보들과 연대들의 가장 유익한 교훈 중 하나는 고핫(모세의 조상)의 집을 거친 레위의 후손이 이집트(창 46:6-11)로 옮겨간 시기가 출애굽(출 12:40)이전 430년이라는 것을 얻을 수 있다. 요점은 여기에 있다. 만약 모세가 출애굽 때에 80세였고(출 7:7) 그리고 어떤 시간적 공백도 없었다고 이해된다면(우리가 믿기로 성서 증거는 지금 우리로 하여금 시간적 공백을 포함시키도록 한다) 모세의 "할아버지"는 일생동안 불가능한 수의 후손들을 가졌으며 구약에는 모세의 "할아버지"(출 6:16-20)는 8600명의 남자 후손들을 보았고 그들 중의 2750명은 삼십 대에서 오십 대의 연령층에 속했을 것이다(민 3:19, 27-28; 4:34-36)고 기록하고 있다. 만약 이것들이 사건들의 직접적인 연대순으로 받아들여진다면 어떤 저자도 이렇게 믿기는 어렵지만, 실제로 불가능성을 구성하는 것이다.

만약 우리가 계보들에 대한 설명의 다른 추가 증거가 필요하다면 창세기 46장 11절은 고핫을 이집트로 이동하는 이스라엘 자손들 가운데 열거한다. 출애굽기 6장 18절의 문자적 읽기는 그의 수명을 133년으로 명시한다. 출애굽기 6장 20절은 그의 "아들" 아므람의 수명을 137년으로 기록한다. 이 아므람의 아들 모세의 출애굽 당시의 나이인 팔십 세를 더하면 후손들로부터 출애굽까지 최대 350년이 산출되는데 이 기간은 출애굽기 12장 40절에서 앞당긴 430년에서 80년이 모자란 것이다. 비록 이 남자들은 임종 시까지 그들의 자손들의 아버지가 되었다 하더라도 말이다. 다시 우리는 계보와 연대의 조화를 위해 다른 방법을 찾아야만 한다.

그러나 이것들은 창세기 5장과 11장에 사용되어진 용어들의 동일한 유형들이다. 민수기 3장의 고핫의 계보와 창세기 5장과 11장의 계보들 사이의 유일한 차이는 "A"가 "B"를 낳기 전에 "A"가 살았던 연도의 수와 그리고 나서 "A"가 살았던 연도의 총수를 포함하였던 창세기에서의 언급이다.

존 래븐(John H. Raven)은 지난 1906년에 이 수들의 기능에 대한 해결책을 제안했다.[74] 래븐은 정확하게 지적했는데, 실바와 빌하는 그들의 증손자를 "낳은" 것(얄라드)이 인정되었고(창 46:18-25) 그리고 차례로 그 자녀들은 레아와 라헬의 자녀들로 여겨졌다. 가나안 또한 개인들을 "낳았는데" 결국은 그들의 이름들을 전체 나라들에게 주었다(창 10:15-18). 그 단서들로부터 래븐은 창세기 5장과 11장(즉, 그 다음에 언급된 아들이 태어났을 때의 나이)의 계보 공식 안에 첫 수는 "A"는 "B"가 결국 들어오게 된 계보가 되었던 시기에 있는 아이를 가졌다는 의미에서 "A"가 직접적으로 "B"를 낳았거나 혹은 "B"는 "A"에게 태어난 먼 친척이었다는 의미에서 결정할 수 있었다. 그 친척을 낳았다고 하는 "A"는 그 친척으로부터 결국 'B"가 나왔다는 그 연도가 중요하다. 왜냐하면 다른 시기들은 또 다른 사람들의 다른 계통을 촉발시킬 수 있기 때문이다. 사례들은 우리가 "A"와 "B" 사이에 놓고 있는 세대들과 같은 시간적 공백을 잃어버린 일곱 세대까지 성경에서 인용될 수 있다. 직접적인 후손을 구체화하는 그 세대들을 제외하고는 이 시간적 간격들에서 제기될 수 있는 아버지와 아들의 실제의 세대들의 정확한 수는 물론 전적으로 추측의 문제이고 어떠한 해석적 혹은 과학적인 통제들이 없다.

이 점은 실제적 증거를 필요로 하는 서구적인 사고방식과는 너무나 다르다. 이러한 실제의 목적을 위해 나의 아버지("A")가 창세기 이야기들에 언급된 이러한 매우 중요한 사람들(VIPs)중의 한 사람이었다는 것을 추정해 보자.

---

74   John H. Raven, Old Testament Introduction (New York: Fleming Revell, 1906), 134-35.

그는 네 명의 아들들을 그의 나이 100세와 120세 그리고 140세와 160세에 낳았다(성서적인 유형의 숫자들을 부여하기 위해)고 말해보자. 나는 나의 아버지의 백 번째 생일에 태어났으며 그리고 여섯 세대가 제거된 나의 아들의 아들을 통해 그 다음 VIP("B")가 태어났다고 말하자. 성서의 속기에서 나의 아버지("A")는 나의 아들의 아들을 낳았다. 왜냐하면 그의 120번째 그리고 140번째 또한 160번째 생일날에 형제들의 후손의 계통들을 낳았지 그 다음 VIP를 낳은 것은 아니었다. 그가 100세였을 때 여섯 세대는 제거되었던 ("B") 것이다.

그러므로 이 숫자들의 중요성은 남자와 여자가 영원히 사는 것을 의미하는 것으로 나타내는 것이었다. 그리고 그들은 후대 세대들에게 사실이었던 것 보다 훨씬 더 고령이었을 때 아이들의 아비가 될 수 있었다. 그러나 죄의 영향들은 지속적으로 사람이 사는 전체적인 연수와 그들이 아이들을 낳을 수 있는 나이 둘 다를 감소시켰다. 이 두 가지 결과들은 세계의 창조 이후 만기되었던 연수들의 총계를 우리에게 주는 것보다는 오히려 그 수들을 포함하기 위한 이유가 되는 것처럼 보인다.

족장 시대 이전에 사람들이 살고 아이들을 낳았던 과대한 연수

부분적으로 우리의 주장은 이미 예상되어졌다. 그러나 창세기 5장과 11장에 나오는 스무 명의 사람들 대부분이 살았고 아이들을 낳았던 시간의 과대한 길이를 설명하기 위하여 제시된 몇 가지 시도들을 주목하는 것은 가치가 있다.

현 시점에서, 우리는 메소포타미아 왕의 목록들의 발견을 주목해야 하는데, 그 각각은 그 목록의 대략 중간 지점에 홍수를 위한 단절(길가메시 서사시라고 불리는 바빌로니안 홍수에서 묘사되어진 것)을 가진다. 이 목록들은 왕들의 목록들과 창세기 6-9장의 대홍수에 의해 또한 단절되었던 창세기 5장과 11장의 계보들 사이의 가능한 관계에 관해 상당한 흥미를 이끌어 냈다.

메소포타미아 목록들은 둘 다 옥스퍼드 대학교에 있는 에슈몰린 박물관의 웰드-블런델 컬렉션의 일부들인 W-B 62와 W-B 444들로 제위기간이 설형문자로 쓰인 수메르 왕들에 관한 것들이었다.[75] 세 번째 목록은 주전 3세기에 살았으며 그의 나라의 역사를 기록한 바빌로니아 제사장인 베로스수스(Berossus)의 목록이다. 베로스수스의 목록은 훨씬 이전 시기의 수메르 왕들의 목록들의 수정본에서 나타나지만 베로스수스의 작품은 주로 요세푸스와 유세비우스로부터 유래된 광범위한 인용들 속에 보존된 부분적인 형식으로만 남았다.

홍수 이전의 수메르 왕의 이름들은 성경 속에 있는 이름들과 입증할 수 있는 연관성은 없다. 또한 메소피타미아에서 유래된 이 상형문자 목록들에 있는 이름들은 실제의 메소포타미아 사람의 계보들과 확실한 연관성이 없다. 대신에 그 이름들은 창세기 5장과 11장의 족보들이 요구하는 것처럼 그들 사이의 어떤 종류의 혈통적인 연관성 없이 다양한 도시를 다스렸던 왕들의 목록이라고 주장한다. 이 모든 목록들에 있는 종합적인 요인은 "하늘로부터 내려온" 왕권의 이념이며 그리고 그 이념은 한 도시에서 또 다른 도시로 이동되어질 수 있는 것으로 보였다.

성서의 목록들과 여기에 묘사된 목록들 사이의 수명이 더 짧은 다른 유사성들이 있다. 한 가지 그런 사실은 W-B 444가 기록된 여덟 개의 이름 전부를 가지고 있다는 것이다(만약 꼭 W-B 444가 지우수드라(Ziusudra)라고 불린 바빌로니아 홍수의 영웅을 생략했던 것처럼 노아의 이름을 빠뜨렸다면 그리고 그것은 한 본문의 전통에 따르면 창세기 5장에 나오는 여덟 명의 이름들과 비슷한 것이다.). 창세기 11장과 비슷한 다른 목록들은 열 개의 이름들을 가지고 있다. 또한, 성서와 홍수이전 수메르 왕들은 홍수 이전보다 훨씬 긴 통치기간이 주어졌고 반면에 홍수 이후 시대의 왕들은 상대적으로

75　Thorkild Jacobsen, "The Sumerian King Lists," *Assyriological Studies* 11 (1939).

훨씬 짧아졌다. 성경은 홍수 이전에 가장 오래 산 사람의 연수를 969년으로 높여졌으며 가장 젊은 사람의 총 연수는 777년으로 낮아졌다고 표현했다. 메소포타미아 목록에서 상응하는 기간에 가장 젊게 산 사람의 총 연수는 18600년이었고 가장 오래된 사람의 연수는 43200년이었다. 홍수 이후에 전체 수명에 대한 성서 인물들은 464년에서 148년까지 줄어들었다. 동일한 종류의 현상은 메소포타미아로부터 유래된 홍수 이후의 왕의 목록들에 대해서 사실이었다.

따라서 성서 목록들의 의미는 무엇인가? 이것들은 홍수 이전과 이후의 개개인들이 살았던 실제 생물학적인 수명들인가? 그리고 히브리어 마소라 본문의 수들 혹은 그리스어 칠십인 역의 본문들과 사마리아 오경의 본문들처럼 어떤 수들의 형태를 더 선호해야 하는가?[76] 열거된 한 아이의 출생의 시기에 칠십인 역 성서의 시대들은(주전 3세기에 유래되었고, 히브리어 본문들의 이집트인의 가족들을 근거로 한) 야렛, 므두셀라, 라멕, 노아, 셈, 나홀과 데라를 제외하고는 모든 경우에 히브리어 마소라 본문(대개 규범으로 사용 되어진)을 백년씩 초과한다. 사마리아 오경은 일반적으로 연수의 총합에 있어서는 마소라 본문과 일치한다.

홍수 이전 사람들에 관해 보이는 비정상적인 수명을 개선하기 위해 다양한 시도들이 이루어져왔다. 그러나 누구도 전체수들의 배경을 지지하는 일관된 원칙을 입증할 수 없었다. 어떤 사람들은 연수의 총합을 한 사람이 살았던 달의 수와 동일시하기 위해 시도를 하였으며 그리고 12(일 년의 달 수) 혹은 심지어 10과 같은 요인들을 어림수로 사용하였다. 이러한 논지에 대한 문제는 므두셀라의 969년을 위와 같은 체계로 계산하면 80 또는 96년

---

76 마소라의 용어는 "물려주다"의 동사인 마사르로부터 유래한다. 이 본문은 실제적으로 사해 두루마리의 출현 이전에 우리에게 알려진 유일한 본문이고 전통적인 것으로 "수용된" 본문이다. 마소라 학파들은 이미 앞에서 토의된 것처럼 고정된 히브리 본문에 동의한 모음과 구두점 체계를 놓은 중세시대 학자들의 무리들이었다.

으로 전환되므로 므두셀라의 짐은 덜 수 있지만 반면에 나홀이 아이를 가진 29살은 이 이론을 따르면 2.5살 또는 2.9살로 전환되어야만 하는 추가적인 문제들을 제기한다. 거의 천 년을 산 사람과 또는 3살 되기도 전에 아이들을 가질 수 있는 사람을 믿는 더 어려운 질문이 된다.

또 다른 시도는 이 전체 연수들은 수메르 왕의 목록들처럼 홍수 이전 혹은 홍수 이후의 사람에 의해 대표된 씨족이나 종족들이 통치했던 연수들을 고안했다고 주장하는 시도였다. 그러나 이 해결책이 가진 문제는 에녹이 365년을 살고 하늘로 올리어진 것으로 인정되는 것이며 종족이나 씨족의 전체로써가 아니라 한 사람 혹은 개인이라는 것이다.

더욱 기발한 것은 게마트리아(gematria)를 이용하는 것인데, 이것은 숫자보다는 오히려 알파벳 글자들의 수단에 의해 수를 세는 체계이다. 이 용어는 실제로는 "기하학적 구조(geometry)"를 위한 영어 단어와 관련된 그리스어 용어로부터 유래된 것이지만 그것의 실제 사용은 랍비들의 히브리어 주석의 양식들과 시작했다. 예를 들어 주석자들은 야곱의 아들들 중의 한 명인 "갓"은 실제로 일곱 번째로 태어났기 때문에 그렇게 이름 붙여졌으며 그리고 일곱은 그 이름을 형성하는 두 개의 히브리어 자음들의 가치이다. 그의 이름 "g"(히브리어 자음의 세 번째 철자인 기멜은 그리스어의 세 번째 자음인 감마와 병행된다)는 "3" 그리고 달렛은 4로 총합 "7"을 나타낸다. 흔히 사용되는 또 다른 예는 그 질문에 대답하기 위해 배열된 "이스라엘의 아들들"과 "각각의 남자"의 두 개의 구문들에 관한 게마트리아의 등위이다. 이스라엘이 이집트를 떠나올 때 얼마나 많은 용사들이 그들 속에 있었는가? 그 대답인 603,550명은 민수기 1장 46절과 2장 32절에서 발견된다. 그리고 그 대답은 두 표현들, "이스라엘의 아들들"과 "각각의 남자"(혹은 히브리어로 브네 이스라엘 콜 로쉬)는 다음 총합을 산출한다고 게마트리아 방법에 의해 기이하게 결론된다. "이스라엘의 아들들"(브네 이스라엘)은 b(2), n(50), y(10)=62 더하기 y(10), s(300), r(200), '(1), l(30) = 541 또는 총합 603이다.

그리고 "각각의 남자"(콜 로쉬)를 이런 방식으로 나누면 k(20), l(30), r(200), ʾ(1), s(300)=551이다. 이 두 개의 수들을 연속적으로 배열해보면(!) 그 숫자들은 603,551을 산출한다. 그러나 비록 우리가 비정상적인 방법으로 두 수들을 나란히 놓는 것을 허용한다 하더라도, 왜 하나의 수 옆에 다른 하나의 수(수십만의 수를 만들기 위해서)를 놓는가? 더욱이, 비록 우리가 용사들의 수에서 과감한 감축을 해야 한다고 가정할 지라도, 즉 603에서든지 아니면 551에서든지(수십만에서 수들을 숨기기 위해 어떤 자들이 가정하듯이) 우리에게 출애굽기 38장 25-28절 안에 또 다른 복잡한 문제를 남겨둔다. 그 구절에서 반 세겔은 603,550의 용사들 각각이 내야하는 몫이다. 거두어들인 총합은은 100달란트(이것은 300,000세겔일 것이다)에 또 다른 1,775 세겔을 더한 것이다. 지금 그 가치는 20세 이상의 모든 남자를 위한 반 세겔 이므로, 각 사람들의 총합(301,775세겔의 2배)은 603,550과 같다. 게마트리아는 사실상 이스라엘의 싸울 수 있는 남자의 수를 결정하는 데 오류를 범한 것이다. 나의 한 분의 선생님은 다음과 같은 관찰을 하셨는데, 만약 한 사람이 죽은 말을 다루고 있는지 아닌지를 결정하는 가장 좋은 방법은 당신이 죽은 말의 한쪽 끝을 신속하게 들어 올릴 때, 다른 한 쪽 끝이 내려오는 것을 주목하는 것이다. 그것은 여기에 발생하고 있는 것처럼 보인다. 더욱이 그 자체로의 규칙을 가지고 있는 게마트리아는 603, 550이 아니라 603,551의 총합이다!

베일리는 므드셀라의 나이가 총 777세라고 주장했다. 그러나 그는 므두셀라를 그의 아들 라멕과 혼동했다(창 5:31). 그러므로 m(40), t(400), w(6), s(300), l(30), h(8)=784가 되게 나오는 것처럼 그의 게마트리아를 결정하기 위한 모든 노력들 혹은 베일리가 주장하는 것처럼 777+7=784는 시간 낭비이다.[77] 게마트리아는 여기서 제기된 문제들에 통찰력을 거의 제공하지 않는다.

---

77 Lloyd R. Bailey, *Genesis, Creation and Creationism* (New York: Paulist, 1993), 161-65.

베일리는 또한 홍수 이전의 수메르 왕들의 베로스수스의 목록은 합계 432,000이 되고 그리고 그것을 5("루스트룸"(lustrum)이라고 불리는 5년의 메소포타미아의 기간)로 나누이는 432,000으로 분석할 수 있다는 사실에 주목했다. 즉 432,000을 5로 나누면 86,400이고, 7(한주가 7일)로 곱하면 604,800이고, 365.25(일 년의 날 수)로 나누면 1655.85라는 홍수 때까지의 수메르 왕들의 재위 기간의 총합이 나온다. 그러나 우리의 문제를 해결하는데 이러한 연습이 무슨 도움이 되는가? 그렇다. 만약 홍수 이전의 사람들이 다음 명명된 아들을 가졌던 나이들에 총계가 달한다면 그 합은 1,656년이 될 것이다. 그러나 히브리어 본문은 결코 이러한 결론에 이르지 않는다. 왜냐하면 히브리어 본문은 그 수들을 결코 합하지 않기 때문이다. 그리고 수메르의 목록들은 연대적인 의도가 있는 것이 아니라 한 도시에서 다른 도시로 이동하여 통치하는 왕들의 재위기간의 목록을 의도한 것이다. 더욱이 비록 이런 전환이 주장된 총 경과 시간에 맞아 떨어진다 하더라도 그것은 다른 수치에는 적용되지 않는다. 분명히 수메르 체계는 60진법 체계(즉 시간을 말하는 우리의 체계와 비슷한 근거로 60)에 근거한 것으로 보인다.[78] 이 것은 수메르 목록의 과도한 수들을 이해하는데 정말 비밀스러운 것일지 모르지만 우리가 성서의 목록들을 푸는 데는 도움이 되는 것으로 보이지 않는다.

우리의 결론은 타락이 시작되기 전에는 하나님이 개인들을 영원히 살도록 의도하셨다는 것은 틀림없다는 것이다. 그러나 죄의 결과들은 개인들의 연수의 총합이라는 측면에서 아담과 아브라함 사이에 있었던 셀 수 없는 수천 년이 서서히 줄어드는 것으로 여겨질 수 있고 이는 사람들이 아이들을 낳을 수 있는 나이들에 대해서도 같은 영향을 미쳤다고 여겨질 수 있다. 우리는 그 연수는 실제의 연수들로 보이고 그리고 수메르 왕의 목록들은 우리 중 많은 이들이 그것들이 도움을 주리라 기대했던 도움을 제공하

---

78   Ibid., 64-71; 234-38.

지 않는 것으로 보인다고 결론 내린다.[79]

소위 말하는 우주의 삼중 개념

성서의 세계관을 고대 우주론과 관련시키는 점에서 학자들이 모두 동의하는 결과들은 발견되지 않는다.[80] 일반적으로 그 이유는 히브리인들이 우주론에 대해 매우 원시적인 관점을 공유한 정교한 도표들을 사용한다는 것이다. 그들은 주장된 것처럼 지구는 평평하고(사 11:12; 레 20:8) 그리고 단단한 창공으로 덮였으며(창 1:7-8절과 다른 곳들) 또한 그 지붕에는 땅의 꼭대기에 걸쳐진 단단한 구에 창들을 가진 적절한 것이었다(창 7:11; 8:2; 2 왕하 7:2; 사 24:18, 그리고 다른 곳들)고 주장했다. 평평한 지구 전체와 단단한 창공 전부는 기둥들(예를 들어, 삼상 2:8; 욥 9:6)에 의해 지지되었다. 그리고 그 기둥들은 "깊음"과 스올의 지하세계를 지나서까지 확장되었다.

라르드 해리스(R. Laird Harris)는 이 주장된 성서 도표가 성서의 본래 저자들의 주장들에 관한 것이라기보다는 현대 학자들의 독창성에 훨씬 더 의존한다는 사실을 보여주고 있다.[81] 우선 히브리어 본문의 어느 곳에

79 Dwight w. Young, "A Mathematical Approach to Certain Dynastic Spans in the Sumerian King List," *Journal of Near Eastern Studies* 47 (1988): 123-29쪽을 보라. 영은 그 곳에서 왕조의 간격들의 전체 연수들은 개인 통치들 이전에 그리고 전체 수들은 십의 공간에 더해 정수의 공간 혹은 네제곱을 반영한 것으로 계산되었다는 점을 주장한다[그러므로 마리의 136년 간격은 6 공간들과 10 공간들이다]. 또한 Dwight W. Young의 "On the Application of Numbers from the Babylonian Mathematics to Biblical Life spans and Epochs," *Zeitschrift für die alttestamentliche Wissenschaft* 100 (1988): 331-35쪽을 보라. 그 곳에서 영은 홍수 이전 시대 사람들의 나이들 사이의 상응들을 가리키며 바빌로니아 수학 문서들에 있는 근본적인 문제들에 대답하기 위해 시도한다. 영은 또한 "The Influence of Babylonian Algebra on Longevity Among the Antediluvians," *Zeitschrift für die alttestamentliche Wissenschaft* 102 (1990): 321-35쪽에서 숫자 10, 20 그리고 30을 연구한다.

80 Bailey, Genesis, Creation, pp. 172-85. 베일리는 이런 학문적으로 케케묵은 원칙의 가장 최근의 재 진술들을 제시한 사람들 중의 한명이다. *The Interpreter's Dictionary of the Bible*(IDB)(Nashville: Abingdon, 1962), 1:702-9쪽에 있는 학술 논문인 "cosmology"와 동일한 IDB, 4:873-78쪽에 있는 학술 논문인 "world"를 또한 주목하라.

81 R. Laird Harris, "Bible and Cosmology," pp. 11-17; "The Meaning of the Word Sheol As

도 라키아(종종 "궁창(firmament)"으로 번역되지만 그러나 "넓게 트인 지역 (expanse)"으로 보다 나은 의미로 번역됨)가 단단한, 굳은 으로 진술되거나 암시되지 않는다. 이것은 단순히 "팽창된 표면" 혹은 "넓게 트인 지역"이 다. "궁창" 혹은 "단단함"의 사상은 히브리어의 개념화에서 나왔다기보다 는 라틴어 불가타 성서의 "피르마멘툼"(firmamentum)에 대한 번역과 그리 스어 칠십인 역의 스테로마(ster?ma)에 대한 번역에서 나왔다. 하늘의 "넓 게 트인 지역"은 천체적인 돔과 같은 구조를 암시하거나 요구하는 것이 아 니다. 라키아는 창세기 1장과 에스겔 1장 그리고 10장의 두 곳에서 사용된 다. 또한 에스겔서에서 이 단어는 분명히 확장된 단상 혹은 하나님의 보좌 가 위치한 넓게 트인 곳을 의미한다. 히브리어 용어를 "금속의 가느다란 조 각"으로 번역하기 위한 시도들은 바빌로니아 신화에 있는 하늘이 된 티아 맛과 라키아와의 연관을 시도하는 자들처럼 무익하다. 반대로 만약 하늘에 대한 구체적인 그림을 필요로 한다면 두루마리(사 34:4; 40:22)처럼 하늘에 대한 시적 언급에 관한 것은 어떤가?

짐작건대 별빛이나 비가 새어 들어갈 수 있는 하늘에 있는 창들에 관한 창조 이야기는 결코 그처럼 언급하지 않는다. "창들"의 개념이 나타난 첫 번째 부분은 홍수 이야기이다. 그 후에 "보리"(왕하 7:1-2)와 "문제" 그리고 "고통"(사 24:18)과 "축복"(말 3:10)을 포함한 다른 것들이 그러한 "창들"을 통해서 나온다.

평평한 지구에 대한 사례는 그다지 확실하지 않다. 적어도 현대의 뉴스 진행자들은 기자들이 뉴스를 위해 지구의 구석구석에 간다는 것을 주장할 때보다도 더 확실하지 않다. 현대인들은 좀처럼 그들의 TV에 "코페르니쿠 스!"라고 소리를 치지 않는다. 이것들은 일반적으로 나침반의 네 개의 지

Shown by Parallels in Poetic Texts," Bulletin of the Evangelical *Theological Society* (BETS) 4 (1961): 129-35; "The Midst, the Canopy, and the Rivers of Eden," *Bulletin of the Evangelical Theological Society* 11 (1968): 177-79.

점을 지칭하기 위한 타당한 문학적인 장치들이다. 다른 구절들은 "지구의 원형"에 대해 공공연히 말한다(예를 들어 사 40:22).

땅을 지탱하는 것으로 주장된 기둥들과 스올 그리고 "땅 아래 있는 물들"을 포함한 지하의 특징들에 관해 자세히 관찰하면 이것들도 우주의 "3층" 혹은 "삼중"의 개념을 지지하는 것에 실패한다. "땅 아래 있는 물들"은 물고기들이 쉽게 살고 있는 해안가 아래의 물로 특징지어진다. 왜냐하면 지옥 아래까지 낚싯줄을 보내는 봉돌들이 없기 때문이다(신 4:18). "스올"은 거의 육십 다섯 번의 등장에서 단순히 "무덤"을 의미하는 시적인 단어이다. 사실인 것처럼 몇몇의 구절들은 "기둥들"에 의존한 땅의 "기반들"과 관여된다. 그러나 이 두 가지 용어들은 우리가 오늘까지 계속해서 사용한 것처럼 은유적으로 이용된다. 그리고 땅이 아무것도 의존하지 않는다는 욥기 26장 7절에 대해서 우리는 무엇을 말해야 하는가?

성경에서 우주론에 대한 원시적인 관점은 조사 중에 매우 부자연스러운 관점으로 드러난다. 그런 사례는 창세기 2장 4-14절에서 주장된 마른 우주와 비교하여 창세기 1장에서 주장된 젖은 우주에 호소하는 것으로 강화되는 것이 아니다. 창세기의 두 번째 장은 첫 번째 인간 커플이 놓인 동산에 집중하며 1장에서와 같은 세계의 우주론에 초점을 둔 것이 아니다. 이것은 창세기 저자의 전형적인 문학적 장치이다. 첫째 그 저자는 사안들을 폭넓게 추적할 것이고 그 다음에 그가 다루기를 원하는 보다 더 상세하고 특별한 문제로 옮겨 갈 것이다.

아마도 현대의 비유가 도움이 될 것이다. 스탯포드 라이트(J. Stafford Wright)는 우리의 주목을 정신분석학과 분석적인 철학에서 사용되는 것과 같이 과학적인 전문용어 안에 있는 단어들의 은유적인 사용으로 이끌었다. 이러한 학문에서 의식과 무의식 그리고 초자아와 심리 깊이의 한계점에 대해 말하는 것은 매우 일반적이다. 이런 이유로 일천년 후에 비판적인 현대 학자들은 문들과 깊음들 그리고 출입문들을 가지고 있는 입체적인 사고의

"3층" 개념을 견지했음을 주장했다고 생각할 수 있을 것이다.[82] 우리는 그들이 어떻게 틀렸는지를 알고 있지만 그럼에도 불구하고 우리는 성서 기록의 유사한 구문들과 절들이 진정으로 원시적인 사고방식과 원시적인 우주론을 저버리는 것을 유지하도록 주장한다. 왜냐하면 훨씬 더 일찍 등장했으며 반드시 훨씬 더 단순하고 원시적이기 때문에 누군가 믿기를 바라는 것을 믿기 위해 혹은 불신하기 위한 것을 불신하는 것에 대한 현대인들의 주장을 어떻게 깨트릴 수 있는가? 그것은 서구적인 사고방식으로는 깨뜨리기 어려운 지속적 해석 과정이다.

거인들을 후손으로 여겨지는 사람의 딸들과 결혼한 하나님의 아들들

많은 사람들은 신화의 영역이며 자연적 영역으로는 불가능함의 가장 명백한 보기들 중의 하나로써 "하나님의 아들들"이 "사람의 딸들"과 결혼하는 창세기 6장 1-4절의 일화를 주목한다. 그러나 이것은 그 저자가 "하나님의 아들들"이라는 용어를 사용함으로써 의도했던 것을 주의 깊게 조사하는 일에 실패했기 때문일 것이다. 히브리어 단어 네필림 깁보림 이른바 거인들은 신들과 사람들 사이에 있는 동거 생활의 행위로부터 기인된 자손으로 되어 있다.

고대 근동으로부터 유래된 동족어적인 자료들의 관점에서 이 본문의 가장 정확한 해결책은 메레디트 클라인(Meredith Kline)에 의한 것이다.[83] 클라인은 "하나님의 아들들"을 천사들과 동일시하는 것은 3절에 주어진 신적인 반응과 일치하지 않는다고 정확히 주장하였다. 즉 하나님은 사람의 죄

---

82 J. Stafford Wright, "The Place of Myth in the Interpretation of the Bible," *Journal of the Transactions of the Victorian Institute* 88 (1956): 18-30.

83 Meredith G. Kline, "Divine Kingship and Genesis 6:1-4," *Westminster Theological Journal* 24 (1962): 187-204.

를 기뻐하지 않았다. 그 상황은 또한 가인의 불경건한 계통과 반대되는 셋의 경건한 계통을 언급하는 것으로 하나님의 아들들을 보는 관점으로도 해결되지도 않는다. 이러한 해결책이 3절의 시험을 충족시키는 동안에 1절과 2절의 "사람"의 의미에 관해서 1절에서는 총칭적으로 "인류"를 의미한 반면에 2절에서는 "가인의 족속들"로 함축해야 한다. 더욱이 만약 이들이 단지 종교적으로 혼합된 결혼이라면 우리는 왜 4절에 언급된 네필림 깁보림이라는 자손의 유형을 발견하는가?

클라인의 해결책은 "하나님의 아들들"(히브리어와 가나안어 bn il)을 상류층과 귀족 그리고 왕들을 위한 칭호로 근동의 배경 안에서 해석하는 것이다. 이 칭호들은 사회적으로 귀족들 혹은 칭호를 받은 사람들이 권력과 명성 그리고 부에 이끌린 탐욕을 좇는 곳의 혼합 결혼들이었다. 창세기 6장 4절에서 보이는 네필림 깁보림은 창세기 4장 19-24절과 10장 8-10절에서 나타나는 사람들과 같은 사람들이다. 그들은 누군가와 같은 "명성을 얻는 사람"이 되기를 갈망했다. 그러므로 우주론적으로 혼합 결혼이었을지도 모르는 신들에 대한 이야기를 반영하는 성서의 본문이기보다는 그들이 원했던 모든 여자들과 여인들을 선택하는 것과 사회적으로 그들의 결혼을 통해서 항상 귀족이 되기를 원하는 사람들에게 혼합된 결혼과 연관된다. 그것은 그들이 각 신의 명목상의 후손들이었다는 주장을 가진 고대 근동을 통들어 오십 명의 신들의 목록에까지 기재된 왕들에게는 이상한 일이 아니었다. 따라서 그들은 하나의 보기로 이집트에서 "아몬(Amon)의 아들"과 "레(Re)의 아들" 그리고 "아툼(Atum)의 아들"이라고 주장했다.

홍수 이야기 직전에 있었던 사건들의 구조는 홍수 내러티브가 즉시 하늘로부터 유래된 왕권을 낮추는 사건에 의해 선행되는 수메르 니푸르 파편과 일치한다. 그러한 점에서 창세기 6장 1-4절은 또한 외부 자료들에도 서사된 사건들의 연속을 반영한다. 홍수 이전에 왕들은 통치하는 권위 즉 "왕권"의 자체의 개념이 신들에 의해 수여된 것이라는 사실위에 근거했음을 주장하고 있었다. 그것이 그들은 왜 그 자손의 직함들을 그 계열을 구축하기 위해 신들과 연결했던 것인지 추정한 이유이다.

바벨탑

전 세계는 한 때 하나의 언어를 가지고 있었다는 사실(창 11:1)과 시날 평지에 사는 사람들이 하늘에 닿는 탑을 가진 도시를 만들 수 있다는 생각을 했다는 사실(창 11:4)은 과학적으로 불가능한 이야기의 또 다른 보기가 된다는 추정들을 일으키고 있다. 그러나 그 이야기가 발생했다고 주장된 문화와 시대들의 자료에서는 그 이야기가 사실인 것을 말하고 있다. 저자는 메소포타미아 건축 양식들에 관한 정확한 정보를 가지고 있었는데, 만약 그가 팔레스타인 지역의 배경에서 그것들을 추정하였다면, 그는 정확하지 않는 세부사항들을 포함하였을 것이다. 예를 들어 시날에 살았던 사람들은 그들 자신들을 위해 벽돌을 만들었다고 분명히 명시되어 있는데 이는 돌이 풍부한 이스라엘의 배경에서는 사실이 아니었다. 그러나 고대 바빌론에서 건물을 짓기 위한 재료들을 가지기 위해 돌 대신에 진흙 벽돌들을 굽는 것(11:3)은 필연적인 것이었다. 그것은 또한 "타르" 혹은 "역청이 든" 재료들은 "회반죽"을 만드는 데 사용되었고 그런 작업은 메소포타미아에서는 일반적이지만 다른 곳에서는 흔한 일이 아니다.

"하늘에 닿는" 탑에 대해 말하자면 이것은 메소포타미아의 지구라트(ziggurat)들을 건설하는 행위들을 반영하는 적합한 비유적 표현이다. 이 지구라트들은 일반적으로 탑의 앞부분과 양쪽에 위치한 세 개 또는 그 이상의 거대한 무대에 오르게 하는 3층 계단들이 있는 신전 탑들이었다. 이 탑들의 약 칠십 개 정도는 여전히 티그리스와 유프라테스 강 유역 상하부에 위치하고 있다. 모든 것은 황폐되고, 일부분은 보존된 상태이지만 여전히 평지에서 70피트정도 솟아올라 있다. 이 탑들의 정상에는 신전들이 있는데 그 곳들에서 제사장들은 신들을 섬기거나 사람들을 안내하기 위해 꿈들을 받기 위해 이곳으로 올라온다고 주장한다. 그 건축물은 "하늘에 닿는" 표현을 만들어 낼 수는 없었다. 적어도 그것은 가나안 도시가 "크고 하늘에 닿을 만큼 강하다"(신명기 1:28; 9:1)라는 사실과 혹은 높은 도시 건물들이 마천루라고 불리는 현대적인 표현을 만들어 낸 것일 뿐이다.

최근에 땅에 사는 사람들이 한 때 하나의 언어를 말했다는 주장에 대한 진척이 있어왔다. 사무엘 노아 크래머(Samuel Noah Kramer)는 "황금시대"라 불리는 이른 시대의 발견을 완성하는 고대 바빌론에서 유래된 수메르의 토판을 발견했다. 지금 그 토판의 완전한 형태 안에는 모든 사람들이 동일한 언어를 사용했을 시대에 관한 수메르 이야기를 전한다. 성경의 이야기와 수메르 이야기 사이의 주요한 차이점은 언어들의 혼합은 신들 사이의 경쟁의 결과로서 일어났다는 것이다. 반면에 히브리어 내러티브에 있는 이야기는 하나님과 사람들 사이에서 나온 것이다.[84] 아마도 인간의 언어들 혹은 언어들의 혼잡에 대한 수메르의 견해는 비록 왜곡된 것이라고 하더라도 모든 인간이 동일한 언어를 사용했다는 실제 시간에 대한 역사적인 기억일 수 있다.

이제 많은 사람들이 과학적인 불가능성들로 주장한 것들은 주의 깊게 탐구될 때 그처럼 불필요한 것들은 아니었다는 사실은 자연적으로 알게 된다. 이것은 궁켈이 "가장 중요한" 것으로 여겼던 기준이었다. 각각의 반대는 그 자체의 가치로 다루어져야 하며 그리고 문화적, 역사적, 문법적, 언어학적 그리고 해석학적 연구의 규칙들에 따라 다루어져야만 한다. 오직 이 모든 분야들이 철저하게 검토된 후에 그리고 그 내러티브는 여전히 초자연적 중재들이외의 불가능성들을 제시한다면 창세기 1-11장에 있는 일화들 중의 하나는 "과학적 불가능성"을 위한 하나로 지명해야 할 것이다.

---

84 Samuel Noah Kramer, "The Babel of Tongues: A Sumerian Version," *Journal of the American Oriental Society* 88 (1968): 108-11. Sarna, Understanding Genesis, 63-80쪽 또한 보라.

V. 창세기 1-11장은 시적인 문학 형식으로 쓰였는가?

양식비평학은 우리에게 뚜렷한 화법의 유형들에 대한 구체적 정보의 종류들을 전달하며 종종 문학적 형식에 대해서도 적절하게 가르쳤다. 그런 관점에서 어떤 문학 형식들이 우화, 풍자, 신화, 시, 이야기 또는 그 밖의 유사한 것에 속하는지를 결정하는데 개인적인 기준을 가지고이해하는 것을 최소화시켜준다.

창세기 1-11장이 문학 형식에 관해 보내는 신호들은 무엇인가?

우선 순수하게 문법적인 관점에서 연속적인 행동들을 묘사하기 위해서 히브리어 동사와 함께 저자의 바브 연속법의 사용을 가리킬 수 있을 것이다. 또한 히브리어에서 직접 목적어 표시의 빈번한 사용과 소위 말하는 히브리어 관계 대명사의 이용은 결론적으로 문학적 형식은 모두 산문이지 시가 아니라는 사실을 가리킨다. 왜냐하면 방금 언급된 특징들 모두는 적어도 극히 드문 경우에만 히브리 시에 발견되기 때문이다. 그러므로 우리는 창세기 1-11장의 저자는 동일한 문학적 형식을 사용하고 있는 것을 생각했다고 말할 수 있다. 그리고 그 작품은 모든 부분들 도처에 "~의 이야기들/사건들"의 지시문 아래 있는 열 부분들 모두를 모은 창세기 12-50장에서 사용했던 동일한 체계적 지시문을 가지고 있다.

창세기 1-11장이 산문 형식이라고 결정하는 것이 목적이 아니다. 왜냐하면 연설과 기록 그리고 이야기와 같은 여러 가지 다른 산문 형식들이 있기 때문인데. 창세기의 첫 열 한 장들에 화법들과 기도들을 대표하는 것이 거의 없는 반면에 이 자료들 대부분은 기록들로 구성되어 있다. 이 범주 안에 포함되는 것은 목록들과 율법들 그리고 편지들과 계보의 기록들이다. 창세기 5장 1절이 이 목록들 중의 하나의 자료로써 "편지"나 "두루마리"에 대해 언급하기 때문에 그리고 그것은 책 전체가 걸려있는 개요 또는 틀로써 사용된 것과 동일한 정형화된 어구를 가진 것이며 또한 저자가 문헌 자료나 기록들을 의존하고 있다는 것을 나타내기 위한 노력이라는 것을 분명히 가리킨다. 그것은 또한 특별히 구체적인 정형화된 어구를 사용하는 룻기의 종결은 내러티브의 문학 형식 속에 있다는 것이다. 또한 룻기의 끝부분의 계보는 족장의 시대들과 다윗의 시대 사이의 연결을 주장한다는 것은 주목할 만하다.

창세기 1-11장에는 어떤 목록들과 기록들 위에서 언급된 기록된 자료들의 형태에 일치되지 않는 거대한 본문 단위들이 여전히 존재한다. 창세기 1-11장의 크기는 내러티브 형태에 있고 일부의 구약성서 선지자들이 나타내는 것처럼 시적 내러티브가 아니라 산문 내러티브이다. 시적 내러티브들은 신화와 영웅 전설 그리고 전설과 일화 또한 다른 종류의 다양한 이야기들과 같은 양식들을 제공한다. 그러나 창세기 1-11장에는 이러한 종류들의 내러티브들을 허용하는 어떤 표시도 나타나지 않는다.

현대에는 창세기 1-11장에 접근하는 방식에 있어서 완전히 새로운 패러다임의 전환이 필요하다. 랑돈 길키(Langdon B. Gilkey)가 주목했던 것처럼 성서적인 학문에는 실제 "대륙 분수령"이 있다.[85] 길키는 자신과 가장 현대적인 학문의 입장은 "절반은 진보적이고 현대적이지만 다른 한편으로는 절반은 성서적이고 정통적이라고 즉 다시 말해서, 세계관 혹은 우주론은 현대적이지만 반면에 그것의 신학적 언어는 성서적이고 정통적"이라고 고백했다"(p. 143). 길키는 그것을 이런 식으로 설명했다. "발생한 것은 분명하다. 우리의 현대적 우주론 때문에 우리가 그 모든 경이들과 목소리들의 '성서적 관점'으로 간주한 것이 벗겨졌다. 우리는 하나님의 행동하심과 말씀하심의 무수한 모든 경우들을 무효화한 것처럼 거절했다"(p. 152). 나는 길키의 분석뿐만 아니라 그의 해결책에 대해서도 동의한다. 왜냐하면 그는 다음과 같은 결론을 나아가 제기했기 때문이다. "첫째, 성서 저자들이 성경

---

85 Langdon B. Gilkey, "Cosmology, Ontology and the Travail of Biblical Language," *Concordia Theological Monthly* 33 (1962): 143-54. 이 학술논문은 Journal of Religion (1961): 194-205쪽으로부터 재판되었다.

자체의 용어들 속에 표현된 진술인 우주론적이며 역사적인 그리고 신학적인 것을 말하고자 의미했던 것을 진술하는 작업이 있다"(p. 153).

따라서 만약 우리가 우리 자신의 선험적인 것을 주장하지 않는다면, 우리는 위에 제시된 주장들은 우리가 창세기 1-11장에서 다루는 장르는 역사적인 내러티브-산문이며 창세기 4장 23-24절처럼 보고서들과 목록들 그리고 이야기들과 소수의 시적 구절들로 배치된 것임을 믿는다.

VI. 창세기 1-11장은 역사 기술의 흔적들을 나타내고 있는가?

창세기를 시작하는 장들은 창세기 12-50장과 다르게 구별된 문학적 범주로 다루어지지 않는다. 사실 창세기의 이 두 부분들은 이야기를 전하기 위해 "~의 계보들" 혹은 "~의 일어난 사건들"과 같은 지시문을 사용한다. 인정하건데 이 작업은 창세기 1-11장에 연관된 사건들과 일화들이 우리와 너무 먼 거리에 있기 때문에 창세기 1-11장에서 훨씬 더 어렵다. 그러나 내 자신의 개략적인 산출에 따르면 창세기 1-11장은 64개의 지리적인 이름들과 88개의 개인적인 이름들 그리고 48개의 일반적인 명칭들과 예를 들어, 금, 발삼전나무, 오닉스, 놋쇠, 쇠/철, 노송나무, 역청 혹은 타르, 벽돌, 돌, 하프, 파이프, 도시들과 탑들을 포함한 21개의 인식 가능한 문화 항목들을 포함한다. 이러한 항목 각각은 본문에 오류를 드러내는 잠재력을 가지고 있는데 왜냐하면 개개인의 이름들뿐만 아니라 그 당시의 재료들의 이름들은 이 항목들이 위치한 시대나 장소에 적절해야하기 때문이다. 마찬가지로 문명화된 지역들의 어떤 위치들과 이름들은 그 기록을 점검하기 위한 다른 기회를 제공한다. 비록 이 모든 이름들을 그들의 구체적인 시간들과 공간들 각각에 위치시킬 수 없음에도 불구하고 말이다.

이런 목록들의 중요성 중 특별히 지리적 명칭들의 중요성은 "코란의 빈약한 언급"에 호의적으로 비교될 수 있다. 창세기의 열 번째 장은 코란 전체의 언급들보다 5배 이상을 가지고 있다."[86] 이 장에 있는 항목들의 모든 것은 우리에게 저자의 신뢰성을 구축하거나 부인하는 가능성을 제공한다. 다른 말로 하면 그 내용은 다른 세계 혹은 사실의 수준에 속하는 사건들을 재 진술하는 것보다는 오히려 실제의 세계를 묘사하는데 맞닥뜨린다.

창세기 1-11장이 역사적인 내러티브-산문이라는 주장은 비유적 표현이나 비유 언어를 배제하지 않는다. 벌링거(E. W. Bullinger)는 이 열 한 개의 장들에 이런 저런 비유적 표현을 사용하여서 약 150개의 다른 항목들을 열거할 수 있다.[87] 그러나 어떤 것이 비유적이라고 말하는 것은 해석자의 책임의 끝이 아니다. 주석가는 반드시 인물의 이름을 진술해야 하고 그것의 고전적 혹은 성서적인 용법에 따라서 그것을 정의해야 하고, 성서 문학으로부터 다른 예들을 제공한다. 그리고 특정한 비유적 표현의 한계에 맞추어 의미를 부여한다. 수사적 표현은 그 실체를 떠나서 비유적인 것들 뒤에 있는 현실에 대해 가리킨다. 그러므로 다른 본문의 단서들이 현존하지 않는다면 상상이 의도되었다고 가정하지 말아야 한다.

역사적인 내러티브-산문이라는 최고의 본문 단서는 창세기 도처에 열 혹은 열한 번 사용된 문학적 공식 어구이다. 족장 자료들은 실제 사건들의 세계에서 확실한 역사적인 배경을 반영하는 것을 증명하기 때문에 저자의 판단에서 적어도 창세기 1-11장에 있는 동일한 사건을 행하고 있었다고 생각했다.

한 가지 더 중요하고 독특한 것이 주목되어져야 할 것은 창세기 1장의 창조 이야기로부터 창세기의 마지막 부분에 있는 요셉 이야기까지 직선상의 연속에 있고 어떤 연속적 질서에 속하는 사건들의 진행으로 보이는 부분이다. 고대 근동의 우주론에서 다시 혼돈으로 돌아가고자 하는 시간의 순환론적인 관점은 창세기에서 단 한 번도 나타나지 않는다. 이 직선적 사

---

86   Wilbur N. Smith, *Egypt in Prophecy* (Boston: Wilde, 1957), 13-23. 특별히 21-22쪽을 보라.

87   E. W. Bullinger, *Figures of Speech* (1898; reprint, Grand Rapids, Mich.: Baker, 1968), 1032-33.

건들과 발생한 일들에 관한 관점은 역사에 대해 적대적 입장이라기보다는 오히려 바로 그 역사의 규율을 실제로 나타내고 있다. 다른 우주론들은 태초에 발생했으며 그리고 지속적인 사건들의 흐름에 묶인 단 한 번만의 창조에 관해 모른다. 시간은 단지 반복적으로 인간의 인식 속에서 도는 것으로 나타난다. 그러나 시간과 사건들은 실제로 창세기 1-11장에 묘사하는 히브리 설화들처럼 직선적이고 연속적이다.[88]

결론

창세기 1-11장은 분명히 신화, 전설, 우화, 풍자, 동화, 유형 혹은 영웅전설의 범주에 속하지 않는다. 창세기 1-11장은 하나님이 세계를 어떻게 창조했으며 그리고 지속적으로 아브라함의 시대까지 계속해서 축복했는지에 관해 주로 산문으로 기록된 내러티브 형식 속에 있다. 그것은 인간에 대한 이야기라기보다는 오히려 하나님에 관한 이야기이며 그것은 결정적으로 하나님이 어떻게 자신의 임무와 목적을 이루기 위해 인간의 삶속에서 일하시는지에 관한 것이다.

창세기 1-11장은 저자의 기록된 주장들에 의해 판단되어지고 저자가 글을 쓰던 그 시대의 문학의 관례들에 따라서 판단되어질 때, 창세기 1-11장은 완전히 신뢰하고 믿을 수 있다. 그것은 우리의 현대적 관례들과 기준들을 소개할 때에 우리는 그 저자가 우리 자신들보다 훨씬 더 원시적이고 그리고 그가 역사적, 과학적 그리고 문화적인 영역들과 같은 여러 가지 영역들에서 실수를 범했다고 주장하기 시작한다는 것이다. 그러나 이러한 고발들은 그 기준들이 저자의 구두의 약속들과 진정한 의도들 혹은 주장들로부터 그 본문을 바라보는 관점으로 옮길 때 타당해진다.

---

88 성서의 나머지 부분에 관한 이 주제의 상세한 논쟁을 위해서 Oscar Cullmann, *Christ and Time*, trans. Floyd V. Filson (London: SCM Press, 1962)를 보라.

6.

족장들의 역사 기술은
정확한가?

    1940년대에서 1960년대의 고고학 연구는 창세기 12-50장에 있는 족장들("다스리는 아버지들")의 이야기들에 상당한 비중을 두고 있었다. 물론 성경 바깥의 자료들이나 유물들 가운데 아브라함과 이삭 혹은 야곱에 관한 직접 기록들을 찾았다는 것은 아니다. 그러나 그들 민족의 조상들의 문화와 시대에 관해 그들이 어디로부터 왔으며 어떤 삶을 살았고 어떻게 예배를 드렸는지 상당히 안다는 것은 분명한 사실이다.

    그러나 이십세기 중반에 풍부한 고고학 발견들에도 불구하고 족장들의 역사적 정확성을 위한 주장들은 벨하우젠(Julius Wellhausen 1844-1918)이 아브라함과 이삭 그리고 야곱은 단순히 히브리인들의 역사 속으로 투영된 과거 회고적인 "미화시킨 신기루"들이기 때문에 족장들에 관한 "어떤 역사적 지식"도 창세기로부터 얻을 수 없다[89]고 말한 이 후에 매끄러운 항해를

---

89 Julius Wellhausen, *Prolegomena zur Geschichte Israels*, 6th ed. (Berlin: de Grutyer, 1927), 316; 고대 이스라엘 역사에 관한 서언(Prolegomena to the History of Ancient Israel)(New

찾지 못해왔다. 그러나 1940년대로부터 1960년대까지 성공적인 연구로 인해 족장들의 역사적 가치에 대한 벨하우젠의 평가에 대해 이루어졌다. 올브라이트(William Foxwell Albright,1891-1971)와 고든(Cyrus Herzl Gordon, 1908-2001) 두 학자들은 고대 가치들에 관한 세 개의 이야기들을 고대 근동의 배경 속으로 포함시켜 놓았다.[90]

이 두 학자들은 당시 족장들에 관해 대부분 부정적인 평가를 내려왔던 것에 부정적인 영향을 주었다. 그러나 1970년대 중반 토마스 톰슨(Thomas L. Thompson)과 존 반 세터스(John Van Seters) 그리고 도날드 레드포드 (Donald B. Redford)와 같은 사람들로 구성된 집단에서 지속적으로 올브라이트와 고든이 사용했던 증거들을 재조사했다. 그들은 증거들 중의 일부는 모든 경우에 있어서 족장들에 관한 역사성의 사례를 지지하지 않았다고 결론지었다.[91] 톰슨과 반 세터스 그리고 레드포드는 올브라이트와 고든에 의해 제시된 모든 증거들의 사실적 가치를 빼앗는 것에 실패했지만 케네트 키친(Kenneth A. Kitchen)이 주장했던 것처럼 "벨하우젠처럼 … 시계를 백년이전으로 돌려놓았다. 그들은 족장들의 이야기들은 (바빌론 포로기(주전 6세기) 혹은 그 이후의 소설적 창작물들이며 역사적으론 가치 없는 것들이

York: Meridian, 1957)으로 재판되었다.

90 *Biblical Archaeologis* 3(1940): 1-12쪽에 있는 "성경적 관습들과 누지 판들"(Biblical Customs and the Nuzi Tablets)과 *Biblical and Other Stories*의 3-14쪽에 있는 "최근의 발견 물들 속에 있는 히브리인들의 기원들"(Hebrew Origins in the Light of Recent Discoveries)(Cambridge, Mass: Harvard University Press, 1963)과 윌리암 올브라이트의 고고학, 역사적 유비와 초기 성서 역사(*Archaeology, Historical Analogy and Early Biblical History*)의 22-41쪽에 있는 2장 "새 고고학 자료들의 이해를 통해 본 아브라함의 이야기"(The Story of Abraham in Light of New Archaeological Data)(Baton Rouge: Lousiana State University, 1966)를 보라. 또 다른 학자 에브라임 스파이설(Ephraim Speiser)의 창세기(*Genesis*: Anchor Bible Commentary)(Garden City, N. Y.: Doubleday, 1964)를 이 두 명의 유명한 학자들에 더할 수 있을 것이다.

91 Thomas L. Thomson, *The Historicity of the Patriarchal Narratives* (Berlin: de Grutyer, 1974)와 John Van Seters, *Abraham in History and Tradition* (New Haven: Yale University Press, 1975) 그리고 Donald B. Redford, *A Study of the Biblical Story of Joseph* (Leiden: Brill, 1970)을 보라.

라 결론지었다."[92] 그래서 그것은 어느 것이었는가? 그 족장들의 이야기들은 포로 공동체의 소설적 창작물들이었나? 혹은 그것들은 이스라엘 역사의 시작에 관한 정확한 묘사였는가?

족장들의 세계

올브라이트와 고든 그리고 스파이저(Ephraim A. Speiser)는 족장 이야기들과 두 번째 이천년 대의 법들과 사회 관습들 사이의 인상적인 수의 병행 연구를 시작하였다. 그 결과는 매우 확실하여 증거들이 창세기 12-50장에서 발견된 내러티브들의 본질적 역사성을 지지하는 것처럼 보였다. 하나의 동의가 창세기 49장과 출애굽기 15장 그리고 민수기 23-24장과 신명기 33장처럼 오경에 있는 많은 시들은 매우 초기의 것으로 확인하는 것에서 발생했다.

이 증가하는 증거들과 함께 로날드 드 폭스(Ronald de Vaux)는 "이 전승들은 확고한 역사적 근거를 가지고 있다"고 선언했다. 또한 존 브라이트(John Bright)도 "우리는 충분한 확신을 가지고 아브라함과 이삭 그리고 야곱은 실제적인 역사적 인물들로 주장할 수 있다"고 결론지었다.[93]

정말로 족장 내러티브들은 뚜렷한 분위기와 삶의 패턴 그리고 후대 시대의 사회적 풍습과 규범들 속에서 발견되지 않는 여러 독특한 사회적 법적 제도들을 포함한다. 예를 들면 창세기 49장에서 야곱은 그의 열두 아들들을 축복했다. 그는 그들 각자에게 유산의 동등한 몫을 주었다. 후에 시내

---

92   Kenneth A. Kitchen, "The Patriarchal Age: Myth or History?" *Biblical Archaeology Review* 21 (March/Aprill 1995): 48.

93   Père Roland de Vaux, *The Early History of Israel*, trans. D. Smith (Philadelphia: Westminster Press; London: Darton, Longman & Todd, 1978), 1:200; 본래 프랑스어로 출판되었다. ed.: Histoire ancienne d'Israel (Paris: Gabalda, 1971); 그리고 John Bright, *A Hisotry of Israel*, 2nd ed. (Philadelphia: Westminster; London: SCM Press, 1972), 91.

산에서 이것은 유산의 두 배의 몫은 장자에게로 갈 것을 명시하는 모세의 법으로 바뀌었다(신 21:15-17). 벨하우젠은 이 차이를 보았지만 그는 그것을 다른 저자들이 이스라엘의 포로 후기 시대동안 오경의 모순되는 서술들을 창작했다고 설명했다. 그러나 고대 근동으로부터의 성서외부의 본문들은 야곱의 모든 아들들을 위한 동등한 유산의 분배에서 반영된 상황은 정확하게 리핏-이쉬타르(Lipit-Ishtar, 주전 20세기)의 법에서 발견되었던 것임을 확증한다. 대략 이백년 후의 함무라비 법전(주전 18세기)에서 그 상황은 남편의 첫 번째 아내의 아들들은 그의 두 번째 아내의 아들들보다 선택의 우선권을 가진 것으로 이미 바뀌었다. 주전 18세기로부터 주전 15세기로 더 나아가면 마리(Mari)와 누지(Nuzi)로부터 출토된 석판들은 정상적인 장자는 양자로 입양된 아들의 몫보다 두 배를 받아야 할 것을 요구한다. 마지막으로 첫 번째 천 년대인 신 바빌론의 법들은 두 배의 몫을 얻는 첫 번째 아내의 아들들과 오직 단일의 몫을 받는 두 번째 아들들과 마찬가지 분배를 요구했다.

올브라이트와 고든에 의해 만들어진 사례에 관한 톰슨과 반 세터스 그리고 레드포드의 주의 깊은 재검토의 결과로써 1940년대 초기의 동의에서 1960년대까지 논쟁된 병행들의 일부는 무너지기 시작했다. 예를 들면 테라핌의 중요성, 출생권의 판매, 임종의 축복, 자매애 문서들, 히타이트로부터의 토지 판매 계약서, 기타 같은 종류의 것들은 지금 고대 근동으로부터 온 문서들과 족장들의 시기 사이에 있는 실제 병행들로써 잊혀졌다. 그러나 이 목록은 결코 족장들과 중기 청도기 시대 IIA(주전2000-100/1750년) 사이에 존재했었던 계약들을 무력화하는 것은 아니다. 고든과 올브라이트 그리고 스파이저의 보다 오래된 많은 병행들은 내러티브들과 그것들이 묘사했던 시대들의 일반적인 신뢰성에 대한 신호들로 남아있었다.[94] 영국의 이집트 학자 케네트 키친(Kenneth A. Kitchen)은 창세기 12-15장에서 묘사되

94　Walter C. Kaiser Jr., *A History of Israel: From the Bronze Age Through the Jewish Wars* (Nashville: Broadman & Holman, 1998), 51-75.

었던 것처럼 족장들의 세계와 환경들을 확인하고 있는 매우 설득력 있는 많은 수의 다른 사회적 비교들을 가리켰다.

예를 들면 키친은 고대 근동 자료들로부터 요셉을 위해 지불된 가격(창 37장 28절에 의하면 은 이십 세겔)은 족장들을 위한 가장 전통적인 시기인 중기 청동기 시대와 가장 온전히 부합된다는 사실을 증명하기 위하여 점증하는 종들의 가격을 설명했다. 상당히 이전 시기인 아카드 왕조(주전 2371-2191년)동안 한 명의 종은 은 십에서 십오 세겔로 데려왔지만 그 가격은 우르의 제3왕조(주전 2113-2006년)동안 십 세겔로 떨어졌다. 그러나 족장들의 시기인 두 번째 천년 기 전반부에 함무라비 법전과 마리 석판들 그리고 다른 곳에 나타난 것처럼 종들의 가격은 이십 세겔로 올랐다. 주전 십사에서 십삼 세기경에 그 가격은 누지와 우가릿에서 삼십 세겔로 올라섰다. 그 가격은 정확히 모세의 율법(출 21:32)에 있는 성서 역사의 동일한 시기와 일치한다. 오백년 후 아시리아 시장에서 각각의 종은 오십 세겔에서 육십 세겔에 팔리고 있었다. 극심한 물가상승이 주전 육 세기의 페르시아 시대에 찾아왔는데 구십 세겔에서 백이십 세겔에 도달했다. 요점은 키친이 주장했던 것처럼 분명하다. "만약 이 모든 인물들이 포로기 시대(주전 육 세기)동안 발명된 것이었거나 어떤 이야기 저자에 의해 페르시아 시대에 만들어졌다면 왜 그 이야기가 기록되었을 당시의 종의 가격인 구십에서 백 세겔이 요셉을 위해 지불되지 않는가? 그리고 출애굽기에 있는 가격은 왜 구십에서 백 세겔이 아닌가? 그것은 이 경우들에 있는 실재를 반영하는 성서의 자료를 추정하는 것이 더 이성적이다."[95]

주전 두 번째 천 년대의 초기(주전 대략 2000-1750년)의 세계에 족장들을 위치시키기 위한 또 다른 증거의 행렬은 창세기 21장과 26장 그리고 31장에서 발견된 조약들과 언약들의 구체적인 형태에서 발견될 것이다. 키친은

---

95 이 인용과 여기서 발견된 논쟁의 전체를 위해서 Kitchen, "Patriarchal Age," 52쪽을 보라.

주전 세 번째 천년 기에서 첫 번째 천년 기까지 확장하는 고대 근동의 언약들의 형태와 구조의 연구를 수행했다. 그는 거기서 창세기 12-50장에 보이는 언약의 형태는 두 번째 천 년대 초기보다는 다른 시기에 초안된 것임을 설득력 있게 논증한다. 창세기 본문에서의 언약은 제목, 증인들, 규율, 저주들, 축복들, 저당물들 그리고 프롤로그와 같은 구성 요소들을 가진 전혀 다른 종류의 배열을 취했던 것이다. 이 조약들과 언약 형태들의 유형은 족장들을 그들이 살았던 것으로 주장된 시기에 두는 또 다른 근거를 제공했다.[96]

족장들의 이름들과 장소들

족장 시대의 유효함에 관한 증거의 병행 구절은 이 시기에 주어진 이름들의 형태로부터 온다. 왜냐하면 이름들은 시간 속에 있는 독특한 문화적 배경을 반영하는 경향이 있다. 마치 자동차의 스타일과 형태(만약 그것이 포함되었다면)를 주목함을 통해서 또는 그림 속에 있는 여인들이 입은 옷들의 스타일과 길이를 주목함에 의해서 현대 사진의 시기를 결정할 수 있는 것처럼 그 이름들의 특별한 형태에 의해서 이름들은 일반적으로 그 시기의 완전한 공공의 정보에 해당한다.

예를 들면 아브라함의 일부의 친척들과 함께 시작해 보자. 그의 증조부는 스룩, 할아버지는 나홀, 그리고 아버지는 데라로 불렸다. 옛 아시리아와 바빌론 그리고 신 아시리아 본문들로부터 유래한 연구들은 이 이름들은 동일한 시기에 속하는 상부 메소포타미아의 유프라테스-하부르(Habur)로부터 온 사건들을 보고하는 문서들 속에 나타난다는 사실을 입증한다. 성서 이야기는 아브라함과 그의 후손들을 우르로부터 갈데아로 이주한 후 임시로 정착했던 하란 주변과 연결하기 때문에 그 연결은 단순한 사건 이상이다.

---

96 키친이 그의 논문인 "The Patriarchal Age," 54-55쪽에 있는 색으로 부호화한 막대그래프를 조사해야 할 것이다.

또한 이삭(이츠학)과 야곱(야아코브) 그리고 요셉과 이스마엘(이쉬마엘)과 같은 i/y 접두어로 시작하는 한 족장들의 무리들이 존재한다. 그들은 주전 두 번째 천 년대 초기의 아모리 사람들의 무리들로 북서 셈족에 속하며 이와 동일한 시기로부터 온 마리 문서들 속에 흔하게 나타난다.[97]

동일한 논쟁이 족장 내러티브에 관련된 장소들에 관해서도 제기될 수 있다. 아브라함의 시대에 성서 본문에서 상업 중심지로써 다루어진 상부 메소포타미아에 있는 하란의 도시는 족장 시대 이후 주전 1800-800년까지 황폐하게 비어 있었다. 만약 누군가가 이 이야기를 창작하고 있었다면 특히 만약 그 이야기를 그것이 존재했던 것으로 말해졌을 때로 주장된 시대 이후의 시기들에 창작된 것이었다면 아마도 그 창작가는 하란을 선택했지 않았을 것이다. 하란은 사실 이 이야기의 저작 시대로 주장된 포로후기 이전의 매우 오랜 기간 동안 존재하지 않았던 주요 도시들 중의 한 곳이었다.

비슷하게 우르, 헤브론, 브엘세바, 그리고 세겜과 같은 폐허들은 지속적으로 그것들은 이 시기동안 존재했던 것으로 드러난다. 후에 단으로 불린 라이스(삿 18:7, 14)도 아브라함 비란(Avraham Biran)에 의해 발굴되었다. 거기서 비란은 그 도시 성읍들의 한 가운데 여전히 오늘까지도 서있는 아치형 장식(그 아치는 일반적으로 이백년 이후에 로마인들에 의해 발명된 것으로 생각된다)을 가진 채 세워진 오랜 된 진흙 벽돌문을 발견했다. 이 도시는 족장인 아브라함이 그의 조카인 롯을 죄수로 그리고 사해의 동남쪽 해안가를 따라 있는 평야의 다섯 도시들의 모든 거주자들을 사로잡아 갔던 네 왕들을 공격하기 위해 밤에 침입했던 곳이었다. 또 다시 족장과 연결된 한 장소는 그

---

97 P. Kyle McCarter는 "The Patriarchal Age," in Ancient Israel, ed. Hershel Shanks (Washington, D. C.: Biblical Archaeological Society, 1988) 11쪽에서 이 이름들은 후대의 시기에도 지속되었다는 것을 주장하기 위해 i/y 접두어 이름들에 관한 이 자료들을 조사했다. 케네트 키친은 두 번째 천년 기에 약 육천 개의 이름들의 목록으로부터 16 퍼센트 혹은 1360개의 이름들은 i/y 아모리 이름의 형태로 시작했다는 것을 나타냄을 통해서 맥카터의 주장을 힘차게 거절했다. 키친은 청동기 시대 말엽에 이 이름들은 오직 2 혹은 3 퍼센트로 그리고 철기 시대에는 0.5 퍼센트로 떨어졌다고 주장했다(Kitchen, "Patriarchal Age," 90, 92).

이야기가 발생했던 것으로 상정되었던 동시에 존재하고 있는 것으로 확증될 것이다.

족장 시대의 이 모든 지역들과 기대하지 않았던 지역이 네게브에 있는 방어선 도시들로부터 온다. 이 방어선 도시들의 이름들 중의 하나는 다윗과 솔로몬에 의해 주전 십 세기에 세워졌으며 카르낙(룩소)에 있는 아문(Amun)의 이집트 신전에 있는 벽화위에 보존된 것으로 "아브람의 요새"라 불린 장소이다. 요하난 아하로니(Yohanan Aharoni)는 이집트인들이 더 오래된 이 이름으로 브엘세바의 이스라엘 도시를 알고 있었으며 그렇게 함으로써 그 도시의 본 설립자(창 21:31-32)는 아브람 이였기 때문에 그렇게 불렸다는 것을 가리킨다고 믿었다. 롤란드 헨델(Roland Hendel)은 "정부가 요새들을 세울 때 그것들을 뛰어난 국가의 영웅들을 따라 명명하는 것은 자연스러운 것이다. 아브람의 성서적 명성은 틀림없이 꼭 들어맞는다."[98]

아브라함과 동쪽에 위치한 네 왕들

창세기 14장은 족장 시대에서 가장 많이 논의가 되고 논쟁이 되었던 장들 중의 하나이다. 그것은 시날 왕 아므라벨과 엘라살 왕 아리옥과 엘람 왕 그돌라오멜과 고임 왕 디달이 사해의 남동쪽 끝을 따라 있던 도시들의 다섯 왕들 소돔 왕 베라와 고모라 왕 비르사와 아드마 왕 시납과 스보임 왕 세메벨과 벨라 곧 소알 왕에 대항한 네 왕들에 의해 전개된 전쟁의 이야기를 포함한다. 이 다섯 왕들은 이전 십이 년 동안 그돌라오멜의 신하들이었다. 그러나 십삼 년째 그들은 반역했다(창 14:1-4). 이 반역은 그돌라오멜과 그의 동맹군들이 그의 열네 번째 해에 그들 자신들의 영역 다툼 가운데 있던 다섯 왕들을 패배시키기 위해서 그들이 라이스/단을 거쳐 메소포타미아

---

98   Roland Hendel, "Finding Historical Memories in the Patriarchal Narratives," *Biblical Archaeology Review* 21, no. 4 (July-August 1995): 58.

에 있는 본국으로 돌아갈 때 그들과 함께 포로로 많은 자들을 데려갔다. 아브라함은 이 정복자들을 추격하여 야간에 기습 공격하였으며 그의 조카인 롯과 그 백성의 나머지 사람들과 그들의 소유물들을 되찾았다.

창세기 14장은 이름들과 지역들의 상세한 그리고 정확한 목록들에 있어서 매우 인상적이다. 그 장은 종종 이 침공이 발생했던 후에 오랫동안 잃어버렸던 지명을 위한 동시대의 이름을 주었다. 염해(즉 사해-3절)를 위한 "싯딤 골짜기" 혹은 "왕의 골짜기"를 위한 "사웨 골짜기"(즉 하부 기드론 골짜기-17절)와 같은 이름들을 고려하라. 이것들은 틀림없이 이 장에서 발견된 기록의 가장 고대의 표시들이다.

실망스럽게도 창세기 14장에서 명명된 왕들은 성서외의 쐐기 문자 이야기들에 아직 나타나지 않는다. 그럼에도 불구하고 그 이름들은 그것들에 관한 진정성을 가진다. 일련의 학자들로부터 강한 이의가 제기 됨에도 불구하고 말이다. 누군가는 증거를 다른 방식으로 읽고 그 증거에 오래된 것의 모습을 주기 위해 기록 가운데 있는 "계획적인 고문체"를 발견한다.

"시날 왕 아므라벨"은 아카드와 아모리 자료들에서 설명된 하부 메소포타미아로부터 기인한 서부 셈어 이름이며 그리고 아무드-파-일라(Amud-pa-ila)란 아모리 이름과 연결되는 것으로 보인다.[99] "시날"은 바빌로니아를 위한 이름으로써 이집트 본문들에 사용된다. "엘라살 왕 아리옥"은 마리 본문에 아리육(키, Arriyuk(ki)) 혹은 아리욱(키, Arriwuk(ki))의 아모리 혹은 누지 후리안 이름들과 비슷하다.[100]

"엘람 왕 그돌라오멜"은 엘람 족속의 이름이 거의 확실하다. 왜냐하면 그 이름은 적어도 세 개의 왕족의 이름들에서 발견된 쿠두르(Kudur, "누구의 종") 이름 형태를 가진다. 그돌라오멜의 이름의 두 번째 부분인 라가마

---

99 H. P. Huffman, *Amorite Personal Names in the Mari Texts* (Chicago: University of Chicago Press, 1965), 128-129.
100 Kitchen, "Patriarchal Age," 56.

르(Lagamar)는 엘람 족속의 만신 전에 있는 우두머리 여신이다.[101] "고임 왕 디달"은 투드칼리아(Tudkhalia)와 같은 형태에 있는 잘 입증된 히타이트 이름이다. 디달은 민족/집단들의 왕이었던 것으로 언급된다. 그리고 사실 주전 십구 세기에서 십팔 세기의 시기에 아나톨리아(오늘날 터키)에 있는 히타이트 왕국에 나타난 정치 분열을 반영한다는 것에 의심의 여지가 없다.[102] 고임은 아카디아 움만(Umman)의 히브리어 번역이며 그 용어는 침입자처럼 들어온 다른 민족을 특징짓는다.[103]

왕의 이름에는 일반적 진정성을 위한 이러한 증거와 더불어 진짜의 다른 표시들이 존재한다. 예를 들면 성경에서는 유일하게 나타나는 창세기 14장 14절에서 "훈련된 사람들" 혹은 "무장된 지지자들" 또는 "충성스런 신하들"인 단어 하니킴은 주전 십구 세기의 이집트 저주 문서들에서 발견된다. 그리고 동일한 의미를 간직한 주전 십오 세기의 타아낙 편지들 (Taanach Letters) 중의 하나에서 나타난다. 만약 이 본문이 포로 후기 시대에 즉석에서 창안되었다면 그 용어는 오래전에 잃어버렸던 것이며 독자들에겐 터무니없는 것이었을 것이다. 사실 그 단어는 후대 작문의 시기에 있는 어떤 화자의 어휘보다 오래전에 상실되었기에 본문의 "계획적인 고문체"는 가능하지 않았을 것이다.

한 가지 더 여기서 주목되어야 할 사실이 있다. 이것은 여기서 묘사된 것처럼 오직 주전 두 번째 천 년대 초기만이 역사에서 동맹이 가능한 유일한 시기이다. 이 시기는 엘람 사람들이 레반트의 사안들에 공격적으로 관련된 유일한 때이며 메소포타미아 동맹국들이 여기서 묘사된 것처럼 그런

---

101 Kenneth A. Kitchen, Ancient Orient and the Old Testament (Downers Grove, Ill: InterVarsity Press, 1966), 44. 또한 Cambridge Ancient History, ed. J. Boardman et al., 3rd ed. (Cambridge: Cambridge University Press, 1973), 272, 820-21; vol. II/2 (1975), 1041; 그리고 vol. III/2 (1991), 159, 162쪽에 있는 보기들을 보라.

102 Kitchen, Ancient Orient, 46, 73; "Patriarchal Age," 57.

103 Bruce Vawter, On Genesis: *A New Reading* (Garden City, N. Y.: Doubleday, 1997), 188; A. E. Speiser, *Genesis*, Anchor Bible (Garden City, N. Y.: Doubleday, 1983), 107-8.

연맹을 허락하기에 충분히 불안정한 시기였다. 다시 한 번 이야기를 지어 내는 사람이 이 장과 비슷한 무언가를 발명하기 위해 시도했다면 그는 누 군가 정치적 상황들이 그 당시와 같았던 것을 알고 있어야 했으며 넓은 범 위만큼 그것을 놓쳤어야 했을 것이다. 저자가 그처럼 많은 상세한 사항들 과 정치적 민감함 들을 구체적으로 고어화 하는 것을 허락하기 위해 이용 가능한 어떠한 백과사전도, 오늘날의 웹사이트 같은 것도 없었다.

소돔과 고모라 찾기

평야의 다섯 지역들, 소돔, 고모라, 아드마, 소알 그리고 소보임은 요단 계곡의 남쪽 일부를 따라 위치해 있었다(창 13:10-11). 그러나 이 동일한 다 섯 도시들은 성서 묘사에 의하면 비상한 비율의 무시무시한 파괴에 의해 멸망되었다(창 19:18-20; 19:1-13). 하나님은 모든 죄악의 중심지들로 명성 을 가진 다섯 도시들 전체에 "불과 유황"의 대화재를 보냈다.

소돔과 고모라의 두 도시들은 하나님의 파괴의 행위의 매우 중요한 것 으로 성서의 저자들에게 대명사가 되었다. 매우 많이 성경 저자들에 의해 반복된 이 언급(보기. 신 29:23; 32:32; 사 1:9-10; 13:19; 렘 23:14; 49:18; 50:40; 애 4:6; 겔 16:46-49, 53-56; 암 4:11; 습 2:9; 마 10:15; 11:23-24; 눅 10:12; 17:29; 벧후 2:6; 유 7; 계 11:8)은 성서 역사 도처에서 이 사건이 얼마나 보편적으로 발생했던 것처럼 받아들여지고 인식되었는지를 보여준다.

심지어 비성서적인 저자들도 소돔과 고모라의 파괴를 사실적 사건으로 간주하는 방식으로 기록했다. 예를 들면 주후 일 세기의 역사가 플라비우 스 요세푸스는 그의 작품의 많은 부분을 필로가 그랬던 것처럼 이 파괴에 집중했다.[104] 심지어 이 저자들 중 일부는 그 파괴의 결과들을 그들의 시대

---

104 Flavius Josephus *Antiquities of the Jews* 1:170-206; Philo Somn. 2:193; *Abraham* 227, 228. 또한 여러 묵시 작품들뿐만 아니라 the *Dead Sea Scrolls* (1QapGen 21:5ff.; 21:23-22:25)를 보라.

에까지 볼 수 있다고 주장했다.

이 도시들은 정확히 어디에 있는가? 먼저 그 도시들은 사해의 남쪽 끝 맨 아래에 위치했었다고 여겨졌으며 그 지역의 해저(심지어 습한 기간에도)는 트랜스 요르단의 남동쪽 해안으로부터 돌출되는 리산(의미는 혀) 아래의 지역에 십 혹은 이십 피트 깊이에 못 미쳤다. 1924년 멜빈 카일(Melvin Kyle) 과 윌리암 폭스웰 올브라이트(William Foxwell Albright)는 이 지역이 그 이론을 제공하리라는 희망 속에서 탐사작업을 진행하였다. 그러나 그들은 염도가 매우 높은 물의 표면 아래를 탐지하는 수중 음파 장비들을 가지지 않았다. 그러나 1960년에 랄프 배니(Ralph Baney)는 해저를 탐사했으며 그 당시 수면 아래 23 피트 지점에서 물속에 서있는 나무들을 발견했다. 이 발견은 해수면은 상승했고 결과적으로 고대 건축물들은 물속에 잠겼다는 올브라이트의 이론을 증명했다. 그러나 그것들 중의 어떤 것도 유명한 다섯 도시들의 흔적을 나타내지 못했다.[105]

시간이 지나면서 그 조사는 리산과 그 남쪽에 있는 트랜스요르단의 동쪽 해안에 초점이 놓였다. 밥 애드-드라(Bab edh-Dhra)로 알려진 지역은 주전 3150에서 2200년까지 연대가 매겨지는 철저히 요새화된 정착 공동체의 유적을 담고 있다.

1965년과 1967년에 폴 랩(Paul Lapp)은 밥 애드-드라의 지역에 관한 탐사를 시작하였고 이 탐사작업은 1973년 왈터 래스트(Walter Rast)와 토마스 샤웁(Thomas Schaub)에 의해 계속되었다. 결국 진흙 벽돌집들과 가나안 신전을 가진 벽돌과 그 도시를 둘러싸는 대략 이십오 피트의 두께를 가진 커다란 요새화된 벽이 드러나게 되었다. 그 도시 바깥에는 많은 사람들이 매장된 여러 종류의 거대한 공동묘지가 있었다. 예를 들면 한 무덤에는 값비

---

105 William Foxwell Allbright, "The Jordan Valley in the Bronze Age," *Annual of the American Schools of Oriental Research* 6:13-74; R. E. Baney, *The Search for Sodom and Gomorah* (Kansas City, Mo.: CAM, 1962).

싼 물건들과 함께 약 250명의 사람들이 매장되어 있었다.

그러나 그 탐사 자들을 깜짝 놀라게 한 것은 상당히 깊숙한 아래에 있는 거대한 잿더미 층들이었다. 게다가 이 지역을 파괴한 화염들은 매우 뜨겁고 강렬한 것이었음은 강한 열로 인해 붉게 변한 벽돌들이 자리한 지역이 대변한다.

브라이언트 우드(Bryant Wood)는 다음과 같이 결론을 내렸다.

밥 에드-드라의 이 지역을 성서의 도시 소돔이라고 제안한다. 고고학자들은 약 1킬로미터 혹은 그 정도 떨어진 지역 근처에서 한 때 매우 많은 인구들이 있었다는 사실을 가리키는 커다란 공동묘지를 발견했다. 그들이 그 공동묘지를 발굴하기 시작하였을 때 마지막 단계에서 그 도시가 파괴되었을 그 당시에 특별한 매장 양식이 있었으며… 죽은 자들은 표면 바로 위에 있는 납골당과 연결한 그 구조의 건물 속에 매장되었다는 사실을 발견했다.

처음에 이 건물들을 발굴했던 고고학자들은 이런 양식은 고대의 어떤 위생적 습관의 종류였다고 생각했다. 그러나 그들이 이 화재가 발생한 정확한 이유를 조사했을 때 그들은 이 사실에 관한 자신들의 견해를 바꾸었다. 그들이 발견했던 것은 그 건물의 지붕위에서 시작된 불이 붕괴된 내부로 들어갔으며 그 때 그 지붕은 그 불로 불탔다. 그리고 그 불은 그 건물 내부로 퍼졌다. 이것은 그들이 발굴했던 모든 개별적 납골당에 나타난 경우였다. 이제 이 사실을 자연스럽게 설명하는 것은 매우 어렵다. 당신은 그 도시로부터 떨어진 거리에 위치한 공동묘지에 있는 이 납골당들의 불탄 결과들을 어떻게 설명하는가?[106]

하나님이 불과 유황을 그 평원에 있던 이 다섯 도시들 위로 내리셨다는

---

106 Randall Price, *The Stones Cry Out* (Eugene, Ore.: Harvest House, 1997), 117-18쪽에 인용된 브라이언트 우드와의 인터뷰.

성서의 설명은 이 공동묘지로부터 얻게 된 고고학 증거들에서 강력한 확증을 발견한다. 이런 이유로 고고학자들이 이들 가운데 한 납골당의 일부를 절단했을 때 그 납골당은 그 집 파괴의 수직 단면도를 나타내었다. 그 결과는 이 지역을 가격한 하늘로부터 온 파괴에 대한 무언의 웅변을 하는 증인들이다.

래스트와 샤웁의 연구들은 사해로 돌출되어 나온 리산의 바로 동쪽[와디 케라크(Kerak)에 있는] 밥 에드-드라에 제안된 소돔의 위치를 위해 다른 세 곳의 지역들을 발굴했다. 그 지역들은 와디 누메리아(Numeria, 아마도 고모라의 지역)에 있는 누메리아와 와디 헤사(Hesa, 아마도 소알의 지역)에 있는 에스 사피(es Safi) 그리고 와디 페파(Feifa, 아마도 아드마의 지역)에 있는 페파, 그리고 와디 카나지르(Khanazir, 아마도 소보임의 지역) 근처에 있는 카나지르이다.

고고학자들의 연대 설정에 따르면 이 모든 다섯 지역들은 대략 주전 2450-2350년과 동시대에 파괴되었거나 버려졌다.[107] 그 지역들 중의 네 군데는 밥 에드-드라에서 발견된 동일한 거대한 잿더미 층들을 보여준다. 누메리아에서 상당히 요새화된 도시는 칠 피트에 이르는 잿더미 층을 가졌다. 게다가 그 잿더미 층은 다공성의 숯과 같은 일관성의 토양을 남겼다. 그리고 그 층은 그 지역이 미래의 정착에 적합하지 않은 곳으로 만들었다. 오직 한 도시 소알은 롯의 요청에 의해 구별되었다(창 19:19-23). 롯은 처음에는 그 도시로 갔지만 그러나 그 곳에 남는 것을 두려워했다. 그래서 그는 그 도시 바깥에 있는 동굴들로 물러가 살았다(창 19:30).

우리가 최종 식별과 확인을 기다리는 동안에 우리는 성경이 그것들 자체의 시기에 전설들이 되었던 이 지역들을 드러낸 것이 사실임을 확인해

---

107 이 연대들은 아브라함의 시대보다는 사백년 정도 선행한다는 사실이 주목될 것이다. 그 지역들은 보게 될 나중의 연대에 해당되는 유물들을 산출하든 아니든 그러나 당장은 그 곳들은 그 지역들을 그 평원의 다섯 도시들과 함께 그 지역들을 동일화하기 위해서 혹은 족장 아브라함과 동시대의 그 지역들의 사건들에 대한 문제이다.

주고 있다고 할 수 있다.

요셉 내러티브들의 이집트 배경

창세기 37-50장에서 발견된 요셉 내러티브의 이집트 배경은 더 많은 발견들로 인해 관련 증거가 더욱 많아지고 있다.

요셉 이야기는 가나안에 있는 요셉과 그의 형제, 이집트에 홀로 있는 요셉, 그리고 이집트에 있는 요셉과 그의 형제들의 세 부분들로 펼쳐진다. 이 이야기의 첫 부분에 요셉의 예견은 주후 1860년에 복원된 매우 유명한 이집트 이야기인 "두 형제들의 이야기"(혹은 "아누비스(Anubis)와 바타(Bata)의 이야기"로 제목이 붙은 이야기)의 부분과 상당히 유사하다. 일부의 사람들은 그 둘 사이의 유사함이 매우 크기 때문에 그들은 요셉 이야기가 그것으로부터 차용된 것이라고 추정하였다. 그러나 그 둘 사이의 차이도 그 만큼 많이 존재한다. 두 이야기들 사이의 유일한 실제 접촉점은 그것들이 이집트 배경을 공유한 것이지 그것들의 문학적 동등은 아니다.

두 형제들의 이야기는 이집트의 제사장 계급이 주로 사용한 흘림체의 신관문자로 파피루스 위에 기록되었다. 결혼한 형인 아누비스(Anubis)는 자신의 농장을 소유했으며 그 곳에 그의 어린 형제 바타(Bata)를 고용했다. 바타는 열심히 일했고 밭을 일구었으며 또한 가축들을 돌보고 자신의 일을 잘 이해하는 선한 사람이었다. 그러나 어느 날 그가 무엇인가를 얻기 위해 아누비스의 집으로 돌아왔을 때 그의 형제의 아내가 그에게 같이 자자고 요청하였다. "자 어서 나와 함께 한번 자자 그러면 내가 당신을 위해 새 옷을 바느질로 만들 것이다." 그러나 바타는 자신을 움켜잡은 그녀의 손을 비틀고 일을 하기 위해 밭으로 달아났다.

아누비스의 아내는 남편에게 거짓으로 말하는 것이 최선일 것으로 판단하였다. 그래서 그녀는 남편이 그날 저녁 늦게 귀가했을 때 거짓으로 말하여 남편의 동정을 불러일으켰다. 아누비스의 동생에 대한 그녀의 고발로 아누비스가 그의 동생 바타가 가축들을 몰고 돌아왔을 때 그를 치기 위해 헛간 뒤에 숨어있었으나 바타는 이를 알고 가까스로 탈출했다.

보디발의 아내는 요셉을 그녀와 함께 잠자리에 들도록 유혹하는 유사한 역할을 했다(창 39:7, 12, 17-19). 그 주제는 충분히 유사하다. 여기서 요셉의 이야기가 확인하고 있는 제안은 대부분의 인간 상황들과 다르지 않다.

우리의 목적들에 더 밀접히 관련된 것들은 이집트 이름들과 용어들이 이 족장 내러티브들 속에서 발견된 것이다. 요셉 그 자신은 사브낫바네아 란 이름을 받았다(창 41:45). 그 이름은 히브리어 이름 요셉보다도 더 직접적으로 확인되지 않는다. 그럼에도 불구하고 요셉은 우리가 이 장에서 이미 주목했던 i/y급의 두 번째 천 년대의 아모리 족속들의 완벽한 이름들 중의 다른 하나이다. 그러나 그의 이집트 이름은 "(신은) 그가 살 것이라고 말했다"를 의미하는 실제 이집트 형태이다. 이 이름과 동등한 것들은 그 이름에 신을 대신하는 이시스(Isis), 아몬 혹은 오시리스 여신과 함께 존재한다. 이 이름의 형태는 이십일 왕조 이전에는 발견되지 않는다.

이와 마찬가지로 요셉의 아내의 이름은 아스낫 이었다(창 41:45, 50; 46:20). 헬리오폴리스인 온의 제사장 보디베라의 딸로서 그녀의 이름은 지금까지 입증된다는 것을 기대하지만 사실은 그렇지 않다. 그녀의 아버지의 이름은 보다 후대인 이십일 왕조에 "그는 레 [신]이 낳았다"와 유사한 의미를 가진 P3-dj-p3-r'로부터 잘 입증된다.[108]

또한 요셉 이야기에 있는 직함에 관해 숙고해야 할 것이다. 바로의 관리들 중의 한명은 "친위대장"으로 알려진다(창 37:36; 39:1; 40:3; 41:12). 페르

---

108 또한 James K. Hoffmeier, *Israel in Egypt: The Evidence for the Authenticity of the Exodus Tradition* (New York: Oxford University Press, 1997), 84-85쪽을 보라. 호프마이어(Hoffmeier)는 아스낫과 사브낫바네아의 가능한 이집트어 어근들을 논의한다. 또한 John D. Currid, *Ancient Egypt and the Old Testament* (Grand Rapids, Mich.: Baker, 1997), 74-82쪽을 참고하라.

고테(J. Vergote)는 여기에서 "친위"를 옮긴 히브리어 단어는 히브리인들과 이집트인들에게 "요리사" 혹은 "집사"로 더 잘 번역된다고 확신한다.[109]

요셉은 그 집의 "관장자" 혹은 "주"(창 41:40; 45:8)로서 역할을 한다. 이 직함은 아멘오페 파라오의 고유명사집에서 발견된 것과 유사한 것으로 나타난다. 그러므로 히브리어는 이집트 사람 me-r3 pr wr과 같은 무언가를 반영한다.

요셉의 인생은 꿈들의 중요성과 연결된다. 이집트 문학은 중기 왕국(대략 주전 2000년)으로부터 앞으로 나아가며 꿈들에 관해 비범한 양을 남긴다. 특별히 주목할 만한 것은 바로의 꿈에 대한 요셉의 해석이다. "갈대들" 사이에서 풀을 뜯어먹는 소들은 이집트 말로 아후('ahu)이다(창 41:2, 18). 이집트 역사에서 칠년 가뭄이 발생한 사실은 매년 나일 강의 반복된 낮은 높이로 인해 몇몇 장소에서 입증되었다. 매년 엘레판틴(Elephantine)에 기준점 영 이상 이십 팔 피트에 물마루를 이루었다. 그러나 오직 이십 혹은 이십일 피트까지에만 도달했으며 작물들은 그 해에 20 퍼센트 정도 감소되었을 것이다. 그 대신에 물마루가 삼십 피트에 이른다면 물은 둑들과 운하 제방들을 쓸어갔을 것이다. 그리고 결과적으로 거기에 인명 손실이 있었을 것이다. 낮은 강수는 나일 강의 수원뿐만 아니라 가나안의 많은 부분들과 그 이웃 땅들 전역에 나타났다.

요셉이 최종적으로 해석했던 이 꿈들을 바로가 본래 의뢰하였던 이집트의 "현인들"(창 41:8, 24)은 정확하게 이집트에서 "글을 읽는 우두머리"를 의미하는 이집트어 할톰(har'tom)을 반영한다. 어떤 본문들에서 이 훈련된 개인들은 문서들을 해석하며 주술들을 학습한다. 다른 곳에서 그들은 마법사들로 행동한다(출 7:11, 22; 8:7; 9:11).

요셉은 이집트 사람들의 이상적인 나이인 110세를 살았다(창 50:22, 26).

---

109 J. Vergote, *Joseph en Égypte: Genèse Chap 37-50 à la lumière des égyptologiques récentes* (Louvain: Publications Universitaires, 1959), 31-44.

람세스 시대의 십칠 왕조와 십구 왕조에 그런 장수에 관한 보기들은 열 두 개가 있다. 요셉의 아버지 야곱은 그가 죽었을 때 이집트 사람들의 관습처럼 미라로 만들어졌다(창 50:2-3). 어떤 사람들은 방부 처리하는 시간이 관습적으로는 칠십일을 넘지 않았기 때문에 그 시간의 양을 논쟁하는 반면에 3절은 야곱의 경우에 밝혀지지 않은 이유로 사십일이었음을 구체화하는 것처럼 보인다. 누군가는 그 본문은 애곡의 시간을 방부 처리하는 과정의 완성과 함께 연결했거나 혹은 그 과정은 계획적으로 그 가족의 요청에 의해 단축되었을 것이라고 제안할 것이다. 요셉 그 자신 또한 후에 방부 처리된 뒤 "입관"되어(창 50:20) 결국 가나안에 있는 고향으로 옮겨졌다.

결론

이 세 명의 족장들 중 어느 한 명의 실존에 관해서도 지지하는 외부의 직접적인 증거는 없다는 사실은 분명히 인정되어야 할 것이다. 그러나 그 자료들은 대략 주전 2000년이 시작하는 중기 청동기 시대 배경 속에 올바르게 위치해 있다는 사실을 증명한다. 비록 지금은 필연적으로 부정확한 것으로 전락되어야 할 몇몇 손상시키는 초기의 이론들이 있지만 이 증거는 계속해서 증대된다.

이 시대의 역사를 위한 비문 자료들의 양은 너무 엄청나 믿기 어렵다. 이 자료들 가운데 많은 것은 상세한 연구와 출판을 기다리고 있다. 반면에 이 족장 이야기들의 진정성을 위해 증가하는 상당한 정도의 개연성과 보강 증거의 사례는 정말로 그런 강력한 의견의 외적 증거로부터 계속해서 증가한다.

7.

고고학은 신뢰성을 필요로 하는 사실에
도움이 되는가?

    이십세기는 고고학 발견의 위대한 세기로 역사 속에서 기억할 것이다. 우가릿, 에블라, 그리고 쿰란과 같은 장소들을 언급하는 것은 현 시대의 가장 흥분된 발견들 중의 일부가 지난세기에 이루어진 것들임을 깨닫게 하는 것이다. 성서 고고학은 성서 본문들과 그 역사의 연구를 매우 고양시켰다.[110]

    그러나 성서 고고학 분야에는 당황스런 순간들도 존재한다. 예를 들면 레오나르드 울리(Leonard Wooley) 경의 경우이다. 그는 1929년 메소포타미

---

[110] 이십세기의 마지막 분기에서 이 시대에 속한 대부분의 학자들은 그들의 지식의 영역은 "시리아-팔레스타인 고고학"이라 부르는 것을 선호했다. 그것을 통해 "성서 고고학"이란 용어를 피하였다. 이런 사실은 본의 아니게 많은 사람들의 눈앞에서 이 호칭의 종식으로 이끌었다. 올브라이트에 의해 정의된 성서 고고학은 그것을 New Directions in Biblical Archaeology, ed. David Noel Freedman and Jonas C. Greenfield (Garden City, N. Y. : Dobuleday, 1969), 1-3쪽에서 "성서 연구에 관한 고고학의 영향-1966년"에 "성경 땅에 있는 문화들의 매장된 유물을 조사하는 지식의 분야와 오백만 평방 마일의 몰락(대서양에 자리한 페니키아 식민지들로부터 인도까지 이르는)과 주전 약 900년으로부터 주후 약 700년까지로 부터 온 유물들과 비문 물질들을 밝히기 위한 지층학과 유형학을 사용하는 것"으로 정의하였다. 그러므로 그것은 "고고학 발견에 의해 밝힐 수 있는 성서 연구의 어떤 구절에 관한 체계적 분석 혹은 종합"이다(p. 3).

아에서 발굴 작업을 진행하고 있던 중 "나는 그 〔노아〕 홍수를 발견했다!"라고 선언했다. 그러나 불행스럽게도 전 지역의 동일한 다양한 지층들에 홍수 퇴적물의 모든 종류의 층들이 있었다. 이와 같이 잃어버린 방주 혹은 에덴동산의 위치를 발견했다는 유사한 주장들은 그 지적 분야의 진정한 목표들과 정당한 발견들과 함께 혼동되어서는 안 될 것이다.

그런 이유로 고고학은 성경을 "입증하거나" 혹은 우리의 신앙이 올바른 것임을 "입증하기" 위해 사용되어서는 안 될 것이다.[111] 우선 인문학의 영역들에 있는 사안들이 절대적 확실성을 제공하는 것은 불가능하다. 둘째로 고고학은 전적으로 다른 목표를 지닌다. 그것의 가장 주요한 임무들 가운데 일부는 다음과 같다.

(1) 성경을 설명하는 것,

(2) 역사와 지리에 본문의 사건들을 고정시키는 것,

(3) 그것들은 성서의 계시에 관한 것이든 혹은 시간과 공간에 있는 그의 행위들이든 간에 항상 한결같은 진리의 하나님의 계시 안에 있는 확신을 그의 모든 일속에 세우는 것들이다.

그러면 성경에 관한 고고학 발견들의 적합성은 무엇인가? 어네스트 라이트(G. Ernest Wright)는 "성서학을 위해 고고학이 할 수 있는 것은 성경을 탄생시킨 사람들의 환경 혹은 그 속에 언급된 시간과 공간 속에 있는 물리적 배경을 제공하는 것"이라고 확증하였다. 비문 증거는 성서 배경들과 심지어는 성서의 사람들과 장소들의 잦은 언급을 위해 예외적인 중요성이 된다.[112]

한 마디로 말해서 고고학은 성경의 역사적 문화적 위치에 관한 실마리를 제공함으로 성경을 설명하는 것을 돕는 것이다. 더불어 성경의 배경은 증가하는 사실들로 더욱 분명히 역사의 틀 속에서 나타난다. "거룩한 역

---

111 그것은 어떤 결과를 증명할 수 있는 수학에서처럼 엄격한 의미에 있는 입증하기이다.

112 G. Ernest Wright, "What Archaeology Can and Cannot Do," *Biblical Archaeologist* 34 (1971): 73.

사"의 세계와 "세속적 역사"속에 있는 세계로 두 개의 다른 세계를 보는 대신에 모든 역사는 하나님의 역사로 보인다. 왜냐하면 하나님은 모든 역사의 주인이시기 때문이다. 그러므로 성서 역사와 사람들 그리고 사건들을 일반 역사 속으로 고정시킴으로써 고고학은 많은 성서의 언급들과 자료들의 유효함을 입증한다. 그것은 암시적이든 명시적이든 다양한 역사 시대 동안 성경의 많은 관습들, 문화들, 그리고 배경들에 관해 지속적으로 빛을 던진다. 다른 한편에서 고고학은 그것의 발견물에 대해서 진정한 문제들을 불러일으킨다. 그러므로 그 작업은 너무 신속히 상실되거나 혹은 단순히 확증하는 장치로써 사용되어질 수 없는 진행 중인 것이다.

그러나 그런 문제들에도 불구하고 고고학은 성경의 신뢰성의 원인을 훨씬 더 먼 거리로 밀어낸다. 고고학은 잃어버린 사람들과 민족들 그리고 관습들과 배경들의 식별을 돕는다. "없어진 사람들"의 목록에 남겨진 "메데의 다리우스"처럼 없어진 것들의 많은 수들이 여전히 존재하는 것은 사실이다. 그러나 이 세기에만 이루어진 진행은 고고학의 범위와 영향력의 깊이에서 믿기 어려울 정도로 흥미롭다. 실종 목록에서 이와 같은 많은 일들을 벗어나도록 고고학이 어떻게 제거했는지에 관한 일부의 보기들은 구약성서는 신뢰할 만하다는 것을 나타내도록 돕는 것을 입증함에 도움이 될 것이다.

잃어버린 사람들

때로 성경은 다니엘서 5장의 잃어버린 "벨사살"과 이사야 20장의 잃어버린 "사르곤"의 두 경우에서처럼 구체적이다.

다니엘서는 여러 세기동안 벨사살 왕이 바빌론의 몰락의 시기에 통치하고 있었다는 주장이 단연 두드러졌다(단 5:1, 30). 그러나 이십 세기의 첫 분기 이전에 확인 가능한 쐐기 문자 기록들에 의하면 그 당시의 왕은 나보니두스였다. 이 불일치에 대한 해결은 최근에 발견된 문서들이 나보니두스는 그의 장자인 벨사살에게 바빌론 왕국의 통치를 맡기고 자신은 아라비아에 거주함으로써 그의 마지막 통치시기를 보냈다는 사실을 알 수 있게 되었다.[113]

　유사하게 이사야 20장 1절은 "아시리아의 사르곤 왕"에 관한 유일한 언급을 한다. 그러나 놀랍게도 두르–샤루킨(Dur-Sharrukin, "사르곤 요새," 현대의 코르사바드) 왕궁의 발견 이전에 사르곤의 이름은 이사야 20장 1절의 이 단독 구절을 제외한 어떤 고대 혹은 성서 자료들에서도 나타나지 않았다. 그러나 1843년에 폴 에밀 보타(Paul Emile Botta)는 이 수도를 니느웨의 북동쪽 약 12 마일정도 떨어진 유적지 위에서 발견했다. 후에 시카고 대학교가 그 지역을 발굴하였다.[114] 사르곤은 이 새 수도를 주전 717년에 건설하기 시작했으며 그는 다음 십 년 동안 그 수도를 각 면이 일 마일이 되는 정사각형으로 세웠다. 불행히도 사르곤은 새 수도에서 오래 있지 못했다. 왜냐하면 그는 전투 중에 사망했고 그의 아들 산헤립은 두르–샤루킨 보다 니느웨를 더 선호하여 그 곳으로 수도를 다시 옮겼기 때문이다. 사르곤(주전 722-705년)은 지금 아시리아 군주들 가운데 가장 잘 알려진 자들 중의 한명이다. 특별히 그는 살만에셀 5세에 의해 삼년 동안 포위를 당한 이스라엘의 북쪽 열 지파들의 수도인 사마리아를 점령했던 바로 그 왕이었다(주전 722년).[115] 동시에 그는 구약성서 본문에서 오류의 확실한 흔적이 된다고 선언되었다.

　그처럼 성서 기록의 비범한 세 번째 확인은 주전 595년에서 570년 사이로 연대가 추정되는 느부갓네살의 바빌론에 있는 이쉬타르(Ishtar) 문 근처

---

113 Raymond P. Dougherty, *Nabonidus and Belshazzar: A Study of the Closing Events of the Neo-Babylonian Empire* (New Haven, Conn.: Yale University Press, 1929), 93-104.

114 Gordon Loud, Khorsabad I, *Excavations in the Palace and at a City Gate*, Oriental Publications, 38 (Chicago: University of Chicago Press, 1936); G. Loud and Charles B. Altman, *Khorsabad II, The Citadel and the Town*, Oriental Publications 40 (Chicago: University of Chicago Press, 1938). Pauline Albenda, *The Palace of Sargon, King of Assyria: Monumental Wall Reliefs at Dur-Sharrukin, From Original Drawings Made at the Time of Their Discovery in 1843-1844 by Botta and Fladin* (Paris: Éditions recerché sur les civillisations, 1986).

115 최근에 K. Lawson Yonger Jr., "The Fall of Samaria in Light of Recent Research," *Catholic Biblical Quarterly* 61, no. 3(1999): 461-82.

에서 발굴된 대략 삼백여개의 쐐기 문자 토판들에서 왔다.[116] 그 당시 그 수도 근처에 살았던 포로들과 노동자들에게 지불된 배급 목록에서 "야후드(Yahud) 땅의 왕 야우킨(Yaukin)"의 이름이 나타난다. 이 자는 다름 아닌 바로 느부갓네살의 예루살렘 첫 정복 후에 포로로 바빌론으로 잡혀갔던 "유다 왕 여호야긴"(왕하 25:27-30)일 것이다. 여호야긴은 느부갓네살의 계승자인 에빌-므로닥에 의해 감금에서 해제되었으며 그의 인생의 남은 날 동안 매일 필요한 것들을 지급 받았다. 그 토판들은 의심의 여지없이 역대상 3장 17-18절에 여호야긴의 일곱 아들들의 목록에 포함된 야우킨의 다섯 아들을 세 번 언급한다.

"사마리아의 지방관 산발랏"(느 2:10)과 느헤미야의 다른 대적들인 "암몬 사람 도비야와 아라비아 사람 게셈"(느 2:19)의 이름들은 포로 후기 시대로부터 온다. 이 각각의 이름들은 지금 고고학적으로 입증된다. 느헤미야 이후의 세대에 쓰인(주전 약 408-407년) 이집트의 엘레판틴에서 나온 파피루스에서 느헤미야의 형제인 하나니(느 7:2)와 대제사장 요하난(느 12:22) 그리고 산발랏에 관해 언급된 내용이 나온다.

산발랏의 이름의 진정성은 종교적으로 유대인인 아시리아인 한 사람의 이름이기 때문에 훨씬 더 흥미롭다. 산발랏의 아들들인 들라이야(Delaiah)와 쉘레미야(Shelemiah, 두개의 좋은 유대인들의 이름들)가 대략 주전 411년경 반 유대인 집단 학살 중에 파괴된 엘레판틴에 있었던 야훼 신전을 재건하는 일에 그들의 도움을 얻으려고 하였다. 두 아들에게 보내진 편지는 주전 407년으로 추정되는 때의 다리우스 왕 제 17년째로 날짜가 매겨진다. 왜냐하면 다리우스 2세(주전 423-404년)는 의도된 자이기 때문이다. 이것은 또한 느헤미야가 산발랏의 아들들에게 이 편지가 보내진 바로 직전인 주전 444/445년에 예루살렘으로 귀환한 것에 대한 진정성을 제공하는 성서외적인 자료를 제공한다.

---

116 W. Foxwell Albright, "King Jehoiachin in Exile," *Biblical Archaeologist* 5 (1942): 49-55.

"토비야" 이름은 이집트의 엘 파이윰(El Faiyum)에 있는 게르자(Gerza)에서 발견된 소위 말하는 제노(Zeno) 파피루스에서 발견되었다.[117] 프톨레미 2세 필라델푸스(주전 285-246년)의 시기에 제노로 불린 한 이집트 관리의 공문서들에서 "암몬의 지방관, 토비야"로부터 온 한 편지가 있다. 그는 의심의 여지없이 느헤미야의 대적의 후손으로 토비아스 혹은 토비야로 불린 자이다.

느헤미야의 세 번째 눈에 띄는 대적은 "아라비아 사람 게셈"(혹은 아라비아 사람 가스무, 느 2:19; 6:1, 2, 6)이다. 브룩클린 박물관은 세 개는 아람어 비명을 가진 여덟 개의 은그릇들을 이집트의 텔타 지역으로부터 습득했다. 아람어 비명들 중의 하나는 "게달(Qedar)의 왕 카이누(Qainu) 바르 게셈(Geshem)이 한-일랏(han-'Ilat)으로 옮긴 것"으로 읽힌다.[118] 게달(렘 49:28)은 북서 아라비아에 있었다. 캄비세스는 아랍 사람들이 주전 525년에 이집트를 정복하기 위해 고용했던 것으로 알려진다. 그러므로 아라비아 족장들은 페르시아 사람들과 좋은 관계를 유지했으며 그에 맞춰 느헤미야에게 대항한 게셈은 많은 대중을 데려왔다.

이 목록은 계속 이어질 수 있다. 왜냐하면 발람,[119] 다윗,[120] 아합,[121] 예

---

117 Millar Burrows, *What Mean These Stones?* (New Haven, Conn.: Yale University Press, 1941), 111.

118 E. J. Bickerman, "The Edict of Cyrus in Ezra 1," *Journal of Biblical Literature* 65(1946): 249-75.

119 Jacob Hoftijzer, "The Prophet Balaam in a 6th Century Aramaic Inscription," *Biblical Archaeologist* 39 (1976): 11-17; Walter C. Kaiser Jr., "Balaam Son of Beor in Light of Deir 'Allah and Scripture': Saint or Soothsayer?" in *Go to the Land I Will Show You: Dwight W. Young Festschrift*, ed. Victor Matthews and Joseph E. Coleson (Winona Lake, Ind.: Eisenbrauns, 1996), 95-106.

120 주전 9세기로 추정되는 텔 단에서 발견된 최근에 출판된 아람어 비문이 A. Biran and J. Naveh에 의해서, "An Aramaic Stele Fragment From Tell Dan," Israel Exploration Journal 43 (1993): 81-98쪽과 "David Found at Dan," *Biblical Archaeology Review* 20, o. 2(1994): 26-39쪽에서 출판되었다. 그리고 Kenneth A. Kitchen, "A Possible Mention of David in the Late Tenth Century BCE, and the Deity *Dod as Dead as the Dodo?" *Journal for the Study of the Old Testament* 76 (1997): 29-44.

121 이스라엘 왕 아합은 아시리아 정복자 살만에셀 3세(주전 858-824년)의 돌비문의 쐐기 문자 본문들

후,[122] 히스기야,[123] 므나헴[124] 그리고 다른 많은 자들의 출현이 있기 때문이다. 그러나 그 잃어버린 자들은 계속해서 찾아져왔다. 그리고 그 각각의 경우에 성경이 주장했던 것이 부분적으로 혹은 전체적으로 입증되었다.

이미 언급한 것처럼 이것은 잃어버린 사람들 모두를 찾았음을 의미하지 않는다. 다리우스 왕의 이름은 언급되었다. 그러나 아시리아 왕 산헤립이 이스라엘 왕 호세아를 압박했을 때 그가 의지하고자 하였던 이집트 왕 소(So)와 같이 다른 자들도 있다. 그의 정체성은 여전히 논쟁적이다.[125]

잃어버린 민족들

20세기 초 히타이트 제국의 발견 때까지 가나안 후손들로 창세기 10장 15절에 언급된 "히타이트족"/히위족들은 알려지지 않았다. 대신에 많은 학자들에게 그들의 존재는 매우 부정적으로 간주되었다. 그러나 1906년에 휴고 윙클러(Hugo Winckler)가 오늘날 터키라 부르는 곳에 있는 고대 핫투

에서 아하부(Ahabbu)로 나타난다. 아합은 거기서 주전 853년에 오론테스 강가에 있는 카르카르에서 아시리아에 대항하기 위해 전차 2000대와 군사 10,000명을 파병하였다.

122 찬탈자 예후는 오스텐 라야드(Austen Layard)가 1846년에 살만에셀 3세의 궁궐에서 발견한 검은 오벨리스크에 언급된다. 예후는 "오므리[mar humri]의 아들 야우아(Iaua)[Jehu]의 조공. 은, 금, 납, 그 왕의 손을 위한 장대들, 창들을 내가 그로부터 받았다"라는 비문과 함께 아시리아 군주 앞에 무릎을 꿇고 있다. Daniel David Luckenbill, *Ancient Records of Assyria and Babylonia*, 2 vols. (Chicago: Chicago University Press, 1927), 1:590.

123 산헤립 연대기의 최종판이 소위 말하는 테일러 프리즘에서 발견되어 지금은 대영 박물관에 시카고에 있는 동양 박물관에 있는 한 복사판과 함께 보관되어 있다. 산헤립은 시리아-팔레스타인 지역을 향한 그의 세 번째 군사 원정과 그가 어떻게 히스기야를 "새 장에 있는 새처럼" 예루살렘에 "가두었는지"를 매우 상세하게 묘사한다. Luckenbill, *Ancient Records of Assyria and Babylonia*, 2:240.

124 디글랏 빌레셀 3세(주전 745-727년)는 여로보암 2세의 아들 스가랴의 살인자인 살룸(왕하 15:10)의 뒤를 이어 보좌에 앉은 므나헴으로부터 무거운 조공(왕하 15:19)을 받았다. 아시리아는 "므나헴에 관해서 한 마리의 새처럼 그에게 두려운 공포가 엄습했다. 그리고 그는 도망하였지만 나에게 복종하였다. 그의 지위로 나는 그를 되돌려 주었다. 그리고… 은과 색을 가진 양모 옷들과 아마 섬유 옷들… 나는 그의 조공으로써 받았다"(Luckenbill, *Ancient Records of Assyria and Babylonia*, 2:816).

125 A. R. W. Green, "The Identity of King So of Egypt-An Alternative Interpretation,"

샤(Hattusha)로 알려진 한 지역을 발굴하기 시작하였으며[126] 결과적으로 의심되었던 한 민족의 실재는 문자적으로 수천 개의 토판들에서 잘 문서화되어 발견 되었다.

이제 히타이트민족의 존재는 문서화되었지만 두 개의 질문이 더 제기된다. (1) 성서 저자들의 의도는 "히타이트 사람들" 혹은 "헷 자손들"의 이름을 함유하고 있는 민족이 아나톨리아 혹은 북 시리아에 있는 민족에게 속했다는 사실을 나타내는 것이었는가? (2) 실제로 북쪽으로부터 온 이 히타이트 사람들이 구약성서 시대동안 팔레스타인 지역에 존재했다는 것은 타당한 설명인가?

첫 번째 질문이 단도직입적으로 예라고 답변되는 반면에 두 번째 질문은 오늘날 학자들로부터 양분된 대답을 얻게 된다. 왜냐하면 주전 1200년보다 더 이른 시기에 히타이트 이주민들이 남쪽의 팔레스타인 지역을 향한 이동의 외적 증거는 여전히 단편적이기 때문이다. 아하론 켐핀스키(Aharon Kempinski)는 긍정적으로 논의할 충분한 증거가 있다고 주장한다.[127]

히타이트 사람들은 여호수아 1장 4절에 그들의 이름을 "곧 광야와 이 레바논에서부터 큰 강 곧 유브라데 강까지 헷 족속의 온 땅과 또 해 지는 쪽 대해까지"의 시리아의 전 지역에 있었다. 또한 히타이트 사람들은 족장 시대로부터 이스라엘의 가나안 땅의 정착 때까지 "헷 족속"으로 불린 가나안에 살고 있던 집단들이었다(창 23:3, 5, 7, 10, 16, 18, 20; 참고. 창 15:20; 신 7:1; 삿 3:5). 선지자 에스겔은 예루살렘을 "네 근본과 난 땅은 가나안이요 네 아

---

126 1960년대를 지나 핫투샤에서 진행된 발굴에 관해 가장 뛰어난 전반적 제시는 Christel Rüster, *Hethitische Keilschrift-paläographie*, Studien zu den Boghazköy-Texen 20 (Wiesbaden: Harrassowitz, 1972)와 Harry A. Hoffner Jr.에 의해 인용된 것처럼 "Hittittes," in *Peoples of the Old Testament World*, ed. Alfred J. Hoerth, Gerald L. Mattingly and Edwin M. Yamauchi (Grand Rapids, Mich.: Baker, 1994), 127-55.

127 Aharon Kempinski, "Hittites in the Bible: What Does Archaeology Say?" *Biblical Archaeology Review* 5(1979): 20-45, 특별히 41쪽. 또한 Harry A. Hoffner Jr. "Some Contributions of Hittitology to Old Testament Study," *Tyndale Bulletin* 20 (1969): 27-55.

버지는 아모리 사람이요 네 어머니는 헷 사람이라"(겔 16:3)고 하였다.

히타이트 제국은 주전 1800년경에 설립되었다. 그러나 히타이트 제국의 일부 지역들에서 유다의 중앙 산지 지역으로 특히 우리가 창세기 23장 7절에 헷 족속을 "그 땅 주민"으로써 발견한 곳인 헤브론 주변으로 스며들었다. 아브라함은 그들 중에 "나그네"로 그리고 "거류하는 자"(창 23:4)로 거주한다. 그리고 그들로부터 막벨라의 굴을 그의 가족을 위한 매장지로 구입한다.[128]

다른 설명하기 어려운 민족 집단은 호리 족속이었다. 왜냐하면 우리는 그들에 대해 오직 성경에 기록된 정보만을 가지고 있기 때문이다. 그들은 에돔으로부터 온 에서의 후손들에 의해 쫓겨난(신 2:12, 22; 참고. 창 14:6) 고대 세일의 후손들인 호리 족속들로 알려졌다(창 36:20). 호리 족속(다양하게 히위 족속으로도 불린)은 또한 세겜(창 34:2)과 길갈(수 9:6-7)을 포함한 중앙 팔레스타인 지역에 있는 몇 장소들을 차지하였다. 이 민족들은 누구이며 그들의 존재를 위해 어떤 증거가 있는가?

어떤 사람들은 그들의 이름을 "동굴 거주자들"(참고. 사 42:22절에 있는 히브리어 호림)로 설명하기 위해 시도했지만 성공적이지 못했다. 그러나 더욱 안전한 견해는 그들을 이집트 중기 왕국(주전 2000-1550년)에서 발견된 한 언급을 통해 설명된다. 그것은 시리아-팔레스타인을 "후루(Hurru)의 땅"으로 지명한다. 이 동일한 이집트 지명은 가나안 땅을 위한 이름으로 메르넵타 석비(주전 1220년)에 기록된 "이스라엘"과 함께 나타난다. 그렇다면 이집트 용어 후루는 이전에 성경에서만 알려진 호리 족속과 연관된다.[129]

---

128 히타이트 사람들로부터 이 구입은 Manfred R. Lehmann에 의해 "Abraham's Purchase of Machpelah and Hittite Law," *Bulletin of the American Schools of Oriental Research* 129 (1953): 15-18쪽에서 조사되었다. 그러나 레호만의 주장들은 Harry A. Hoffner Jr. 에 의해 "Hittities and Hurrians," in *Peoples of Old Testament Times*, ed. D. J. Wiseman (Oxford, Mass.: Clarendon, 1973), 214쪽에서 그리고 Hoffner, *Tyndale Bulletin* 20 (1969) 33ff. 쪽에서 반박되었다.

129 Roland de Vaux, "Les Hrrites de l'histoire et les Horites de la Bible," *Revue Biblique* 74 (1967): 481ff. ; 특별히 501-2쪽을 보라.

1995년 후반에 호리 족속의 수도인 우르케쉬(Urkesh)는 터키의 경계에 인접한 다마스커스의 북동쪽 대략 400 마일에 텔 모잔(Mozan)의 현재 시리아 지역 아래에 매장된 채 발견되었다.[130] UCLA의 고대 근동 언어와 문화의 명예교수이며 우르케쉬 발굴의 책임자인 조르지오 부첼라티(Giorgio Buccellati) 박사는 부분적으로 방사성 탄소 연대 측정에 근거하고 시리아에 있는 다른 세 번째 천 년대 후기의 지역들 특별히 에블라(Ebla)에서 발견된 것들과 유사한 직업들의 이름들에 관한 사전적 목록들을 포함한 토판에 근거하여 우르케쉬의 호리 족속은 주전 2300~2200년경으로 연대가 정해진다고 텔 모잔 지역의 발굴 8년 후에 발표했다.

삼백 에이커 지역에서 종종 진흙 인장들에 그려진 인물들과 글자의 형태를 가진 육백 개의 물품들이 쏟아져 나왔다. 이 비명 자료들은 잠정적으로 왕실 저장 창고로 추정된 한 방의 바닥위에 흩어진 채 발견되었다. 입증된 이름들 가운데 "라피스-라줄리(Lapis-lazuli) 소녀"를 의미하는 우크니툼(Uqnitum) 여왕과 후리안 족속의 명성을 가진 투프키쉬(Tupkish) 왕과 이미 다른 고고학 유물들로부터 "우르케쉬의 도시의 아버지"로써 알려진 주요 신 쿠마르비(Kumarbi)들이 있다.

매우 극적인 이 발견유물은 구약성서 본문이 매우 신뢰할 수 있는 것임을 입증한다. 우리가 또 다른 잃어버린 민족들을 발견하고 "후리안들은 지금 이름들[과] 얼굴들을 가지고 있다. 우리는 그들이 어떻게 생겼는지를 알고 우리는 그들이 생존했다는 것을 안다"[131]는 부첼라티 박사의 주장을 확증할 수 있을 것이다.

그 다음에 창세기 29장 1절에서 "동방 사람의 땅"에 관한 수수께끼와 같은 언급이 있다. 족장 야곱이 그의 여정 가운데 들어간 것으로 주장된 이

---

130 John Noble Wilford, "Lost Capital of a Fable Kingdom Found in Syria," *The New York Times*, November 21, 1995, 1, C1, C5.
131 Ibid., C5.

백성들은 누구인가? 야곱의 여정이 그를 취한 장소는 유프라테스 강의 동쪽 한 지역과 발리크(Balikh)와 하부르(Habur) 강들 사이에 위치한 아람["시리아"] 나하라임["두 강들의"]으로 알려졌던 곳이다.

하나의 유익한 단서는 이집트 사람 시누헤(Sinuhe)의 이야기 속에서 발견될 수 있다(주전 1900년경). 시누헤는 국가적 이유들로 인해 이집트를 달아난 고위 정부 관리였다. 그는 일련의 어려운 일들 후에 시리아에 있는 "동방"(kedem)의 나라에 도달했다. 그곳은 아마도 야곱이 갔던 "동방[kedem] 사람의 땅"으로 불린 바로 그 지역이었다. 여기서 시누헤는 한 아모리 족장을 만났는데 그는 그를 그 부족의 일원으로 삼았고 그에게 그의 맏딸을 주어 결혼을 시켰다. 시누헤에게 그가 도달했던 그 땅은

> 좋은 땅이었다. 그 땅에는 무화과나무가 있었고 포도나무도 있었다. 그 곳엔 물보다 포도주가 더 많았다. 꿀은 충분하였고 올리브 열매들은 넘쳐났다. 각종 열매가 나무에 달렸다. 보리는 거기에 있었다. 그리고 [밀의 이른 형태인] 에머밀도 있었다. 셀 수 없는 가축들이 있었다. 빵은 매일 나를 위해 만들어졌다. 포도주는 매일 공급되었으며 요리된 고기와 구운 새고기가 공급되었다. 게다가 사막의 야생 동물이 옆에 있었는데 나의 사냥개들이 잡아오는 것 이외에도 그들이 나를 위해 사냥을 해서 내 앞에 두었다.[132]

이 땅의 "젖과 꿀"의 묘사는 신명기 8장 7-9절에 주어진 묘사와 매우 밀접하게 병행된다.

> 네 하나님 여호와께서 너를 아름다운 땅에 이르게 하시나니 그 곳은 골짜기든지 산지든지 시내와 분천과 샘이 흐르고, 밀과 보리의 소산지요 포도와 무화과

---

132 Trans. John A. Wilson in J. B. Pritchard, ed., *Ancient Near Eastern Texts* (Princeton, N. J.: Princeton University Press, 1950), 19-20.

7. 고고학은 신뢰성을 필요로 하는 사실에 도움이 되는가?

와 석류와 감람나무와 꿀의 소산지라, 네가 먹을 것에 모자람이 없고 네게 아무 부족함이 없는 땅이며 그 땅의 돌은 철이요 산에서는 동을 캘 것이라.

그러므로 "동방의 땅들"은 현대 팔레스타인과 시리아 그리고 북 이라크를 포괄하는 이집트의 동쪽 땅들과 연관된 것처럼 보인다. 이 "동방의 사람들"이 누구인지를 이해하도록 돕는 것 외에 관련된 것처럼 보인 그 장소는 또한 "좋은 땅"이라 불렸다. 장소에 대한 그 개념은 사람들과 민족들의 개념과 마찬가지로 신뢰성을 위한 질문에서 중요하다.

잃어버린 장소들

잃어버린 장소의 한 보기가 즉각적으로 떠오른다. 솔로몬 왕의 전설적인 부는 부분적으로 그의 배들이 "오빌에 이르러 거기서 금 사백이십 달란트를"(왕상 9:28) 얻은 것에서 추정되었다. 그 양은 16톤 혹은 14.5톤의 금과 맞먹는 만큼 엄청 난 것이다.

그러나 오빌은 어디에 있었는가? 그 가정은 솔로몬과 히람의 협력하는 선원들의 모험이 엘랏(에시온 게벨)의 홍해 항구로부터 항해했던 소말리아 해변 혹은 인도에 있는 해변에 위치했다는 것이다. 봄베이의 북쪽 60 마일에 있는 항구인 (스)우파라((S)upara)를 오빌의 가능한 위치로 지정하면 칠십인 역과 제롬의 해석들 둘 다 그 원정들로부터 들여온 산물들과 함께(왕상 10:22-24; 대하 9:10-11, 21-22) 인도의 단어들 특히 백단유와 공작 그리고 원숭이들과 연결된 것으로 보인다.[133]

1956년에 텔 카실레(Qasile, 이스라엘에 있는 텔아비브의 바로 북쪽)에서 "벤-호론을 위한 오빌의 금 삼십 세겔"을 알리는 선적 통지가 기록된 작은 도편

---

133 Edwin M. Yamauchi, *The Stones and the Scriptures* (Philadelphia: J. B. Lippincott, 1972), p. 70에서 R. D. Barnett, *Illustrations of Old Testament History* (London: Trustees of the British Museum, 1966), 40쪽을 인용한다.

이 발견되었다. 오빌은 추정된 상상의 장소라기보다는 오히려 그 당시 상업 세계로부터 알려진 진짜 위치로 보이며 금의 근원이었다. 열왕기상 9장 28절 본문은 그 자체의 방식으로 정당성을 입증한다.

민수기 33장은 표면상으로는 출애굽 여정을 따라 있는 지역들의 다소 일상적인 건조한 목록으로 보인다. 주목할 만한 세부 사항들과 함께 민수기 33장의 저자는 거의 기억되지 않거나 혹은 그 때 이후에 잊혔던 몇 지역들을 경유하는 중간 주둔지로 이용한 이스라엘 민족의 트랜스요르단 길을 묘사한다. 그 방랑자들은 아라바(사해 남쪽의 고립된 지역)로부터 (1) 이임, (2) 디본갓, (3) 알몬-디블라다임, (4) 느보, (5) 아벨-싯딤과 그리고 나서 (6) 요단 강(민 33:45b-50)과 같은 지역들을 거쳐 모압 평지로 이동했다.

비방을 일삼는 일부 영향력이 큰 집단은 모든 묘사들을 순진하거나 혹은 순수한 것으로써 역사적 세부 사항들을 구성하기 위해서는 쓸모없는 것들로 표현했다. 예를 들면 게스타 알스트룀(G?sta Ahlstr?m)은 "성서 저자들은 주전 10세기 이전 팔레스타인에서 발생했던 사건들에 관해 아무것도 몰랐다는 것이 분명하다"고 주장했다.[134]

그러나 찰스 크라말코프(Charles R. Krahmalkov)는 최근에 아라바로부터 모압 평지까지의 세 개의 고대 이집트 지도들을 상고함으로 다른 사실을 보였다.[135] 이 세 지도들 가운데 가장 초기의 것은 투트모시스 3세(Thutmosis III, 주전 1504-1450년경)의 통치 시기로부터 온다. 그것은 "팔레스

---

134 Gösta Ahlström, The History of Ancient Palestine (Sheffield, England: Sheffield Press, 1993), p. 45. 물론 그가 혼자는 아니었다. 토마스 톰슨(Thomas L. Thompson)은 "이스라엘 자신의 기원 전승은 [이스라엘의 기원들에 관한] 역사. 저작에 근본적으로 부적절하다"는 의견을 말했다(Thomas L. Thompson, *The Origin Tradition of Ancient Israel* [Sheffield, England: Sheffield Press, 1987], 41). 로버트 쿠트(Robert B. Coote)는 "성서는 이스라엘의 기원과 초기 역사에 관한 어떤 역사적 설명도 포함하지 않는다"라고 결론 내렸다(*Early Israel: A New Horizon*[Minneapolis: Augsburg/Fortress, 1990], 141).

135 Charles R. Krahmalkov, "Exodus Itinerary Confirmed by Egyptian Evidence," *Biblical Archaeology Review* 20 (1994): 54-62, 79.

타인 목록"(Palestine List)이라 불리는 부분으로 카르낙에 있는 신전 벽에 새겨져 있었다. 이 목록에 따르면 남쪽에서 북쪽까지의 길은 정확하게 이스라엘 민족이 이인(Iyyin), 디본, 아벨 그리고 요단 강, 네 곳의 경유지를 포함한 민수기 33장에 제시되었던 그 길이었다. 다른 두 지도들은 아멘호텝 3세(Amenhotep III, 주전 1387-1350년경)와 람세스 2세(Rameses II, 주전 1279-1212년경) 때의 통치시기로 정해진다. 그리고 솔레브(Soleb)에 있는 장제전(mortuary temple)과 카르낙에 있는 아문 신전의 큰 현관으로 들어가는 왼쪽에서 나왔다. 람세스 목록은 더 중요하다. 왜냐하면 그것 또한 지형적 목록의 49개의 이름들 속에 자리한 이 지역에 관해 헤레스, 카르호(Qarho, 메사돌(the Mesha Stone)에 의해 입증된 것처럼 디본의 대체명), 익타누(Iktanu)와 아벨(Abel)의 네 경유지들이 명명되기 때문이다. 그러므로 우리는 디본으로 불린 알려지지 않은 장소에 대해 성서 본문이 디본은 그 곳에 있었다고 말하는 시기에 이 도시의 실존에 대한 반박할 수 없는 역사적 증거를 우리에게 주는 두 석비들을 가지고 있다.

그 상황에 관한 크라말코프의 놀라운 요약은 다음과 같다.

> 요약하면 전 팔레스타인의 정복을 위한 무대를 제공한 트랜스요르단의 침공에 관한 성서 이야기는 역사적으로 정확하다는 배경 속에서 들린다. 민수기 33:45b-50절에 묘사된 침공 길은 사실 후기 청동기 시대에 트랜스요르단을 경유한 심각하게 빈번한 왕래가 있던 공식적인 이집트 길 이었다. 그리고 디본은 사실 후기 청동기 시대에 그 길 위에 있던 한 경유지였다.[136]

유사한 상황이 후기 청동기 시대에 헤브론 성읍의 실재에 대해 만연한다. 이스라엘 고고학자인 이스라엘 핀켈스타인(Israel Finkelstein)은 다음과

---

136 Ibid., 58.

같이 진술했다.

> 어떤 이스라엘 정착지도 남부의 헤브론 산지에서 알려지지 않는다. [주전 1200년경 철기 1기 시대의 시작에] 그리고 브엘세바 골짜기에서 이스라엘의 정착은 주전 11세기 이전에는 시작되지 않았다. 그리고 심지어 그때 오직 제한된 범위만… 그 사실은 남쪽으로부터 유다로 침투하는 성서 전승에 문제를 가져다준다…브엘세바 골짜기과 헤브론 산지의 지역들의 놀라운 부족은 그 방향으로부터 어떤 거대한 규모의 요소들의 유입을 배제한 것처럼 보인다. 오직 주전 10세기 초기에 유다에 정착이 급증했을 때 헤브론과 다윗의 수도로 예루살렘이 다윗에 의해 선택된 것처럼 남쪽 중심지들을 중요하게 여기기 시작했다.[137]

이 지역에서 고고학 탐사에 의하면 두 번째 구역의 수도로 헤브론(수 15:52-54)과 함께 유다의 도시들이 열거된 여호수아 15장 48-60절에 있는 후기 청동기 IIB 목록은 역사적으로 정확하지 않다. 그러나 한번 더 이집트 지도들은 시사한다. 왜냐하면 람세스 3세(주전 1182-1151년경)는 람세스 2세의 목록으로부터 지형 목록들의 사본을 하나 만들 것을 명령했다. 그것들 중의 몇 지명들은 현대에 와서야 없어졌다. (77-80번으로 매겨진) 네 도시들은 다음과 같이 읽힌다. 헤브론, 야눔(Janum), 드르븐(Drbn) 그리고 아페카(Apheqah)이다. 그 지명은 여호수아 15장 52-54절과 놀라울 정도로 일치했다. 왜냐하면 여호수아 목록은 헤브론, 야님 그리고 아베가(Aphekah)를 담고 있다. 크라말코프는 "이 때에 헤브론은 현존한 것만이 아니라 정확히 여호수아 15장에서 주어진 그 도시들에 의해 에워싸인 거주 지역 내에 있었다"라고 견해를 올바르게 밝혔다.[138]

---

137 Israel Finkelstein, *The Archaeology of the Israelite Settlement* (Jerusalem: Israel Exploration Society, 1988), 239쪽은 Krahmalkov, "Exodus Itinerary Confirmed," 59쪽에 인용되었다.

138 Krahmalkov, "Exodus Itinerary Confirmed," 61.

결론

　어떤 자료들일지라도 충분히 알려졌을 때 그 사실들에 대한 지속적으로 밝혀진 인위적, 층서적 그리고 비문의 유물 증거의 도움으로 구약성서 사람들, 민족들 그리고 장소들에 관한 상세한 사항들에 대한 신비로운 확인을 제공된다. 이것은 우리가 한 번 더 반복하지만 고고학은 본문으로 옮겨진 모든 도전들에 대한 만병통치약은 아니다. 그것은 정말 아니다! 고고학적 자료들 그 자체들로 인해 파생되는 도저히 말도 안 되는 문제들도 남아 있다.

　그러나 우리는 본문을 지지하는 가운데 그런 구체적 자료들을 산출한 수년 동안 많은 구체적 도전들에 직면해왔기 때문에 분명한 반대 정보를 이용할 수 있기까지 그 본문과 함께 동행해야하며 추정하고 세우는 경향이 있다. 그 본문이 유죄가 입증되기까지는 무죄라는 것을 말하는 이 방법론은 미국 사법체계에 유익한 절차로써 권면될 뿐만 아니라 성서의 주장을 조사하는 분야에서도 또한 권고된다.[139]

　고고학으로부터 온 외적 사실들은 그리스도의 인격의 성육신이 하나님이 된다는 그리스도의 주장보다 신적 계시에 대한 주장을 더 약화시키지 않는다. 그러므로 성경은 외부 세계와 어떤 연결 혹은 연관이 없는 말씀이 아니라 마치 그것은 전적으로 맑은 하늘에 날벼락이었다면 우리는 고고학이 우리를 저자의 의미를 해석하고 신뢰할 수 있으며 의존할 수 있는 말씀으로써 그 말씀에 확신을 세우는 것을 돕는 것을 마땅히 기대해야 한다.

---

139 나는 처음에 이 방법을 유명한 프린스톤 구약성서학자 로버트 딕 윌슨(Robert Dick Wilson)으로부터 배웠다. 윌슨(Wilson)의 1926년 논문(Philadelphia: Sunday School Times, 1926)으로부터 Edward J. Young에 의해 개정된 것으로 Robert Dick Wilson, *A Scientific Investigation of the Old Testament* (Chicago: Moody Press, 1959). "The Method of Investigation"에 관한 개정판에 있는 23-24쪽을 보라.

8.

출애굽과 정복 이야기들은
신뢰할 수 있는가?

여호수아 2장과 6장에 있는 여리고 정복은 구약성서에서 가장 잘 알려진 이야기일 뿐만 아니라 가장 사랑 받는 이야기들 중의 하나이다. 그 이야기는 또한 출애굽과 가나안 정복의 신뢰성과 정확성에 관한 설명의 모든 논쟁의 핵심이다. 성서 이야기에서 그 중요성으로 인해 여리고는 예루살렘을 뒤잇는 성지에서 체계적으로 발굴 조사된 두 번째 지역이었다.

그러나 약간의 예외들과 함께 오늘날 대부분의 학자들은 성경의 묘사와 같은 여리고 정복 시 발생한 여러 가지 사실을 의심한다. 이것은 더더욱 주목할 만하다. 왜냐하면 1930-1936년에 여리고 발굴 작업을 수행한 영국 고고학자 존 갈스탕(John Garstang)이 정확히 정 반대의 결론에 도달했기 때문이다. 그는 도시 IV에 관해 말하기를 그 지역은 파괴의 파편들 속에서 발견된 도자기 양식들과 십팔 왕조 바로들의 무덤들의 근처로부터 그 왕들에 관한 이집트 풍뎅이 모양의 보석들과 미케네 도자기들의 부재(이 당시 몇 지역들에서 발견된 수입 도자기)에 근거해서 주전 1400년경에 폭력적으로 끝을 맺었다고 주장했다. 갈스탕은 다음과 같이 결론을 내렸다.

한 마디로 말해서 여리고의 몰락은 연대와 모든 물질들의 상세한 사항들에서 성서 내러티브에서 묘사된 것과 동일하게 발생했다. 그러나 우리의 입증은 물 질들에 대한 관찰이기에 때문에 제한적이다. 약 주전 1400년에 성벽들은 분명 히 지진에 의해 흔들렸고 무너졌으며 그 도시는 불로 파괴되었다. 이것들은 우 리의 조사들에 기인한 기본적 사실들이다. 여호수아와 이스라엘 사람들과의 연결은 오직 정황적이지만 그것은 견고하고 흠이 없어 보인다.[140]

이 조사는 엄청난 논쟁을 불러일으켰다. 또 다른 영국 고고학자인 캐 트린 케년(Kathleen Kenyon)이 1950년대에 갈스탕의 발견물들을 재검토 하고 갱신할 것을 요청하였지만 그를 지지하는 것에 실패했다. 그녀는 1907-1909년과 1911년에 완료된 에른스트 젤린(Ernst Sellin)과 칼 밧징거 (Watzinger)의 오스트리아–독일 연합조사에 의해 도달했던 초기의 결론으 로 되돌아갔다. 케년은 여리고가 주전 1550년경 중기 청동기 시대의 말에 파괴되었으며 주전 십사세기에 사용되었던 작은 지역을 제외하고는 주전 십육 세기 중반부터 후기 청동기 시대 내내(주전 1550-1200년) 비어있었다고 결론지었다. 게다가 갈스탕이 주전 1400년경 이스라엘의 침공과 연결 지 었던 이중벽은 사실 초기 청동기 시대로 천 년이나 더 빠른 시대로 정해졌 다.[141] 케년의 관측들에 근거하면 성서의 설명은 마치 너무 많은 종교적 수 사와 민담으로써 평가절하된 것처럼 보였다.

---

140 John Garstang, "Jericho and the Biblical Story," in *Wonders of the Past*, ed. J. A. Hammerton (New York: Wise, 1937), 1222.

141 Kathleen Kenyon, "Some Notes on the History of Jericho in the Second Millennium B. C.," *Palestine Exploration Quarterly* (1951): 101-38; *Digging Up Jericho* (London: Ernst Benn, 1957), 262; "Jericho," in *Encylopedia of Archaeological Excavations in the Holy Land*, ed. Michael Avi-Yonah (Englewood Cliffs, N. J.:Prentice Hall, 1976), 2:551-64.

이후 25년 동안 이 문제를 해결하기 위한 자료와 방법들이 나타나지 않았다. 케년은 1978년에 사망했으며 여리고에 대한 그녀의 최종 보고는 1982년과 1983년까지 출판되지 않았다. 최근에 그녀의 결과들은 토론토 대학교의 브라이언트 우드(Bryant Wood)에 의해 분석되었다.[142] 우드는 케년이 그 텔위에 있는 이중벽은 초기 청동기 시대 벽이었다고 주장한 것은 옳은 것이라고 결론지었다. 그리고 그 벽은 갈스탕이 결론을 내렸던 것처럼 도시 IV에 속하지 않았다고 주장했다. 그러나 도시 IV의 몰락을 위한 주전 1400년의 연대와 그 도시가 무너졌던 상황에 관한 갈스탕의 결론은 케년의 출판된 결과들로 인해 그 정당성이 훨씬 더 입증되었다.

모두가 동의하듯 도시 IV는 큰 불로 인해 파괴되었다. 심지어 케년에 의해 그 화재 이전의 지진에 관한 제안은 입증되었다.

그 파괴는 완전하였다. 성벽들과 바닥들은 불에 의해 검게 만들어졌거나 붉게 물들었다. 그리고 온 방은 떨어진 벽돌들과 재목들 그리고 가정용품들로 가득 찼다. 대부분의 방들에서 그 떨어진 잔해는 심하게 불에 태워졌지만 동쪽 방들의 벽들의 붕괴는 그것들이 불에 의해 영향을 받기 전에 발생했던 것처럼 보인다.[143]

심지어 더 놀라운 것은 풍부한 곡물의 존재였다. 초창기의 갈스탕처럼 케년은 한 번의 탐사의 기간에 6 부셸의 곡물을 회수했다. 이것은 깜짝 놀

---

142 Bryand G. Wood, "Did the Israelites Conquer Jericho?" *Biblical Archaeology Review* 16, no. 2(1990): 45-59. 우드는 영국 리버풀의 국립 박물관들과 갤러리들의 근동 고대유물들과 이집트의 국립 큐레이터였던 피오트르 비엔코프스키(Piotr Bienkowski)에 의해 반박되었다. Piotr Bienkowski, "Jericho Was Destroyed in the Middle Bronze Age, Not the Late Bronze Age," **Biblical Archaeology Review**, 16, no. 5 (1990): 45-46, 69. 비엔코프스키는 우드에 의해 동일한 이슈에 답변 받았다. Wood, "Dating Jericho's Destruction: Bienkowski Is Wrong on All Counts," 45, 47-49, 68.

143 Kathleen Kenyon, Excavations at Jericho, vol. 3, *The Architecture and Stratigraphy of the Tell*, ed. Thomas A. Holland (London: British School of Archaeology in Jerusalem, 1981), 370.

라운 발견이었는데 도시 IV와 고대 시대의 다른 도시들에서 종종 발생했던 것처럼 여리고는 오랜 포위로 인한 기근으로 무너진 것이 아니었다는 사실을 제시하는 것이다. 그 공격자들은 이 가장 귀중한 물품(그것은 종종 교환 수단으로 사용되었던 고대에는 매우 가치 있는 것)들을 약탈하지 않았다. 왜냐하면 그 도시는 모든 것이 주께 바쳐진 것이었기 때문이었다(수 6:17-18).

게다가 그 공격 시점은 군사적 관점으로 보면 모든 것이 틀린 것처럼 보인다. 왜냐하면 그 공격은 수확 직전에 식량 공급들이 최저 수준이었을 때 이루어진 것임에 틀림없기 때문이다. 그러나 이미 라합은 그녀의 집 지붕 위에서 추수한 신선한 아마를 말리고 있었다(수 2:6). 그 사실은 이스라엘 사람들이 요단강을 봄 홍수 기간에 건넜다는 사실과 일치한다(수 3:15). 그리고 그들은 여리고를 공격하기 바로 직전에 유월절을 기념했다(수 5:10).

요단강을 건너는 여리고 정복 시간의 지진 활동의 존재는 도시 IV 지역의 붕괴된 상태에 의해서만 아니라 요단강을 어떻게 건너는 것이 성취되었는지에 관한 성경의 묘사에 의해 보인다. 여호수아 3장 16절은 진술한다.

> 곧 위에서부터 흘러내리던 물이 그쳐서 사르단에 가까운 매우 멀리 있는 아담 성읍 변두리에 일어나 한 곳에 쌓이고 아라바의 바다 염해로 향하여 흘러가는 물은 온전히 끊어지매 백성이 여리고 앞으로 바로 건널새.

여리고는 지진이 빈번한 지역에 위치하기 때문에 요단강이 막히든 혹은 심각한 여진으로부터 여리고의 붕괴가 발생했다고 하는 놀라운 일은 아니다. 우드는 최근의 역사에서 몇 몇의 지진들은 여호수아서에 묘사된 것과 동일한 결과를 초래했던 결과에 관한 스탠포드 대학교의 지구 물리학자 아모스 누르(Amos Nur)를 인용한다.

오늘날 아담은 요단강의 흐름을 방해하는 1927년의 이류 지역인 다미야

(Damiya)이다. 전형적으로 하루에서 이틀정도 지속된 그런 방해들은 주후 1160년과 1267년 그리고 1834년과 1906년으로 기록된다.[144]

그러나 무너져 내린 그 성벽들은 어떤가? 그 성벽들에 대한 갈스탕의 확인은 부정확한 것으로 입증되었다. 그러나 여리고에서 케년의 층서학적 작업은 도시 IV는 그 자체의 성벽들과 함께 인상적인 방비 체계를 가졌다는 것을 보였다. 돌 기슭막이 벽은 그 구릉지의 기반으로부터 약 15피트 올라왔다. 이 기슭막이의 정상에 있는 한 지점에서 8 피트의 높이에 보존된 진흙 벽돌로 이루어진 흙벽의 잔존물들이 있었다. 그 기슭막이 벽은 거대한 흙으로 싸인 경사면 혹은 구릉지 정상까지 전적으로 석고 반죽으로 표면 처리된 (비탈로 불린)성곽을 받치고 있었다. 경사면의 정상에 또 다른 성벽이 있었지만 이 상부의 벽은 그 지역의 심각한 침식으로 인해 오늘날까지 남아있지 않다. 그러나 하부 기슭 막은 벽이 본래 서 있었던 곳에서 성벽들이 완전히 "무너져 내린" 증거이다(수 6:20). 케년은 이 도시의 서쪽 면의 발굴에서 그 기슭막이 벽 바깥쪽에 도시의 벽돌들이 바깥으로 무너졌다는 사실을 발견했다. 케년의 80 피트 높이의 장애 지역에 있는 성벽 바깥에 발견된 붉은 진흙 벽돌들의 양은 6피트 반의 넓이와 12피트 높이의 성벽을 세울 수 있는 충분한 양이었을 것이다. 더욱이 그 벽돌들은 기슭막이 벽의 바깥쪽에 무너졌기 때문에 "백성이 각기 앞으로 나아가"(수 6:20)는 것이 어떻게 가능하였는지를 설명한다. 왜냐하면 그 잔해는 그 성벽들의 남겨진 것들을 기어 올라가게 하는 자연 교량 혹은 경사와 같은 종류를 형성했기 때문이다.

그러나 그 연대는 어떤가? 케년과 젤린 그리고 밧징거가 주장했던 것처

---

144 Wood는 "Did the Israelites Conquer Jericho?" 54쪽에서 the *Standford Observer* (Stanford University News Service), November 1988에서 부분적으로 빼낸 "The Standford Earth Scientist," 5쪽에서 인용된 아모스 누르(Amos Nur)를 인용하고 있다.

럼 주전 1550년에 무너져 내렸는가? 아니면 갈스탕과 우드 그리고 보수주의자들이 고고학적 혹은 열왕기상 6장 1절의 성서 증거로부터 주장했던 것처럼 주전 1400년경인가?

우드는 주전 1410년 전후 사십년의 연대를 산출했던 파편에서 발견된 한 조각의 목탄으로부터 얻은 카본-14 샘플 하나를 주목했다. 게다가 몇 개의 풍뎅이 모양의 보석들(풍뎅이처럼 생긴 작은 이집트 부적들로 그 위에 비명을 가지며 종종 바로의 이름을 가진다)은 십삼 왕조(주전 십팔 세기)로부터 십팔 왕조(주전 십사세기 초반)까지 지속적으로 알려진 일련의 바로들을 제공했다. 십팔 왕조 풍뎅이 모양의 보석들은 핫세프숫(Hatshepsut, 주전 1503-1483년경)과 투트모시스 3세(주전 1504-1450년경) 그리고 아멘호텝 3세(주전 1386-1349년경) 등의 세 명의 왕들의 이름들과 투트모시스 3세(Thutmosis III) 시대로부터 온 인장을 포함했다.

여러 사람들이 반박하는 것처럼 제 십팔 왕조 바로들로부터의 풍뎅이 모양의 보석들은 매우 보편적이었으며 가보로써 보존되는 경향이 있었기 때문에 일정한 기간 동안 사용되고 있었다는 것은 사실이다.[145] 그러나 우드는 이 물체가 투트모시스 3세와 아멘호텝 3세와 연관되는 증거자료로는 충분하지만 반면에 핫세프숫의 풍뎅이 모양의 보석의 존재에 관해 설명하는 것에는 실패했다는 사실에 주목했다.

케넌은 그녀의 사후 공개적으로 비방 받았다. 그녀의 이름은 모든 공적 자료들로부터 삭제되었고 체계적으로 훼손 받았다. 결과적으로 그녀의 풍뎅이 모양의 보석들은 행운의 부적들로 간직되지도 못했고 많지도 않았다. 그러므로 케넌의 풍뎅이 모양의 보석들이 매우 적은 수만 존재한다는 사실은 여리고에 대한 주전 1400년의 좋은 표시가 된다.[146]

---

145 그래서 비엔코프스키는 반박했다. "Jericho Was Destroyed," 46.
146 Wood, "Dating Jericho's Destruction," 49. 십팔 왕조 바로들에 대한 십오 기간들은 여전히 학자들이 연구했던 그 학파에 따라서 십에서 십오까지 다양하다.

심지어는 도시 IV에서 발견된 도자기는 후기 청동기 시대 I기의 몇몇 특징적인 방식들을 설명한다. 중기 청동기 시대의 도자기는 후기 청동기 시대 1기와 매우 유사한 것은 사실이다. 왜냐하면 후기 청동기 시대 1기의 도자기는 단순히 중기 청동기 시대의 것을 뒤이은 것이기 때문이다. 그럼에도 불구하고 그 도자기 방식에는 어떤 감지하기 힘들거나 또는 진정한 차이들이 존재하지 않는 다는 것을 의미하는 것은 아니다.[147] 그러므로 후기 청동기 도자기의 추측된 부재에 대한 논쟁은 후기 청동기 1기 양식들에 대한 독특한 실재와 다른 양식들이 중기 청동기 시대로부터 이어져온 것들이었다는 두 가지 사실들에 의해 비판되었다.

도자기 유형 분류 체계와 층위학과 방사성 탄소 연대 측정법 그리고 풍뎅이 모양의 보석류들의 연대에 근거할 때 주전 1400년경 여리고의 파괴에 대한 강력한 경우가 세워질 수 있을 것이다. 이 파괴는 만약 그 성벽들이 침공자들에 의해 부수어졌을 경우에 지진과 연관이 가능한 파괴적인 화염과 내부를 향하여 붕괴되지 않고 그 도시의 외부로 붕괴가 이루어졌으며 더불어 전 도시의 방화가 수반되어졌다.

여리고 정복에 관한 이런 연대측정의 경우는 이집트로부터 이스라엘의 탈출과 가나안과 같은 정복을 둘러싼 질문들에 어떻게 영향을 미치는가? 이 질문에 대한 대답은 그 문제들과 관련된 학문 공동체의 서로 다른 접근 방법 때문에 더욱 복잡하게 된다.

본래 주전 십오 세기 연대(예를 들면 위에서 토의된 것처럼 왕상 6장 1절과 삿 11장 26절 구절들에 의해 제안된 출애굽의 주전 1440년경의 연대)가 아니라고 주장하는 학자들은 주전 1230-1220년의 십삼 세기 연대를 취하는 것을 선호한다. 그 연대는 세 개의 주요 증거들로 인해 성서의 증거에 의해 제시된 연

---

147 비엔크프스키는 한 차이에 대한 우드의 경우에 강력한 예외를 취했다. 그러나 우드는 같은 논문집의 47쪽에서 비엔코프스키의 반대들 전체에 대해 반박했다. Bienkowski, in "Jericho Was Destroyed," 46.

대 보다 거의 이백년 정도 후대가 된다. 그들이 논쟁했던 이 후대의 연대는 다음과 같은 세 가지 증거의 설정들이 요구되었다.

(1) 비돔과 라암셋으로 불린 델타 지역에 있는 이스라엘 사람들에 의해 세워진 국고성들의 이름들(출 1:11)은 주전 1290-1224년〔혹은 주전 1279-1213년〕에 통치했던 바로인 람세스 2세를 반영하는 이름이라 주장되었다.

(2) 1930년대에 주로 넬슨 글루엑(Nelson Glueck)에 의해 수행된 트랜스요르단의 표층 조사들은 중기 청동기 시대 2기와 후기 청동기 시대 동안 트랜스요르단에 정착 인구들이 존재해지 않았다는 사실을 결론 내렸다. 즉 십구 세기로부터 십삼 세기까지가 포함된 기간이다.

(3) (이미 언급된) 여리고, 아이, 기브온, 헤브론, 호르마/세바트와 아라드의 후기 청동기 점유를 위한 성서의 정복 기사에서 설명된 여섯 지역들로부터 어떤 증거도 없었다.

십삼 세기 연대를 위한 세 개의 주장된 증거들 각자는 주의 깊은 조사를 필요로 한다.

첫째 출애굽기 1장 11절은 노예가 된 이스라엘 사람들은 바로를 위해 비돔과 라암셋 국고 성을 세웠다. 만약 라암셋 이름이 주전 1290-1224년 (혹은 1279-1213년)에 통치했던 십구 왕조 후기의 바로 람세스 2세를 암시한다면 이스라엘은 그때 이집트를 십오 세기(주전 1440)에 떠나지 못했을 것이다. 그러나 라암셋 이름은 창세기 47장 11절에 있는 요셉 이야기에서 야곱과 그의 아들들이 정착했던 나일 강의 델타 지역을 묘사하기 위해 나타난다는 사실은 인정되어야 할 것이다. 아무도 야곱과 그의 아들들에 의한 이 정착을 주전 십삼 세기 연대로 매기지 않는다. 그러므로 람세스는 (후에 본래 다른 이름들을 지닌 현장들에 적용된 더 잘 알려진 이름처럼, 예를 들면 우리는 종종 토착 미국 사람들이 유일한 거주자들이었을 때 발생했던 사건들에 언급되는 그것들의 현재 주의 이름들에 의해 미국에 있는 지역들을 언급한다) 회고적으로 사용된 이름이거나 혹은 람세스 이름은 십구 왕조의 바로들에 대한 선 역사를 가진다. 만약 어느 하나의 이론이 창세기 47장 11절을 위해 사실이라면 그때 그것은 출애굽기 1장 11절을 위해서도 사실일 것이다.

게다가 고고학적으로 알려진 델타 지역처럼 피-라암세스(Pi-Raamses) 지역에 람세스 2세의 통치 시기 보다 더 이른 시기의 건축 활동에 대한 증거는 존재한다. 그곳은 주전 십구 세기 이후에 주요한 행정 중심지였다. 그리고 1930년 이후에 고고학적 작업이 수행되어졌던 곳이다. 사실 문화에 있어서 다른 가나안 민족 집단들과 함께 야곱의 이주와 일치했던 시기인 중기 청동기 2기에는 가나안 비슷한 강한 시리아-팔레스타인이 존재한다. 그러므로 이 도시들을 건축하는 것은 출애굽 직전에 시작되지 않았을 것이다. 아마도 수세기 이 후에 발생했을 것이다. 가나안 문화의 동일한 흔적들은 와디 투밀라트(Tumilat)에서 약 8 마일 떨어진 비돔의 후보지인 텔 엘-마스쿠다(el-Maskhuta)와 텔 에르-레타바(er-Retabah)의 두 지역들에서 발견된다. 지금은 피-라암세스와 텔 에르-레타바의 십 팔 왕조 점령의 증거와 십오 세기 동안 이 두 국고성들의 건축에 유리한 사실이 되었다.

많은 현대인들은 1930년대에 트랜스요르단에서 출애굽을 위한 십삼 세기 연대를 강화하기 위해 넬슨 글루엑의 표층 조사를 이용했다. 글루엑은 주전 십구 세기로부터 십삼 세기까지 중기 청동기 2기와 후기 청동기 시대 동안 정착 인구들이 있었다는 주장을 단호히 부인했다. 그러나 민수기 20-22장은 이스라엘이 이 영토를 관통하며 이동하고 있었을 때 에돔과 모압에 있는 강력한 왕국들이 존재했다는 사실을 필요로 한다. 만약 주전 15세기 혹은 13세기까지 이스라엘에 저항하는 자들이 이곳에 없었다면 출애굽은 이전에 생각되었던 연대보다는 훨씬 이후임에 틀림없을 것이다.

지난 삼십년은 글루엑의 조사와 결론들에 많은 수정이 야기되었다. 1963년부터 1966년까지 그리고 1975년과 1978년에 수행된 조사들에서 거의 후기 청동기 시대만큼 많은 중기 청동기 시대 2기의 서른 두 곳의 지

역들이 발견되었다.[148]

지금까지 두 세대동안 학자들을 오도했던 글루엑의 초기 결론들은 거의 신뢰할 수 없는 것으로 입증되었다. 심지어 오늘날도 십삼 세기 연대를 위한 근거로서 불신된 주장을 듣는 것은 여전히 가능하다. 그가 사망하기 전에 글루엑 자신은 1940년에 'The Other Side of Jordan'이란 제목이 붙은 그의 초기 작품의 1970년 제 2판에서 자신의 견해를 수정하고자 시도했다.[149]

정복된 도시로 언급된 곳들은 또한 어떤가? 우리는 이 장을 시작할 때 여리고를 언급했다. 아이, 기브온, 헤브론, 호르마/세바트 그리고 아라드를 위한 증거는 어떻게 만들 수 있는가?

아이는 모든 사람들에게 문제가 된다. 왜냐하면 그 지역은 오랫동안 추정된 "그 텔" 혹은 성서에서 그-아이, "그 페허"를 의미했던 이름인 키르벳 엣-텔(Khirbet et-Tell)로 동일시되어왔기 때문이다. 1838년 이후에 아이의 확인은 미국 지형학자인 에드워드 로빈슨(Edward Robinson)에 의해 벧엘로 동일시된 베이틴(Beitin)과의 근접성에 근거한다. 로빈슨은 벧엘과 베이틴(히브리어 라메드에서 아랍어 눈으로 잘 입증된 변화를 추정)의 이름들의 유사성과 유세비우스(주후269-339)가 벧엘은 네아폴리스(세겜-나블루스, Neapolis,

---

148 Mo'awiyah Ibrahim, James Sauer and Khair Yassine, "The East Jordan Valley Survey, 1975," *Bulletin of the American Schools of Oriental Research* 222 (1976): 54; Terence M. Kerestes et al., "An Archaeological Survey of Three Reservoir Areas in Northern Jordan, 1978," *Annual of the Department of Antiquities*, Jordan 22(1977-1978): 108-35, tables 1, 2, 3; Gerald L. Mattingly, "The Exodus-Conquest and Archaeology of Transjordan: New Light on an Old Problem," *Grace Theological Journal* 4, no. 2 (1983): 245-62; J. Maxwell Miller, "Recent Archaeological Developments Relevant to Ancient Moab," in *Studies in the History and Archaeology of Jordan I*, ed. A. Hadidi (Amman: Department of Antiquities, 1982), 172쪽을 보라. 이 모든 것은 John J. Bimson and David Livingston, "Redating the Exodus," *Biblical Archaeology Review* 12(1987): 66, nn. 17, 18에서 인용된 것들이다.

149 Nelson Glueck, *The Other Side of Jordan*, 2nd ed. (Cambridge, Mass.: American Schools of Oriental Research, 1970), 14. 글루엑 자신의 본래 조사들은 이 동일한 트랜스요르단 지역들로부터 중기 청동기 2기와 후기 청동기 시대들의 것으로 여겨진 도자기를 산출했다. 그러나 그의 본래 1940년의 출판에서 그는 가졌어야 했던 장소의 이 발견 물들을 주지 않았다.

Shechem-Nablus)로 가는 길의 동쪽 편에 아엘리아(Aelia)로부터 열두 번째 로마 이정표들에 자리한 것으로 진술했던 곳인 오노마스티콘(Onomasticon, 후에 개정되었고 제롬에 의해 보충되었던)에 근거해서 식별했다.[150]

그러나 베이틴은 유세비우스와 제롬이 가리켰던 것처럼 열두 번째가 아니라 열네 번째 로마 도로변의 마일 표시에 놓여있다. 게다가 창세기 12장 8절이 요구하는 것처럼 아이와 벧엘 사이에 있는 베이틴의 동쪽에 산은 자리하지 않는다.

그러나 모든 요구 조건들에 부합하는 지역이 한 곳 있다. 그것은 열두 번째 도로변의 마일 표시의 남쪽 바로 550 야드에 위치한 비레(Bireh)이다. 그 도시의 동쪽에 "높이가 큰"을 의미하는 눈에 띄는 에벨 엣 타윌(Jebel et Tawil)의 산이 있다. 그리고 그 지역은 베냐민과 에브라임 사이 동쪽과 서쪽 경계에 자리한다.

그러면 아이와 동일시 할 수 있는 지역은 어느 곳인가? 지금 비레의 동쪽 작은 지역인 키르베트 니스야(Khirbet Nisya)가 아이의 고대 지역으로 추정된다. 그 곳의 북쪽에는 골짜기가 있으며 그 골짜기로부터 건너편에 언덕을 가진 여리고까지 내려가는 와디 수위니트(Suwinit)로 경사진다(수 7:2; 8:10-13). 서쪽에 비레(벧엘) 혹은 키르베트 니스야(아이)에 보이지 않는 매복을 숨길 수 있는 산등성이 있다(수 8:9, 12-13). 키르베트 니스야에는 일찍이 금석병용시대(주전 네 번째 천 년대)와 초기 청동기(세 번째 천 년대) 시대들로부터 다양한 질그릇 조각들이 발견되었다. 그러나 그 지역에는 중기 청동기 2기의 도자기들도 존재한다. 그러므로 비레는 고대 벧엘이고 키르베

---

150 빔슨과 리빙스턴은 Biblical Archaeology Review, 66, n. 36에서 "베이틴"은 벧엘의 상응하는 아람어 명칭이 전혀 아닐 수 있다고 강조한다. 왜냐하면 알베르토 소긴(J. Alberto Soggin)이 그의 Joshua (London: SCM Press, 1972), 102-3쪽에서 강조했던 것처럼 엘(el)과 그것의 파생어들의 종결은 아람어에서 발견될 수 있기 때문에 히브리어 라메드의 아람어 눈으로의 변형은 항상 발생하지 않는다. Edward Robinson, *Biblical Researches in Palestine I* (Boston: Crocker and Brewster, 1856), 449-50쪽을 보라.

트 니스야는 아이라는 강한 개연성이 자리하게 된다.[151]

다른 지역들의 경우에서처럼 여기서 언급되지 않은 남겨진 유일한 문제는 중기 청동기 시대 2기는 전통적으로 주전 1900년으로부터 1550년까지 위치해 있는데 빔슨과 리빙스톤은 중기 청동기 말엽은 주전 1550년부터 주전 1420년경 사이까지 낮추어 연대를 매기는 급진적 생각을 제시했다는 것이다. 그들은 주전 1550년 연대가 사용된 유일한 이유는 이집트 학자들이 이집트에서 힉소스의 추방과 십팔 왕조의 시작을 고정시킨 연대 때문이라고 주장했다. 그러므로 많은 가나안의 중기 청동기 시대 2기의 도시들의 몰락을 힉소스의 추방과 연결지은 이집트 군사 활동으로 귀속시킨다.

그러나 도널드 레드포드(Donald Redford)가 강조했던 것처럼 이집트의 십팔 왕조 초기에는 이집트 군사들이 단순히 가나안에 있는 요새화된 도시들을 향하여 군사 원정을 수행할 수 없었을 것이다.[152] 또한 윌리암 쉐아(William H. Shea)는 이 시기에 가나안의 이집트 군사 원정들은 빈약하다고 결론 내렸다.[153]

그러나 만약 이집트인들이 주전 1550년에 그 도시들을 정복하지 않았다면 누가 그리고 언제 그런 정복 활동을 벌였는가? 빔슨과 리빙스톤은 그 정복 행위는 침공하는 이스라엘 사람들이 주전 1400~1420년경에 했다고 대답한다. 그러므로 그들은 주전 1550년을 대략 150년 정도 단축했다. 그 연수는 대부분의 고고학 물품들이 탄소 측정 14 반감기 방법들 또는 백년

---

151 David Livingston, "Location of Biblical Bethel and Ai Reconsidered," *Westminster Theological Journal* 33, no. 1 (1970): 36; "Traditional Site of Bethel Questioned," *Westminster Theological Journal* 34, no. 1 (1971): 39-50-a response to Anson F. Rainey, "Bethel Is Still Beitin," *Westminster Theological Journal* 33, no. 2(1971): 175-88.

152 Donald Redford, "Contact Between Egypt and Jordan: Some Comments on Sources," in A. Hadidi, Studies in *History and Archaeology*, pp. 118-19; 그리고 빔손과 리빙스톤의 Biblical Archaeology Review, 67, n. 20에서 인용된 것처럼 Kenneth A. Kitchen, "Some New Light on the Asiatic Wars of Rameses II," *Journal of Egyptian Archaeology* 50 (1964): 53, 63.

153 William Shea, "The Conquests of Sharuhen and Megiddo Reconsidered," *Israel Exploration Journal* 29 (1979): 1-4.

혹은 그 해들보다 더 가까운 도자기 유형 분류 체계에 의해 연대가 결정될 수 없을 것이란 사실을 심각하게 고려하지 않는 간격이다. 그러므로 키르베트 니스야의 파괴의 연도로 중기 청동기 시대 2기는 주전 1400년경으로 낮추어져야 하며 그 파괴는 이집트인들에 의한 것이 아니라 이스라엘 사람들에 의한 것으로 돌려야 한다.

그 상황은 기브온과 헤브론에 있어서도 상당히 동일하다. 그 각각의 지역은 그 지역 정착에서 한 번의 간격이후에 중기 청동기 시대 2기의 말엽까지를 나타낸다. 그리고 만약 아라드가 텔 아라드가 아니라 텔 말하타(Malhata)에 위치한다면 그것 또한 정착에 한 간격이 존재하며 그 이후인 중기 청동기 시대 2기에 정착이 이루어졌음을 제시한 것이다.[154] 만약 호르마가 텔 마소스(Masos)와 동일시 될 수 있다면 동일한 상황은 호르마에도 적용된다.

같은 일은 라기스와 하솔에도 일어난다. 두 도시 모두 중기 청동기 2기의 대도시들이었다. 그리고 그 도시들은 이 시기 말엽에 몰락했다. 그러나 다아낙, 므깃도, 게셀, 그리고 벧산에 중기 청동기 2기로부터 후기 청동기까지 문화의 이행이나 단절들은 없었다. 그것은 정확히 우리가 기대했었던 것이다. 왜냐하면 이스라엘은 가나안 족들로부터 이 도시들을 취하는데 실패했기 때문이다(삿 1:27-36). 그러므로 중기 청동기 2기에 이 정정과 함께 주전 1550년으로부터 주전 1420년경까지 연대를 매기고 이 많은 도시들의 파괴를 이집트인들이 아니라 이스라엘 사람들에게 귀속시키면 그 증거는 가나안 정복에 관해 주어진 성서의 그림과 완벽한 조화를 이룬다.

---

154 Yohanan Aharoni, "Nothing Early and Nothing Late," *Biblical Archaeologist* 39 (1976): 63.

결론

우리는 모든 작업의 결론을 내리기에 아직 부족하다고 할 수 있다. 그러나 지금 여리고의 몰락과 가나안 땅의 정복을 거의 이백년 이후로 늦추어 두거나 혹은 지금 가나안 정복 이론을 완전히 포기한 자들의 편을 들기 보다는 성서의 제시를 받아들이기 위해 수집된 충분한 증거들이 있다. 출애굽 연대를 위한 주전 1440년과 1400년의 장애물들과 그 정복자들은 하나씩 제거되고 있다는 사실은 또한 분명하다. 오직 십삼 세기로부터만 온다는 그 국고 성들의 명칭들에 대한 부스러지고 있는 경우와 트랜스요르단에 어떤 정착도 없었다는 신임이 떨어진 글루엑 이론과 여리고 성벽들은 지진과 같은 기적적인 중재의 결과로써 무너져 내렸다는 강한 개연성을 주목하라. 그것에 벧엘과 아이의 도시들의 새로운 확인들을 두라. 대부분이 성서 고고학에 있는 완전히 새로운 일화는 심지어 성서 고고학의 주제조차 그리고 그것이 다루는 증거는 말할 것도 없고 완전히 길을 잃어버렸다고 생각했을 바로 그 정확한 순간에 출현한 듯하다. 그 경우는 대부분 격려하는 것이다. 그리고 그것은 계속해서 과거의 확립된 이론들에 도전하고자 더욱더 젊은 학자들이 출현할 때까지 계속해서 성장한다.

9.

구약성서 왕들의 연대기들은
신뢰할 만한가?

만약 연대기가 말하고 있는 것처럼 연대기가 역사의 뼈대라면 성경에 있는 이스라엘과 유다의 왕들에 관한 다양한 연대기적 표기법들을 조화시키기 위한 시도가 수행되어야 할 것이다.[155] 놀라운 사실은 열왕기서는 아래와 같이 히브리인들의 왕들에 관한 연대기적 자료들로 가득하다는 것이다.

(1) 그 왕들의 통치가 시작되었을 때,

(2) 한 왕이 이스라엘 혹은 유다의 병행 왕국에서 즉위하였을 때,

(3) 각 왕이 통치했던 해들의 총 연수,

(4) 고대 근동의 다른 나라들 속에 있는 사건들과 성서 역사에 있는 사건들의 일상적 상호관계.

그러나 연대와 체계들은 매우 복잡하게 얽혀있기 때문에 주후 사세기에 제롬에게 귀속된 말은 올바른 것으로 나타난다. "구약성서의 모든 책들을

---

[155] 이 장의 첫 부분에 있는 많은 자료들은 나의 *Hard Sayings of the Bible* (Downers Grove, Ill.: InterVarsity Press, 1995)에 있는 서론과 반복된다.

읽어보라 그러면 여러분은 유다와 이스라엘 왕들의 연수들에 관한 심각한 불일치를 발견하게 될 것이다. 그리고 이 질문을 설명하기 위해 연구하는 학자들은 한가한 사람이 심심풀이하는 것처럼 보일 것이다."[156]

　　현대 학자들 역시 다루기 불편한 자료들에 관한 비난은 더욱 맹렬하고 격렬하다. 그러나 에드윈 틸레(Edwin R. Thiele)는 이 해결하기 어려운 매듭을 풀기위해 자신의 대부분의 생애를 헌신했던 학자이다. 그는 거의 모든 자료들을 이해하고 그 모든 것들은 정확하다는 것을 시카고 대학교의 박사 과정 프로그램의 일부로써 나타낼 수 있었다. 틸레의 체계 혹은 다른 누구의 시도도 보편적인 동의를 획득하는 접근에 이르지 못했다는 사실에도 불구하고 틸레가 축적했던 증거들은 결코 결정적으로 부인되지는 못했다. 그는 성서 자료들을 너무 심각하게 취했으며 그것을 완벽하게 조화시켰다는 비난을 받았던 것이다. 그러나 "조화된"이란 단어는 그의 가치를 깎아내리는 사람들에 의해 긍정이 아니라 부정의 개념으로서 보인다. 그럼에도 불구하고 우리는 틸레의 사례는 사십년 이상을 잘 지탱하였다고 생각한다. 비록 우리는 틸레가 중요하게 시도했던 것처럼 모든 성서 자료들을 취하지 않는 다른 해결들을 제공하고자 하는 다른 많은 노력들에 익숙해 있지만 말이다.

절대적 연대를 설정하는 것

　　틸레는 처음에 기본적 연대들을 설정하는 것으로 시작하였다. 이 첫 단계를 수반하는 가장 중요한 것은 주전 892년에서 648년까지 연대순으로 있는 아시리아 인명의 시조들의 목록에 관한 고고학적 발견이었다. 이 목록들은 "이름의 시조"로써 "그 해의 사람"을 나타냈다. 그러나 그것들은

---

156 Edwin R. Thiele, *A Chronology of the Hebrew Kings* (Grand Rapids, Mich.: Zondervan, 1977), 12쪽에서 인용된 것처럼 그러나 거기에 그 출처에 관한 어떤 인용도 제공되지 않는다.

종종 발생했던 주요 사건들을 주목했다.

　왜냐하면 구자나(Guzana)의 지방관인 부르-사갈레(Bur-Sagale)의 해에 "아수르의 도시에서 반역"이 있었다는 사실을 주목했기 때문이다. 그 해의 시마누(Simanu) 달에 일식이 발생했다. 천문학 계산에 따르면 우리는 지금 이 사건을 태양력으로 주전 763년 6월 15일에 둘 수 있을 것이다. 우리는 이 이름의 시조들의 목록에 있는 이 월식의 양편에 관한 각각의 해를 절대적 연대를 가지고 설정할 수 있기 때문에 살만에셀 3세의 제 육 년째 되는 해인 주전 853년에 다이안-아수르(Daian-Assur)의 목록에서 이스라엘 왕 아합이 그를 대항해서 카르카르(Qarqar) 전투에서 싸웠다는 것은 중요하다. 십이 년 후에 아닷-리마니(Adad-rimani)의 목록에서 살만에셀은 이스라엘의 통치자인 "이아-아-우"(ia-a-u, 야후 혹은 예후) 왕으로부터 조공을 받았다.

　아합 왕의 죽음과 예후 왕의 즉위(이년의 공식 년들 그러나 실제적으로 아하시야 왕의 일년[왕상 22:51]과 요람의 십이 년의 공식 년들 그러나 실제론 십일년[왕하 3:1]) 사이에 십이 년이 존재했던 것으로 발생한다. 그러므로 주전 853년은 아합의 사망의 해이며 주전 841년은 예후의 즉위의 해이다. 이 사실은 이스라엘과 유다의 역사를 절대적 시간과 세계 사건들과 연결하는 발판을 제공한다.

　또 다른 연결은 주전 701년에 일어났던 산헤립의 세 번째 군사원정을 언급한 아시리아 연대기에서 발견될 수 있을 것이다. 그 때 산헤립은 히스기야를 향해 진군하였다. 그 아시리아 자료들은 주전 853년에 아합과 살만에셀 3세 사이에 카르카르에서 발생한 전투의 여섯 번째 해로부터 152년의 간격을 둔다. 또한 히브리인들이 재구성한 역사에 의하면 산헤립의 군사 원정은 아합의 사망으로부터 주전 701년 히스기야의 열네 번째 해까지 152년이 존재했다. 그러므로 세계사와 절대적 연대와 두 번째 주요 일치가 있다.

세 개의 연대적 순서들을 인식하는 것

틸레가 이 두 주요 사건들을 세계사와 연결하는 작업을 진행하면서 그는 고대 이스라엘과 유다 사이에 있는 세 개의 주요 연대적 순서들을 주목했다. 그 첫 번째는 유다와 이스라엘의 달력에 있는 분명한 차이들과 관련되었다. 이스라엘은 봄에 있는 니산월(3월/4월)로부터 그 해를 시작했다. 반면에 유다는 가을에 있는 티쉬리(9월/10월)를 한 해의 시작으로 생각했다. 이것은 달력의 일월의 면에서 니산의 해는 봄에 시작해서 그 다음 봄으로 확장되었다. 그러므로 우리의 달력의 이년의 부분들을 잇는 것이다. 그러나 더욱 복잡한 것은 이스라엘 통치의 해는 또한 유다의 이년의 통치해와 겹치게 된다는 사실이다.

두 번째 특징은 "즉위년"과 "비즉위년" 계산의 사용이었다. 솔로몬의 사후에 일어난 국가의 분리, 그 분열 왕국들은 주로 그들의 이웃 국가들 대부분이 그들의 역사를 통해 사용했던 것과 상반되는 즉위년들을 계산하는 방법을 사용했다. 그러므로 비등극년 원칙에서는 그 첫해가 일 년으로 헤아려졌다. 반면에 즉위년 원칙에 의하면 통치 일 년은 그들이 그들 각자의 달력들(니산월 혹은 티쉬리월)이 시작하는 달을 지났거나 혹은 그 달 후에 일년을 마쳤을 때까지는 일 년으로 세지 않았다. 유다는 르호보암(주전 931년 왕국 분열 후에 남쪽 왕국의 초대 왕)으로부터 여호사밧까지 즉위년 원칙을 사용했다. 반면에 이스라엘은 여로보암(주전 931년 후에 북쪽 왕국의 초대 왕)으로부터 아합(동일한 시점으로부터 시작: 솔로몬의 통치 후 왕국의 분열)까지 비등극년 원칙을 사용했다. 그러나 두 국가들 사이의 관계는 아합과 여호사밧의 시대에 일어난 정략적인 결혼으로 인해(아합과 이세벨의 딸인 아달랴, 유다 왕세자인 여호람, 여호사밧의 아들) 해소되었다. 열왕기하 8장 18절이 알리는 것처럼 여호람은 분명히 "이스라엘 왕들의 길을 가서 아합의 집과 같이 하였으니 이는 아합의 딸이 그의 아내가 되었음이라." 여호람과 아달랴는 유다에 비등극년 체계를 도입했다. 그리고 그 체계는 이스라엘의 요아스가 딸을 유다의 아마샤 왕에게 아마샤의 아들과 결혼을 제안한 것을 무시할 때까지 지켜졌다(왕하 14:8-10). 그러나 이 불화 이전에 외교적 관계에서는 두 국가들은 이미 즉위년 원칙으로 재 구분했다. 그리고 어떤 이유로 인해 그들은 그 원칙을 그들 각각의 역사 마지막까지 계속해서 유지했다.

틸레가 제시한 세 번째 원칙은 각 국가는 다른 나라에 있는 통치자의 연수들을 계산할 때도 그 자체의 체계를 사용했다. 그러므로 유다의 르호보암은 유다의 즉위년 체계에 의하면 십칠 년의 통치를 했지만 이스라엘의 비등극년 원칙에 의하면 그의 통치 기간은 십팔 년이었다.

유다와 이스라엘 두 국가들의 연대 계산의 세 가지 기본 원칙들은 그 왕들의 통치를 묘사하기 위해 사용된 숫자들의 의미를 붙잡기 위해 기본적인 것이다.

통일 왕국의 분열 연대

솔로몬의 사망 후 왕국이 분열된 것으로 예상된 연대는 주전 931/930년이었다. 그러나 이 연대는 일반적으로 많은 학문 공동체들이 부정적으로 보고 있다. 하지만 이것은(십년 혹은 이십 년전 까지) 윌리암 팍스웰 올브라이트(William Foxwell Albright)에 의해 제시된 주전 922년의 연대가 수용될 때까지 존재했다. 그러나 올브라이트의 연대는 성서 연대의 일부를 거의 전면적으로 거절하는 것과 관련된다. 올브라이트는 역대하 15장 19절과 16장 1절에서 발견된 자료들을 고려하여 "르호보암의 통치를 적어도 팔년 아마도 구년을 줄여야 할 필요가 있었다고 주장했다."[157] 그런 축소는 틸레가 분류했던 것처럼 세부 사항들이 올바르게 이해될 때 필요 없다. 보다 최근

---

157 William Foxwell Albright, "The Chronology of the Divided Monarchy of Israel," *Bulletin of the American Schools of Oriental Research* 100 (December 1945): 20, n. 14.

에 927/926년이 존 헤이스(John Hayes)와 폴 후커(Paul Hooker)에 의해 이스라엘의 북 열 지파들의 여로보암 1세와 유다의 르호보암의 첫 통치 년으로 제안되었다.[158] 그들이 도달한 이 연대는 틸레의 세 가지 모든 원칙들을 부인하였으며 또한 그들은 성서의 연대들에 한 가지 혹은 다른 이유에서 부정확함을 느꼈을 때 그 연대들을 재조정했다.

그러나 주전 931/930년의 틸레의 연대는 성서의 자료들과 함께 상응한다는 것이 입증될 수 있을 것이다. (이 주장을 위한 입증으로써 표 2를 보라.)

표 2. 통일 왕국의 분열을 위한 연대의 틸레의 계산

유다		이스라엘		
공식 연도			공식 연도	실제 연도
르호보암	17	여로보암	22	21
아히야(또한 아비얌으로 불렸다)	3	나답	2	1
아사	41	바아사	24	23
여호사밧	18	엘라	2	1
		오므리	12	11
		아합	22	21
		아하시야	2	1
	79		86	79

틸레는 두 가지 중요한 점을 입증한다. (1) 추산한 이스라엘의 비등극년의 팔십육 년은 실제 달력으론 단지 칠십 구년이다. 그리고 그 연수는 유다의 즉위년 체계와 완전히 일치한다. (2) 에포님(이름의 시조들) 목록들에 있는 천체 관측들과 아합으로부터 예후를 구분하는 십이 년으로부터 확립

---

158 John H. Hayes and Paul K. Hooker, *A New Chronology for the Kings of Israel and Judah and Its Implications for Biblical History and Literature* (Atlanta: John Knox Press, 1988), 18.

된 것처럼 주전 853년의 아합의 죽음으로부터 분열 왕국의 시작까지는 칠십 팔년이었다. 그러므로 853에 78을 더하면 왕국의 분열의 연도인 주전 931/930년과 일치한다.

중복된 통치들 혹은 섭정들의 원칙

히브리인 왕국들에는 아홉 번의 겹치는 통치 혹은 섭정 기간이 있었다. 이 사실은 우리가 이스라엘과 유다의 왕들의 통치와 섭정의 연수를 셀 때 반드시 감안하고 인식해야 할 네 번째 중요한 원칙이 된다. 중복된 첫 번째 통치는 이스라엘의 디브니와 오므리의 통치였다. 열왕기상 16장 21절은 "그 때에 이스라엘 백성이 둘로 나뉘어 그 절반은 기낫의 아들 디브니를 따라 그를 왕으로 삼으려 하고 그 절반은 오므리를 따랐더니"라고 전한다. 그에 맞춰 이 시기에 세 왕국들이 존재했다. 두 왕국은 디브니와 오므리 통치 시기의 북쪽에 한 왕국은 남쪽 유다에 있었다.

동일한 세 왕국의 현상은 이후에도 발생했다. 왜냐하면 북쪽에서 므나헴은 한 왕국을 통치했고 다른 쪽 길르앗에서 브가가 다스렸기 때문이다. 호세아 5장 5절은 분명히 이 사실에 대한 목격을 나타낸다. "이스라엘의 교만이 그 얼굴에 드러났나니 그[들의] 죄악으로 말미암아 이스라엘과 에브라임[그들]이 넘어지고 유다도 그들과 함께 넘어지리라."(이텔릭체는 저자의 강조). 세 개의 히브리어 복수들을 주목하라. 왜냐하면 북쪽에 두 왕국들이 다시 존재했기 때문이었다.

세 번째 중복은 열왕기하 13장 10절과 14장 23절에 의하면 이스라엘의 여호아하스와 여로보암 2세 사이의 십이 년의 섭정과 관련되었다. 그러므로 여호아하스의 십육 년과 여로보암 2세의 사십일 년은 더해서 오십칠 년이 된다. 그러나 실제적으로 그 기간은 섭정으로 인해 단지 사십 오년이었다.

다른 섭정에서 아사랴(웃시야)의 52년 가운데 24년은 아마샤의 29년과 겹쳤다. 이 사실은 총 팔십일 년을 오십칠 년의 실제 햇수로 다시 축소했다 (왕하 14:2; 15:2).

다섯 번째 중복된 통치는 열왕기하 15장 5절에서 언급된 것처럼 요담과 아사랴의 섭정과 관련되었다. (또한 웃시야로도 알려진)아사랴는 나병환자가 되었다. 그래서 그의 아들은 그를 대신해서 그 땅을 통치했다. 여섯 번째 비슷하게 중복된 통치는 유다의 아하스와 요담 사이에서 발생했다. 왜냐하면 브가와 르신의 공격은 아하스만을 향한 것이 아니었고(왕하 16:5-9) 그 공격은 요담을 겨냥한 것이기도 하였기 때문이다(왕하 15:37).

여호람 왕은 열왕기하 8장 16절에서 암시된 것처럼 그의 아버지 여호사밧과 공동 섭정자 였다. "이스라엘의 왕 아합의 아들 요람 제오 년에 여호사밧이 유다의 왕이었을 때에 유다의 왕 여호사밧의 아들 여호람이 왕이 되니라." 추가 확인은 열왕기하 3장 1절에 요람이 유다의 여호사밧 왕의 십팔 년에 통치를 시작한 것으로 주어진 연대 배열로부터 온다. 그러나 열왕기하 1장 17절에 의하면 그는 "유다 왕 여호사밧의 아들 여호람의 둘째 해"에 통치를 시작했다. 그러므로 여호사밧의 열여덟 번째 해는 여호람의 섭정의 두 번째 해가 된다. 그 사실은 여호람은 그의 아버지의 통치 열일곱 번째 해에 그의 아버지와 함께 공동 섭정자가 되었음을 말한다. 그리고 그 해는 여호람이 아람에 대항하여 아합과 연합군으로 참여했던 해로 판명된다. 이 전투에서 아합은 그의 생명을 잃었다(왕상 22:29-37). 그러므로 여호사밧은 여호람을 아합과 함께한 이 연합 원정에 참여하기 전에 왕좌에 앉힌 사실은 신중하게 주목된다. 여호사밧은 그 전투에서 가까스로 자신의 생명을 구했다.

여덟 번째 공동섭정은 여호사밧과 그의 노년의 아버지 아사와의 사이에 있었다. 아사 통치 서른아홉 번째 해에 아사는 그의 발에 질병에 걸려 심각하게 병들었다. 아사의 사십일 년의 통치 말엽에 발생한 이 사건은 그가 여호사밧을 그의 백성들을 다스리는데 도와줄 섭정자로 세우도록 했다(대하 16:12).

마지막 공동섭정은 므낫세와 히스기야 사이에 있었다. 여기서 질병은 다시 공동섭정의 요인이었다(왕하 20:1, 6). 히스기야는 자신의 남은 생애가 오직 15년 이라는 사실을 알고 난 후에 그는 자신의 아들 므낫세를 통치 체제의 방식 속에서 일찍 세워 훈련시키도록 하였다.

그런 것은 이스라엘과 유다 왕들의 통치와 공동섭정 그리고 연대별 배열을 세우는 이중적 특성이다. 내적 그리고 외적 자료들을 주의 깊게 맞춘다면 모든 면에서 부합된다. 틸레는 히스기야를 둘러싼 연대의 한 경우만 제외하고 연대별 배열들의 모든 것을 해결할 수 있었다. 그는 그것을 "왕들의 연대에 유일한 가장 큰 문제"라 불렀다.[159] 일반적으로 여기서 제시된 해결책들 중의 하나는 본문상의 실수를 제시하는 것인데 예를 들면 열왕기하 18장 2절에 "이십 오"를 읽는 것 대신에 히스기야가 왕이 되었을 때 "십 오"로 읽혀야 한다는 것이다. 히브리어 "십"의 복수 어미의 생략은 그와 같은 본문 읽기를 가능하게 한다. 그러나 현재 이를 위한 어떤 본문상의 증거도 존재하지 않는다.

틸레가 수행했던 작업은 여전히 이십세기 학문세계에서 가장 위대한 순간들 중의 하나로 자리할 것이다. 지난 반세기동안 그의 주제는 연이어 조사되었지만 그것은 결과적으로 도전되었던 다른 어떤 해결이나 공격보다 신뢰성을 더 획득해왔다.

고고학적 비문들로부터 온 분열 왕국의 사건들

현재 열왕기서의 본문에 대한 연대는 "전통적"(자유주의 진영이 사용하는 흥미롭고 놀라운 단어)으로 주전 6세기 중반을 선행하지 않는 즉 주전 500년의

---

159 Edwin R. Thiele, *The Mysterious Numbers of the Hebrew Kings: A Reconstruction of the Chronology of the Kingdoms of Israel and Judah*, rev. ed. (Grand Rapids, Mich.: Eerdmans, 1965), 10.

시기로 정해진다. 그러나 (오늘날 이스라엘 역사의 가치를 폄하하는 사람들 혹은 미니멀리스트들이 주장하는 것처럼) 만약 열왕기서가 기본적으로 페르시아 시대에 작문된 것이며 포로기 이전 시대의 기록들에 대한 어떤 접근도 없었다면 우리는 연대들과 이름들 그리고 국제적인 사건들에서 많은 오류들과 직면해야 할 것이다.

그러나 결과들은 정반대이다. 우리는 비성서적인 비이스라엘 자료들로부터 확인된 사건들의 목록을 믿기 어렵다. 최근에 바룩 할펀(Baruch Halpern)은 "Erasing History: The Minimalist Assault on Ancient Israel"의 제목으로 출간된 그의 솔직 담백한 논문에서 열왕기상하의 내러티브의 주장들을 확증하는 고대 근동으로부터 주요 비문 발견 물들의 도표를 만들었다. 그 도표는 불완전 하였지만 열왕기서의 저자가 상세한 정보에 접근할 수 있었음을 증명했다. 그리고 그것은 만약 많은 사람들이 지금 주장하는 것처럼 후대에 기록되었다면 오히려 더욱 놀라운 일이 될 것이다.[160]

성서와 비문의 상관관계들

아합이 죽은 후에 모압 왕이 이스라엘 왕을 배반한지라. 왕하 3:5
이스라엘 왕, 오므리에 관해 말하자면[161] 그는 모압을 수년 동안 경멸하였다…
그러나 나는 그와 그의 집에 대해 이스라엘이 영원히 파괴되었을 때 승리했다.
메사 석비

---

160 Bruch Halpern, "Erasing History: The Minimalist Assault on Ancient Isrel," *Bible Review* 11 (December 1995): 26-35, 특별히 30, 47쪽.

161 이스라엘 왕 아합의 아버지의 이름이 오므리 왕이었기 때문에 "오므리"는 아합을 위해 사용했던 아시리아 사람들의 이름이다. 그런 이유로 아시리아 사람들은 계속해서 이스라엘의 왕위 계승자들을 "오므리의 집"으로부터 온 자들 혹은 이스라엘 땅과 동일한 "오므리의 땅"에서 사는 자들이라 언급했다.

아하스가 앗수르 왕 디글랏 빌레셀에게 사자를 보내 이르되 나는 왕의 신복이요 왕의 아들이라 이제 아람 왕과 이스라엘 왕이 나를 치니 청하건대 올라와 그 손에서 나를 구원하소서 하고. 왕하 16:7

나는 유다의 아하스(이아-우-하-시)… 의 조공을 받았다. 디글랏 빌레셀 3세의 연대기

유다의 왕 요아스의 제삼 십칠 년에 여호아하스의 아들 요아스가 사마리아에서 이스라엘 왕이 되어 십육 년간 다스리며. 왕하 13:10절

요아스(이아-아-수) 그 사마리아 사람. 아닷-니라리 3세의 텔 알-리마(Tel Al-Rimah) 석비

이스라엘 왕 베가 때에 앗수르 왕 디글랏 빌레셀이 와서 이욘과 아벨벳 마아가와 야노아와 게데스와 하솔과 길르앗과 갈릴리와 납달리 온 땅을 점령하고 그 백성을 사로잡아 앗수르로 옮겼더라. 왕하 15:19-20.

므나헴에 관해 말하자면, 나는 그를 눈보라처럼 압도했다. 그리고 그는… 새처럼 날았다. 디글랏-빌레셀 3세의 연대기 앗수르

왕이 올라와 그 온 땅에 두루 다니고 사마리아로 올라와 그 곳을 삼 년간 에워쌌더라. 호세아 제구 년에 앗수르 왕이 사마리아를 점령하고 이스라엘 사람을 사로잡아 앗수르로 끌어다가 고산 강가에 있는 할라와 하볼과 메대 사람의 여러 고을에 두었더라. 왕하 17:6.

나는 오므리[이스라엘]의 전영토를… 정복했다. 사르곤 2세의 연대기들

히스기야 왕 제십 사년에 앗수르의 왕 산헤립이 올라와서 유다 모든 견고한 성읍들을 쳐서 점령하매. 왕하 18:13.

히스기야에 관해 말하자면, 그는 나의 멍에에 복종하지 않았다. 나는 그의 강한

46개의 도시들과 성벽을 가진 요새들 그리고 셀 수 없이 많은 작은 그들의 영역 내에 있는 마을들을 포위 공격하였다. 그리고 [그것들을] 정복했다. 산헤립의 테일러 프리즘

유다의 왕 히스기야가 라기스로 사람을 보내어 앗수르 왕에게 이르되 내가 죄를 범하였나이다 나를 떠나 돌아가소서! 왕이 내게 지우시는 것을 내가 당하리이다 하였더니 앗수르 왕이 곧 은 삼백 달란트와 금 삼십 달란트를 정하여 유다 왕 히스기야에게 내게 한지라. 히스기야가 이에 여호와의 성전과 왕궁 곳간에 있는 은을 다 주었고, 왕하 18:14-15.
히스기야… 후에 나를 니느웨 나의 주의 도시로 30 달란트의 금과 800 달란트의 은[162]162)과 보석들… 그 (자신)의 딸들과 후궁들 그리고 남자와 여자 음악가들을 보냈다. 산헤립의 테일러 프리즘

나는 유다(이아-우-디)의 넓은 구역을 초토화했으며 오만불손하며 오만한 그 곳의 왕인 히스기야(하-사-키-아-아-아)를 복종시켜 머리를 조아리게 했다. 산헤립의 황소 비문
나는 유다의 넓은 구역을 초토화했으며 히스기야 그 왕에 나의 멍에의 줄을 매었다. 산헤립의 네비 에부스(Nebi Yebus) 석판

므낫세가 왕이 될 때에 나이가 십이 세라 예루살렘에서 오십오 년간 다스리니라 그의 어머니의 이름은 헵시바더라. 왕하 21:1.
므낫세(미-인-시-에) 유다(이아-우-디)의 왕. 랏삼(Rassam) 원통, 원통 C

---

162 불일치는 아시리아와 이스라엘 혹은 아시리아 사람의 과장 사이에 중량 규격의 차이들을 반영하는 것일지도 모른다.

결론

이것은 단지 부분적인 목록이다. 그러나 그 상관관계는 조금도 과장하지 않고 대단히 흥미롭다. 그것은 비성서적 자료들에서 발견된 기록 자료와 성서에서 발견된 자료들 사이의 점증하는 배경 속에서 그 상관관계를 무시하는 자세를 상정하는 것은 어렵다.

존 반 세터스(Joh van Seters)나 도날드 레드포드(Donald Redford) 그리고 토마스 톰슨(Thomas L. Thompson)과 같은 미니멀리스트 역사학자들과 성서 기록에 대해 더 많은 역사성을 수여하는 학자들을 예리하게 구분해야 하는 이유는 후자의 그룹은 더욱 연역적이며 수학적이고 그 규정들에서 고정된 문헌학을 강조하는 경향이 있기 때문이다.

만약 그 주장이 성서 주석의 역사 비평적 학파의 확신하는 결과로 학자들의 공동체에 의해 고려된 것이 아니라면 포스트모던 역사학자들은 의심의 해석으로부터 작업을 더욱 수행할 것이며 그들이 발견한 거의 모든 것들을 불신하게 될 것이다. 이런 경향은 정확성과 적법성을 위해 평가된 모든 것으로부터 파생된 고정된 한 지점이며 새로운 전통이 될 것이다.

그러나 이러한 방법론은 그 자체의 배경이 문제들을 가지고 있음을 입증했다. 본문과 비문 자료들은 고고학 자료들 혹은 성서 자료들로부터 틀림없이 격리될 수 없을 것이다. 그것은 마치 누군가가 홀로 잘 지낼 수 있거나 또는 그 진리는 누군가에게는 부분적이고 다른 자에게는 그렇지 않은 것과 마찬가지이다. 그러므로 고대 근동 정치의 국제 영역에 자리한 연대들과 연대별 배열 그리고 병행된 사건들을 위해 위에서 추적된 사례는 반드시 일관된 전체로서 자리해야 할 것이다. 그 결과들은 성서 본문들과 함께 과거에 발생했던 사건들을 재구성하는 것 가능하게 할 것이다.

P/a/r/t 3

구약성서의 메시지는
신뢰할 수 있는가?

10.

토라 메시지는
얼마나 신뢰할 수 있는가?

특정한 사람들과 장소들 그리고 문화적인 항목들과 고고학적인 유물들 혹은 비문 자료들로부터 지지를 얻는 오경 내에 자리한 수많은 사례들이 가리키는 것은 한 가지이다. 그러나 이것도 역시 역사적 허구였던 문학 작품으로 내몰릴 수 있는 주장이 아닐까? 역사적 허구는 상상적인 재창조를 통하여 실제 역사적인 요소들을 사용하지는 않을까?

그것이 바로 구약의 첫 다섯 책들, 오경 혹은 토라의 전체적인 요지와 메시지에 관한 질문을 위해 더 검토해야 할 필요가 있는 이유가 된다. 토라는 전체적으로 무슨 주장을 하고 있는가? 토라는 발생했던 사건들을 주장하고 있는가? 그리고 토라의 메시지는 그것이 나타내려고 주장하는 현실에 근거하고 있는가? 토라는 일부의 사람들이 묘사하는 것처럼 맥락이 없는 많은 자료들로부터 나왔는가? 구약의 첫 다섯 책들은 통일성과 전체성 그리고 지속성을 그 메시지에서 입증하는가? 이 질문들이 우리가 이 장에서 탐구하고자 하는 것들이다.

성경의 첫 다섯 책들의 단어들과 사건들은 이스라엘 역사와 하나님의 계시 안에서 뒤따라오는 나머지 모든 책들에 대해 중요한 근거가 되기 때문에 만약 토라의 메시지가 신뢰할 수 없는 것으로 알려지면 신적 계시의 대부분의 후속 경우들에 심각한 문제가 존재하는 것이 된다. 오경의 메시지는 단순히 이스라엘 민족과 하나님의 사람들에 대한 이야기의 시작만을 의미하지 않는다. 그것은 뒤따라오는 모든 것을 위한 근거와 토대를 제공하는데, 그 메시지는 종종 성경 메시지의 유기적인 전체성 안에서 후에 발전된 씨앗의 형태를 포함한다. 그러므로 이 메시지의 타당성에 대한 우리의 조사는 단순한 학문적 활동이 아니다.

유월절

예를 들어, 유대인 공동체 안에서는 유월절 기념행사가 가장 중요한데, 이 의식은 이스라엘 안에서 약 3500년 동안 끊어지지 않고 기념되고 있다. 여기에는 이스라엘 민족의 시작을 시사한 사건이 있다. 많은 유대인들은 세데르(Seder, 전통음식)를 먹고 하가다(Hagaddah, 출애굽 이야기를 재구성한 이야기)를 읽는다. 그런데도 적지 않은 유대인들과 기독교 학자들이 출애굽은 결코 일어나지 않았다고 주장하는 것은 이상한 일이다.

구약학자들 알스트룀(G. W. Ahlstr?m)과 렘키(N. P. Lemche)는 출애굽기는 "허구"[163]로써 "역사적인 사실들에 대한 기록이라기보다는 오히려 신화에 관련되어 있다고 생각한다."[164] 마찬가지로, 인본주의적 유대교의 창시자인 랍비 셜윈 와인(Sherwin Wine)은 출애굽기를 "예루살렘에 있는 제사장 필사자들에 의해 창조된 것"으로 이들은 "역사와 상관없는 일련의 오랜 전

---

163 N. P. Lemche, Early Israel (Leiden: E. J. Brill, 1985), 409.
164 G. W. Ahlström, *Who Were the Israelites?* (Winona Lake, Ind.: Eisenbrauns, 1986), 46.

설과 왜곡된 기억들을 이용하였다"[165]라고 생각하였다. 그러나 이러한 추정들은 왜 유월절의 이러한 기념의식이 유대인들의 삶과 기억 속에 그렇게 강하게 남아 있는지를 설명할 수 없다. 알란 밀라드(Alan R. Millard)가 말하는 것처럼, "믿을 수 없는 그 사건을 부인하기에는 그 전통들은 이스라엘 역사 속에서 너무나 필수적인 요소이다."[166]

유월절의 사실성은 출애굽기의 질문에 의존한다. 주전 십오 세기 중반 쯤에 사람들의 거대한 이동이 이집트로부터 있었는가? 그리고 그들이 사십년 동안 광야에서 방황한 후에 가나안의 정복을 이루었는가? 이 질문은 8장의 여리고에서 다루어졌는데, 여리고는 신뢰성에 대한 수많은 학문적인 반대의 질문들에도 불구하고 본문의 신뢰성에 대한 논거가 상당히 많다고 보았다. 이 질문은 유월절과 같은 사건이 어떻게 오경 전체 이야기의 중심이 될 수 있는지를 입증한다.

아브라함

사건이나 사람이 이야기의 전체 구조에서 중심 역할을 하는 또 다른 예를 들어보자. 창세기의 족장 제도하에서 아브라함의 결정적인 역할은 토라 메시지의 중심이 된다. 토라의 첫 다섯 책들을 대충 읽는 것만으로도, 아브라함이 중심인물임을 분명히 알 수 있다. 아브라함의 이야기는 창세기 11-25장에서 펼쳐지는데, 두 개의 족보가 그 각 부분을 에워싸는 틀을 구성한다(창 11:10-26; 25:12-18).

이 사람과 그의 이야기가 얼마나 중요한지를 보여주는 것은 성서 전체

---

165 랜달 프라이스에 의해 인용된 것처럼, Randall Price, *The Stones Cry Out* (Eugene, Ore.: Harvest House, 1997), 125-26.

166 A. R. Millard, *The Bible B. C.: What Can Archaeology Prove?* (Phillipsburg, N. J.: Presbyterian & Reformed, 1977), 21.

의 근본 원리라기보다는 창세기의 주제에 대한 것이다. 이것은 하나님의 약속의 "씨" 혹은 상속자와 그 약속이 실제화 되는 가운데 좌절하도록 위협하는 끈질긴 문제 사이에서 왔다 갔다 하는 분명한 패턴을 제시한다.[167] 이 이야기의 메시지는 직면하는 각각의 비상사태에 대한 해결의 전체성이 없다면 허물어진다.

1. 문제	사라의 불임(창 11:30)	
2. 약속	하나님이 씨를 약속하심(12:2)	
3. 갈등	사라가 납치됨(12:10-13:1)	
4. 약속	하나님이 상속자를 약속하심(15:1-21)	
5. 갈등	이스마엘의 출생(16:1-16)	
6. 약속	하나님이 이삭을 약속하심(17:1-18:15)	
7. 갈등	사라가 납치됨(20:1-18)	
8. 성취	이삭이 상속자로 확증됨(21:1-21)	
9. 갈등	아브라함이 이삭을 번제로 드려야함(22:1-10)	
10. 해결	하나님이 개입하심(22:11-19)	

이것은 성경 전체의 메시지의 중심에 있는 동일한 약속이다. 현대 독자들은 이 이야기의 타당성을 검사하는데 관심이 있을 수밖에 없을 것이다. 그러나 이 점에 있어서 1753년 문서 가설의 시작 이후 초래되었던 어려움이 있다.

문서 가설

성서의 비평적 연구의 기원은 계몽주의적 분위기에 많은 영향을 받았는데, 이 계몽주의는 대체로 모든 전통적인 관점에 관하여 진지하게 의구심을 가짐으로써 성립되었다. 대체적으로 문서 가설의 기원은 프랑스 의학교

---

167 이 개념과 토론은 뒤따라 올 것이다. 나는 데스몬드 알렉산더에게 이 부분에 대한 대부분의 신세를 진다. T. Desmond Alexander, *Abraham in the Negev: A Source-Critical Investigation of Genesis 20:1-22:19* (London: Paternoster, 1997).

수인 쟝 아스트뤽(Jean Astruc, 1684-1766)에 까지 거슬러 올라간다. 1753년에 그가 출간한 책은 세 가지 궁금한 사실들에 주목하도록 이끌었다.

(1) 성경에 있는 확실한 이야기들은 한번 이상 기록된 것으로 나타난다.

(2) 하나님에게 엘로힘(Elohim)과 야훼(Yahweh)의 이름이 주어진다.[168]

(3) 성경의 사건들은 종종 본문에서 연대순으로 나타나는 연속성에서 벗어난다.

아스트뤽의 단서와 더 오래된 문서 가설

여기서 언급된 두 번째 기준은 "아스트뤽의 단서"로 알려져 형성된 것이었고 이것은 학자들 사이에서 큰 영향력을 미치게 되었다. 이것은 창세기(나중에 오경 전체로 확장됨)를 구성하는데 사용된 자료들을 결정하는데 중요한 기준이 되었다. 이점에 관해 레드포드(D. B. Redford)가 언급한 것처럼, 그것은 사실상 성서학자들 사이에서 신념처럼 되었다.[169]

이 논쟁의 핵심은 족장들이 하나님의 이름을 야훼로 결코 알지 못했다는 것을 주장하기 위해 출애굽기 6장 3절(비판적인 학문에서는 드문 일임)을 문자적 의미로만 택하는 것으로부터 시작한다. 그러나 하나님에 대한 바로 그 이름(야훼)은 이미 아브라함, 이삭, 그리고 야곱의 이야기들 속에서 수십번씩이나 등장했었다.

따라서, 아스트뤽은 여전히 창세기의 저자가 모세이며, 모세는 초기의 문서들을 그의 책에 편집하였다고 믿는 반면에 그는 다음과 같은 사실을 유산으로 남겼다. 창세기의 자료들은 아스트뤽이 A, B, C, 그리고 D로 분류한 네 가지 열(column)안에 위치해 있을 수 있다. A열에서, 그는 서로 연

---

168 우리는 하나님을 위한 이 이름을 번역하기 위해 더욱 현대적 합의를 사용할 것이다. 보다 초기의 대안적 형태들은 "야웨주의," "야웨주의 계열," "여호와," 혹은 "여호와주의," 그리고 "여호와주의 계열"등을 포함한다.

169 D. B. Redford, *A Study of the Biblical Story of Joseph* (Genesis 37-50) (Leiden: E. J. Brill, 1970), 108.

관된 절에서 엘로힘을 사용했던 모든 본문들을 배치해 놓았다. B열에서, 그는 야훼라는 이름을 사용한 모든 본문들을 놓았다. C열에서, 그는 이미 A와 B열에서 전해졌던 이야기들의 반복적인 사건들을 따로 배치해 놓았다. D열에서 그는 히브리인들의 역사에 관계없는 모든 것들을 배열해 놓았다. 아스트뤽은 모세가 이러한 네 가지 열들을 나란히 배열해 놓았다고 결론을 지었는데, 그러나 이후의 필사자가 부정확하게 그것들을 하나의 연속적인 이야기로 묶어서 오늘날 알려진 창세기가 되었다는 결론을 내렸다.

단편 가설

옛 문서 이론은 창세기에서 시작되어 오경으로 관심이 옮겨진다는 단편 가설이 그 뒤를 따랐다. 로마 가톨릭 신부인 알렉산터 게데스(Alexander Geddes, 1737-1802)와 요한 파테르(Johann Severin Vater, 1771-1826)에 의해 형성된 주제들은 (1) 성경의 처음 다섯 책들을 구성하기위해 사용되었던 본문들은 너무나 단편적이어서 자료 문서들로 여겨질 수 없고, (2) 그 단편들은 두 개의 분리된 그룹들에서 비롯되었는데, 하나는 엘로힘이라는 신적인 이름을 사용하였고, 다른 하나는 야훼라는 신적인 이름을 사용하였다. 모세는 이 책들의 저자로 고려되지 않았으며 오경의 책들은 솔로몬 시대쯤에 예루살렘에 살았던 편집자에 의해 구성된 것으로 생각되었다. 그 저자는 많은 단편들을 하나의 통일된 이야기로 묶었다.

단편 이론을 지지했던 또 다른 사람은 빌헬름 마틴 레브레히트 드 베테 (Wilhelm Martin Lebrecht de Wette, 1780-1849)였다. 드 베테는 신명기는 주전 621년 성전에서 작업 도중 발견된(그리고 아마도 같은 기간에 구성되었다) "율법책"이었다는 주장을 제안했다.

보충 가설

다음은 보충가설로 1823년에 하인리히 게오르그 아우구스트 에발트

(Heinrich Georg August Ewald)에 의해 주창되었다. 그의 이론은 엘로힘 계열의 작품이 성경의 첫 여섯 권의 책들의 기본 문서들을 십계명과 언약서(출애굽기 21-23)와 같은 야훼계열의 자료들의 오랜 부분들과 함께 형성되었다는 것이다.

새로운 문서 가설

아스트뤽의 유명한 출판물이 출판된 백년 후에, 헤르만 홉펠트(Hermann Hupfeld)는 1853년에 새로운 문서 가설을 출판하였는데, 그 가설은 여러 면에서 옛 문서 이론으로 되돌아가는 것이었다. 그의 관점에서 창세기의 첫 열아홉 장들은 두 번째 엘로힘 계열의 저자를 나타내는 창세기 20장과 함께 "본래"의 엘로힘 문서를 포함했다. 결국 홉펠트의 "본래"의 엘로힘 계열의 저자는 "제사장적" 혹은 "P 문서"로 알려지게 되었다. 홉펠트의 창세기 이론이 에두아르트 리흠(Eduard Riehm)에 의해 오경 전체에 적용되었을 때, 리흠의 1854년의 이론은 오경의 네 개 자료의 문서 이론이 되는 결과를 낳았다. 그것들은 "본래"의 첫 번째 엘로힘 계열의 저자 혹은 "P" 문서, "두 번째" 엘로힘 계열의 저자 혹은 "E" 문서, 그리고 야훼주의 계열의 저자 혹은 "J" 문서와 신명기 혹은 "D" 문서이다. 이 네 개의 문서 이론은 새로운 동의를 얻었고 칼 하인리히 그라프(Karl Heinrich Graf), 아브라함 쿠에넨(Abraham Kuenen) 그리고 율리우스 벨하우젠(Julius Wellhausen) 이 세 명의 영향력 있는 학자들에 의해 전파되었다. 따라서 그것은 유명한 "J," "E," "D" 그리고 "P" 문서들(연대적 순서로)과 함께 그라프와 쿠에넨 그리고 벨하우젠의 문서 가설로써 알려지게 되었다. 그러므로 이제 "본래"의 엘로힘 계열의 문서(E1)는 주전 400년의 포로후기에 나온 가장 최근의 문서가 되었고, 지금은 "P"로써 분류되었다는 사실을 주목하라. 초래된 이론에 자리한 수많은 수정들이 제시되었던 반면에 이 가설은 일반적으로 이십세기의 전환 이후 (분류에 있어서)비복음주의자들에 의해 오경의 기원 이론으로써 받아들여진 것으로 자리했다. 이것은 모든 것을 뒤엎어 버리는 결과를 낳았는데, 예를 들어 율법의 법률적 부분들의 대부분을 주전 400년대에 이스라엘 역사의 마지막에 있었던 선지자들을 뒤따르는 것으로 만들었다. 그러나 그것은 또한 오경의 대부분에 대해 하나님으로부터 온 오경의 신뢰성을 부인하는 결과를 초래했으며 대신에 인간의 기원을 가진 J와 E 그리고 D와 P의 편집적 평가로부터 온 것으로 만들었다.

자료 비평

이 평가는 오경 혹은 토라의 "자료 비평"으로 알려지게 된 것이다. 주장된 J문서는 "야훼"(혹은 부정확하게 "여호와")를 하나님의 이름으로 사용했으며 유다의 관점을 선호하였다. 주전 8 세기에 구전으로부터 축소된 것으로 말해진 J 문서는 가장 초기의 것이었으며 하나님과 도덕성 그리고 이념의 관점에 있어서 가장 다듬어지지 않았다.

E 문서는 하나님에 대해 "엘로힘" 사용을 주장하였다. 그 명칭은 에브라임 자손들 혹은 북쪽의 열개의 종족의 관점에서부터 나왔다. E문서는 신학과 도덕적 진술들에 있어서 J문서보다 더 균형 잡혀 있었지만 종종 J문서에서 사용되었던 이야기들 대신에 그들 자신의 국가의 영웅들이 나오는 이야기들을 반복하였다.

D는 "순수한 사기"(pious fraud)로써 고안되었던 신명기적 자료였다. D문서는 그 배경 속에서 "발견될" 것이 기대된 상태로 성전에 보관되었었다. 그러므로 그것의 발견 장소로 인해 하나님으로부터 온 말씀으로써 간주되었다. 그들의 하나님은 피 흘리는 제사들을 원했다는 것을 선언했던 제사장들과 하나님이 원했던 것은 사회 정의였다는 것을 주장한 선지자들 사이에서 일어난 주도권의 다툼에 대한 종합을 D 문서는 제공했다. 하나님은 우리에게 그와 다른 사람들을 사랑할 것을 원하신다. 하나님의 집에서

선언된 작업 날에 요시야의 성전 정화동안 D 문서는 주전 621년에 발견된 것으로 주장되었다.

제사장들은 주전 586년 예루살렘의 멸망과 함께 모든 것들이 붕괴된 후에 포로 시기 동안에 P 문서를 썼다. 그들은 전문적이지만 건조하며 활기 없고 반복되는 방식으로 율법이 그들 종교의 핵심이라고 주장 했다.

1900년 이래로 성서 연구에서 이러한 논지의 발전에 대한 오랜 역사를 상세하게 추적하는 것은 필요하지 않지만 이는 동일한 기준을 사용한 본문에 대해 많은 수의 상충적인 결론들을 초래했으며 많은 수정을 겪었다. 그러나 그 수정들 안에는 토라가 구성한 기본 역할을 수행한 네 개의 주요 문서들이 존재한다는 주장에 대한 수정은 없었다. 그것은 토라의 메시지가 오랜 기간에 걸쳐서 많지 않지만 실제 시간과 공간 안에서 알려진 역사적인 사건들과의 연관성에 대한 분명한 인상을 남겼다. 이것은 구약의 첫 다섯 책들로부터 오는 메시지 또는 어떤 지속된 논쟁에 대한 전체의 완전성 혹은 어떤 응집력도 거의 남겨두지 않았다.

오경의 자료 비평 또는 문서 가설에 대한 비평

첫 다섯 책들이 유래됐던 방법에 대한 이러한 분석들이 정확한가? 그 질문에 대답하기 위하여, 우리는 문서 가설에 대한 가장 최근의 평가들 중의 하나로 돌아간다. 그것은 화이브레이(R. N. Whybray)에 의해 조사되었다.[170] 그의 비평들은 날카롭다.

(1) 문서 가설을 옹호하는 사람들은 성서 저자들이 반복을 피하였다고 가정하는 반면에, 같은 기간으로부터 일어났던 고대 문학은 반복과 문학적 예술의 표시로써 이중 이야기들(doublets)을 드러내 보인다.

(2) 문서 가설은 내러티브들을 다른 자료들로 분리해서 그들의 내재하

---

170 N. R. Whybray, "The Making of the Pentateuch: A Methodological Study," *Journal for the Study of Old Testament*, Supplementary Series 53 (Sheffield, England: JSOT Press, 1987).

는 문학적이고 예술적인 특성들을 파괴시켰다.

(3) 자료 비평가들은 언어와 양식에 있는 다양성은 다른 자료들의 표시라고 가정하지만 그것은 그 자체의 독특한 단어와 양식을 수반하는 주제 면에서도 차이들의 표시가 될 수도 있을 것이다.

(4) 불충분한 증거는 오경의 메시지와 내용들을 위한 자료들이 될 것으로 생각된 네 개의 주요 문서들 각각에 지속된 독특한 방식과 내러티브의 이야기 줄거리와 목적 그리고 신학적인 관점에 대한 논쟁이 존재한다. 화이브레이는 신학적으로 보수주의자로서 쓴 것이 아니다. 그럼에도 불구하고 그의 요점들은 강력하다. 이러한 요점들은 이 장이 왜 구약성서의 신뢰성을 위해 논쟁하는 것이 필요한 일인지를 정확하게 하는 이유들이다.

화이브레이는 문서 가설에 대해 훨씬 더 예리한 비평들을 제공한다. 그에게 있어서 그 이론은 설명하려고 하는 영역들에서 비논리적이고, 자기모순적이며 불충분한 것이다. 예를 들면 그가 항의하는 것은 그 이론은 원래 자료들이 모순적이지 않고 반복이 없다는 가정에 의해서 시작한다는 것이다. 그러나 자료들이 결합되고 서로 연결될 때, 반복적이고 모순적인 서술이 만들어진다. 만약 초기 저자들이 모순과 반복을 견딜 수 없었거나 견디지 못했다면, 무엇이 그 자료들을 갑작스럽게 영광스러운 것으로 만들도록 하였는가? 혹은 다른 방향으로 말하면, 나중의 저자들이 그러한 특성들을 생각하지 않았다면 우리는 왜 추정되는 원 자료들의 저자들이 그렇게 했다고 가정해야만 하는가? 화이브레이는 "따라서 그 가설은 일관성은 다양한 문서들의 특징인 반면에 비일관성은 편집자들의 특징이었다."는 가정위에서 유지될 수 있다고 결론을 내린다.[171]

자료 비평 이론이 무엇보다도 부족한 것은 아브라함의 이야기뿐만 아니

---

171 Ibid., 18.

라 모세오경의 전체를 통합하는 단일 플롯에 대한 숙고이다. 예를 들면 상속자에 대한 약속의 실재와 이 플롯이 일련의 신적 약속의 반복들을 통해서 이루어지며 잇따라 오는 한 사람의 복잡한 문제들에 의해 개입된 방식은 창세기 메시지의 핵심에 있다. 그것은 보수적이든 진보적이든 많은 성서학자들로부터 거의 (최근까지) 주목을 받지 못한 통일된 구조에 대한 경우이다. 그러나 그것은 본문의 줄거리와 강력하게 통합된 구조에 대한 경우를 강력하게 지지하고 그리고 공통의 기원을 공유한 자료를 제안하는 본문의 통합된 읽기이다. 이 논쟁이 개별적 자료들을 구별하기 위해 사용되었던 모든 기준은 고대 근동에 있는 동일한 시대로부터 온 고고학적으로 발굴된 기록 자료들과 병행적으로 사용되어 불충분한 것으로 보이게 되는 결론과 연결될 때 그 사례는 더욱 강력하게 될 것이다.

예를 들어, 1968년 화이브레이는 창세기 37-50장의 요셉의 이야기에 대해 이전의 문서 가설 분석이 얼마나 부정확한지를 보여주는 간략한 글을 썼다.[172] 자료들은 모두 서로 연결되어있다는 사실은 많은 학자들에게 새로운 시작점이 되었다.[173] 그 생각은 현재 창세기 37장과 39-45장이 하나의 자료로부터 하나의 이야기를 구성했다는 것이었다. 그러나 이것은 하나의 진전이었던 반면에 그것은 많은 학자들에게는 단지 본래 문서 가설의 작은 수정이었다.

---

172 R. N. Whybray, "The Joseph Story and Pentateuchal Criticism," *Vetus Testamentum* 18 (1968): 522-28.

173 G. W. Coats, "The Joseph Story and Ancient Wisdom: A Reappraisal," Catholic Biblical Quarterly 35 (1973): 285-97; W. L. Humphreys, Joseph and His Family: A Literary Study (Columbia: University of South Carolina Press, 1988). 그리고 보수주의자의 책, R. E. Longacre, *Joseph: A Story of Divine Providence* (Winona Lake, Ind.: Eisenbrauns, 1989).

출애굽기 6장 3절의 주석

문서 가설의 고안 이후로 줄곧 하나님의 이름들의 존재는 우리가 이미 주장했듯이 오경의 주장된 자료들을 지정하기 위한 중심들 중의 하나였다. 레드포드(Redford)가 주목했듯이, 이 기준은 "사실상 성서학자들 사이에서 신념이 되었다."[174] 이 기준은 많은 학자들의 생각 속에서 자료의 존재를 결정하기 위한 가장 중요한 장치들 중의 하나로 지속적으로 간주되는데, 일부에서는 그 기준의 타당성에 대해 의구심을 가지고 있다.

학문 공동체에 의해서 가장 문자적으로 해석되는 구절들 중의 하나는 출애굽기 6장 3절이다. 이 구절은 P 문서 혹은 "본래 엘로힘 계열"이었던 "제사장 문서"에 배치되지만 그러나 그 다음에 포로기 이후에 생겨진 가장 나중의 문서로 배치되었다. 그 제사장 문서는 아브라함과 이삭 그리고 야곱의 족장들은 야훼의 이름을 몰랐다는 사실에 대해 논쟁하는 것으로 강조된다. 사실상 창세기 내러티브에서 약 150번 정도 야훼의 이름이 나타남에도 불구하고 말이다.

> 내가 아브라함과 이삭과 야곱에게 전능의 하나님[엘 샤다이]으로 나타났으나 나의 이름을 여호와[야훼]로는 그들에게 알리지 아니하였고.

이 번역의 자명한 읽기는 야훼의 이름은 모세에게 처음으로 계시되었지만 그러나 결코 족장들에 의해 사용되거나 알려지지 않았다는 것이다. 그러나 그 진술은 창세기 4장 26절에 직면하여 올바르게 자리하고 있는 것으로 보인다. "그 때에 〔가인의 시대에〕 사람들이 비로소 여호와[야훼]의 이름을 불렀더라."[175] 그래서 어떻게 창세기 4장 26절과 출애굽기 6장 3절을

---

174 Redford, *Study of the Biblical Story of Joseph*, 108.

175 그것은 네 개의 히브리어 자음들 YHWH"Yahweh"를 큰 글자와 작은 대문자 "주"로 번역하기 위해

조화 시킬 수 있는가? 문서 가설을 주장하는 자들은 "오직 창세기를 자료별로 나누는 것에 의해서"라고 대답했다.

그러나 그것이 어떻게 도움이 될 수 있을까? 만약 벨하우젠의 시대 이전인 지난 세기의 전환기에 야훼를 사용한 J 문서를 최초의 문서라고 보는 관점이 관례였다면 왜 "E"와 "P" 같은 후대의 문서들은 야훼의 이름을 알지 못했을까? 문서 가설은 그 자체의 핵심 구절에 충분한 설명을 할 수 있는 위치에 있는 것처럼 보이지 않는다.

그러나 보수적이며 전통적인 주석가들은 출애굽기 6장 3절의 후반부에 대해 보다 나은 대답을 가지고 있는가? 탈굼역의 위경인 요나단(The Targum of Pseudo-Jonathan)은 아브라함, 이삭 그리고 야곱이 하나님을 엘 샤다이로 알았고 또한 야훼의 이름에 관해서도 알았다고 제안했다. 그러나 후자의 이름은 단지 단어로만 그들에게 존재했고 일반적으로 그 이름에 연관된 초자연적인 하나님의 임재의 영광은 없었다. 비슷한 방법으로, 중세 유대인 주석가들은 출애굽기 6장 3절에서 족장들이 이해하지 못한 것은 그 이름 뒤에 숨겨진 특성인데, 이 특성은 모세에게 처음으로 나타났다고 말함으로써 설명하고자 시도하였다. 여기에서 그들은 히브리어 전치사 베트의 의미에 의지하였는데, 이 전치사는 "이름의 성격 안에 있는"것 이었던 사상을 수반하고 있는 것으로 "이름"의 의미를 가진 필수적 베트(beth essentiae)로 알려진 히브리어 문법적 구성으로 이해되었다. 따라서 그들은 그 구절을 번역하였다.

> 내가 아브라함과 이삭과 야곱에게 전능의 하나님 [엘샤다이]의 특성으로 나타 났으나 나의 이름을 여호와[야훼]의 특성으로는 그들에게 알리지 아니하였고,

---

서 영어의 번역 관습이 되었다. 히브리어 아도나이, "주인"은 영어에서 대문자와 소문자들과 함께 "주"로 번역되었다.

그러나 하나님의 특성의 어떤 부분이 각각의 이름 안에 암시되었을까? 라쉬(Rashi)는 엘 샤다이는 약속들을 주시는 신적인 특징이었지만 그러나 야훼의 특징은 그 동일한 약속들의 실현 혹은 성취라고 말하였다. 람밤(Rambam)은 엘 샤다이는 하나님의 섭리의 능력을 표현하였으며 반면에 야훼는 그의 기적을 행하는 능력을 보여주었다고 그것을 달리 표명하였다. 움베르토 카수토(Umberto Cassuto)는 엘 샤다이는 비옥함을 주시는 하나님으로 연관된다고 언급했다. 왜냐하면 (다른 구절들 가운데서) 엘 샤다이는 창세기 17장 1-2절과 35장 11절에서 생육하고 번성하라는 것과 연결되어있고 반면에 야훼는 약속들을 수행하셨던 분이었기 때문이다.[176] 따라서 그 주장은 족장들은 그 이름을 알았지만 그러나 그들은 야훼의 이름의 특성 안에 암시되어 있는 것을 경험하지 못했다는 것이었다.

그러나 또 다른 해결방안이 마틴(W. J. Martin)에 의해서 제안되었다. 그는 그 진술은 족장들은 야훼의 이름을 알았다는 사실을 부인한 것이 아니었으며 오히려 정반대였다고 제안했다. 그것은 족장들은 암시적으로 알고 있었다는 것을 정확하게 확증하는 수사적 질문이었다.[177] 이 근거에 기초한 번역은 다음과 같다.

나는 야훼이다. 나는 나 자신을 아브라함과 이삭과 야곱에게 엘 샤다이로 나타

---

176 Umberto Cassuto, *A Commentary on the Book of Exodus* (Jerusalem: Magnes Press, 1967), 79. 이 견해는 다음과 같은 보수주의적 학자들에 의해 공유되었다. C. F. Keil, Biblical Commentry, ad loc.; J. A. Motyer, The Revelation of the Divine Name (London: Tyndale Press, 1959). 이 견해는 일반적으로 히브리어 전치사 베트를 필수적인 베트로 읽는다. 그리고 그것은 "엘 샤다이" 뿐만 아니라 "나의 이름 야훼"를 통제하는 이중 의무를 수행하는 것을 요구한다.

177 W. J. Martin, *Stylistic Criteria and the Analysis of the Pentateuch* (London: Tyndale Press, 1955), pp. 181ff. 이와 동일한 결론이 앤더슨에 의해 도달되었다. F. I. Andersen, *The Sentence in Biblical Hebrew* (The Hague: Moulton, 1974), 102. 이 논쟁들에 더해서 D. A. Garrett, Rethinking Genesis (Grand Rapids, Mich.: Baker, 1991), 21, n. 24. "나의 이름 야훼"는 "알려졌다"는 동사의 직접 목적어가 될 수 없다는 추가적인 사유들을 더했다. 왜냐하면 그것은 여기서 의미상 재귀적이기 때문이다. 그는 또한 그것은 일반적으로 히브리어 문장에서 첫 번째 단어인 히브리어 부정어 로 앞에 오는 종속적인 구를 가지는 것은 히브리어 문장에는 비정상적이란 사실을 강조했다.

나도록 허락했다. 내 이름은 야훼이다. 내가 나 자신을 그들에게 알게 하지 않았느냐?

마틴(Martin)은 질문으로써 그 핵심 구절의 번역인 4절이 "그들과 언약하였더니"와 함께 시작했기 때문에 요구되었다고 논쟁했다. 그것은 선행하는 절이 부정이 아닌 긍정적인 의미로 받아들여져야 한다는 사실을 함축하고 있는 것처럼 보일 것이다.

세 번째 가능성은 브레바드 차일즈(Brevard S. Childs)에 의해서 제시되었다.[178] 그는 야훼는 정말 새로운 이름이었다고 말함으로써 그 두 견해들을 간단히 결합하였다. 그러나 그것은 또한 이전에 알려지지 않았던 의미와 관련되었다.

그래서 어떤 견해가 옳은 것인가? 적어도 비평적인 관점은 장점이 있는데, 왜냐하면 제사장 자료는 그것 자체의 근거위에서 야훼 자료의 가장 초기의 부분과 엘로힘 자료의 전체는 야훼의 이름을 몰랐다는 사실을 주장하기 때문이다. 이름의 성격의 의미를 요청하는 전치사의 기능을 강조하는 초기 유대인들의 견해는 가능성이 있다. 그러나 그 전치사는 엘 샤다이라는 이름 앞에서만 나타난다. 야훼라는 이름과 함께 이중의 책무를 가지는 전치사에 의해서 반드시 시사되어야만 할 것이다. 그러나 만약 그것이 여기서 의도된 것이었다면, 그것은 중복(즉 전치사를 반복해야 할 필요성)이 허용되었을 뿐만 아니라 거의 이 문맥 내에서 주장되어져야 할 것처럼 보일 것이다.

우리는 그러므로 수사적 질문으로써 이 구절을 읽는 것에 관한 구문론적 해결을 남겨둔다. 그 질문은 야훼는 정말로 자신을 그 이름을 통해 족장들에게 이미 계시했다는 사실을 암시했던 것이다. 마치 성서 본문이 정말

Brevard S. Childs, *The Book of Exodus* (Philadelphia: Westminster Press, 1974), 113.

로 창세기에 있는 많은 보기들을 통해 설명하고 있는 것처럼 말이다.

그러나 고든 웬함(Gordon Wenham)은 공감하지 않는다.[179] 웬함은 구문론적인 해결책이 "아름답도록 간단하지만" 그러나 "초기 번역자들이 그 사실에 관해 거의 인식하지 못했다는 것은 이상하다"고 말한다. 더욱이 웬함이 주장하듯이 출애굽기 3장 13-15절은 야훼라는 이름이 모세에게도 생소한 것이었다라고 말하는 것처럼 보인다.

그러나 웬함의 해결책은 자료 비평가들의 해결책만큼 만족스럽지 못하다. 그는 야훼의 이름이 정말로 족장들에게 알려지지 않았지만 그들의 기록에 있는 그 이름의 존재는 모두가 하나님은 야훼와 동일하였다는 사실을 알았다는 것을 확실히 하기를 원했던 후대의 야훼 계열의 편집자에 의해 놓였다는 사실 때문이었다고 제안한다.[180] 자신의 주장대로 그는 그 이름이 주전 두 번째 천년 중반 이전에 나타난 성서이외의 증거는 없다고 주장한다. 둘째로 그는 별칭인 엘(EI)을 사용하고 있는 개인이나 장소의 이름들 안에 많은 신적 요소들이 있는 반면에 이전 시기에는 야훼와 함께 사용된 이름은 없다고 주장한다. 자연스럽게 웬함은 유다와 요게벳(대략적으로 족장들과 동시대의 사람들)과 같은 초기 이름들의 존재를 야훼 요소의 증거가 될 수 없음을 인정해야만 한다. 또한 왜 야훼는 시리아의 에블라에서 유래된 초기의 시대에 나타났다는 여러 학문 모임들의 최근 구전 보고서들이 갑자기 빠졌으며 지금은 단절되었는지에 관해 전혀 명확하지 않다.[181]

심지어 성서적으로 웬함의 결론들은 많은 문제들로 가득하다. 확실히 족장들은 야훼의 이름과 친숙한 것으로 나타내는 어떤 구절들을 설명하

---

179 Gordon J. Wenham, "The Religion of the Patriarchs," in *Essays on the Patriarchal Narratives*, ed. A. R. Millard and D. J. Wiseman (Winona Lake, Ind.: Eisenbrauns, 1980), 185-93. 특별히 188쪽을 주목하라.

180 Ibid., 157-88.

181 처음에 "야훼" 이름은 에블라 비문에서 나타났다. 그러나 그 주장은 재빨리 철회되었다. 그것은 전혀 설명되지 않았다!

는 것이 매우 어렵다. 예를 들어 하나님은 자신을 창세기 15장 7절과 28장 13절에서 아브라함과 야곱에게 "나는 여호와[야훼]이다"라는 진술과 함께 소개하였다.[182] 그리고 아브라함은 이삭을 번제로 드리라는 명령에 의해 시험을 받던 곳에서 "여호와[야훼]가 준비하신다"("야훼 이레")라는 이름을 주셨다(창 22:14). 데스몬드 알렉산더(T. Desmond Alexander)는 웬함의 해결책에 반대하는 훨씬 더 강력한 주장을 했다. 그는 후대의 편집자가 야훼라는 신적 이름을 첨가했다는 생각은 창세기에 있는 신적 이름들의 고르지 않는 분배를 설명하지 못한다는 사실을 호소했다. 왜 편집자는 어떤 구절에서는 야훼를 그렇게 지속적으로 그리고 다른 구절들에서는 그렇게 드물게 첨가했는가?[183]

웬함의 해결책과 유사한 것은 모벌리(R. W. L. Moberly)의 해결책이다. 모벌리에게 출애굽기 6장은 단순히 출애굽기 3장을 반복한 것이 아니다. 왜냐하면 출애굽기의 구성은 출애굽기 6장이 출애굽기 3장을 뒤따라오는 것을 요구하기 때문이다. 족장들에게 말씀하셨던 하나님은 모세에게 말씀하셨던 하나님이었다. 족장들은 하나님을 엘 샤다이 혹은 엘 또는 엘로힘으로서 알았을 것이나 그 사실은 모세의 야훼와 다른 하나님이었다는 것을 의미하지 않았다.[184]

이제 모든 것을 감안할 때 수사적인 질문으로 출애굽기 6장 3절을 읽는 것은 가장 좋은 해결책이다. "내 이름은 야훼이다. 나는 내 자신을 [아브라함과 이삭과 야곱]에게 알리지 않았느냐?" 만약 이 구절이 그렇다면 그때는 이 구절을 다른 하나님 이름들을 선호했던 문서들의 존재의 주장된 암

---

182 야훼는 다른 신적 화법들에 나타난다(창 16:11; 18:14, 19; 15:2, 8; 16:2, 5; 19:13, 14; 24:3, 7, 12, 27, 31, 35, 40, 42, 44, 48, 50, 51, 56; 26:22, 28, 29; 27:7, 20, 27; 28:16, 21; 29:32, 33, 35; 30:24, 27, 30; 31:49; 32:9; 49:18). 물론 오직 때때로 하나님/천사에게 나타난다. 창 15:2, 8; 32:9; 49:18.

183 T. Desmond Alexander, *Abraham in the Negev*, 94.

184 R. W. Moberly, "The Old Testament of the Old Testament," in *Overtures to Biblical Theology* (Minneapolis: Fortress, 1992).

시를 위한 근거로 만들 필요는 없다. 야훼는 단지 하나님의 이름을 엘로힘으로 족장들에 의해 합법적으로 사용되었던 것과 마찬가지이다. 이 주장에 대해 성서 기록 또한 증언을 한다.

출애굽기 3장 13-15절의 본문은 마찬가지로 모세는 주의 깊게 야훼가 "누구인지"와 "그의 이름이 무엇인지"를 묻는 물음 사이의 구별을 만들었다. 후자의 질문(히브리어로 마)는 모음 즉 이름을 제시하는 것을 요구하지 않는다. 그러나 다시 야훼는 우리가 이 시대에 사로잡혔던 것과 같은 상황을 만날 수 있는 야훼의 성격(본질 혹은 본성)에 대해 묻는다. 그것은 모세는 그의 동료들이 하나님이 그 자신을 정의하시는 것을 요청하는 것이 아니라 묻는 것을 기대했다는 것은 냉소적인 질문이었다.[185]

따라서 문서 가설의 사례는 아스트뤽이 1753년에 문서 가설에 대한 생각을 시작한 이래로 대부분의 사람들이 가정하는 것보다 훨씬 더 약화된 것으로 판명된다. 문서 가설의 기준은 동시대의 근동 문서들과 병행으로 사용되었을 경우 지속되어질 수 없을 것이다.

하나님의 언약

이제 토라의 전체 메시지를 이해하도록 우리를 도와줄 수 있는 것은 무엇일까? 토라(그리고 성경의 나머지 부분들)에서 하나님의 통합계획에 대해 중심이 되는 것은 하나님의 약속-계획을 형성하는 언약의 개념을 이해하는 것이다. 언약의 개념은 구약성서와 신약성서의 핵심적인 개념들 중의 하나이다. 왜냐하면 라틴어 단어 테스타멘툼(testamentum)은 후에 교부 오리겐에 의해 성경의 두 언약들을 언급하는 것에 사용되었기 때문이다. 하나님과 이스라엘 사이의 옛 언약(출 19:5)과 예수님에 의해 교회에 중재되었던

---

185 이 주제에 관한 상세한 토의를 위해서는 마틴 부버를 보라. Martin Buber, *Moses: The Revelation and the Covenant* (New York: Harper & Row, 1958), 48-52.

예레미야 31장 31절의 새 언약이다(히 8:1-13).

　이 고대 언약들이 의미하는 것을 이해하기 위해서는 종주권 조약들로 알려진 정치적인 조약들부터 시작하는 것이 가장 좋다. 종주권 조약은 고대 근동에서 왕에게 종속된 통치자 또는 충성을 더 강력한 왕에게 맹세했던 나라와 체결된 정치적 협정이었다. 이 조약들은 주전 1400년-1200년의 후기 히타이트 왕국 사이에서 가장 잘 드러난다. 종주권 조약들의 수정된 형태는 주전 첫 번째 천년의 아시리아 인들에게서 찾아졌다. 이 종주권 조약들은 신명기서와 병행되는 초기 히타이트 조약의 형태 속에서 발견되며 2~3가지 고전적인 요소들이 삭제되어 있었다.

　다음 여섯 부분들은 주전 두 번째 천 년대의 조약들을 대표하는 것들이다.

(1) 위대한 왕의 이름을 명시하는 "이 말씀들은 ~의 말씀들이다"로 시작하는 서막

(2) 위대한 왕의 관대한 모든 행위들의 목록과 함께 더 강력한 왕과 더 연약한 힘들 사이의 역사적 관계들을 추적하는 역사적 서언

(3) 봉신이 더 강력한 왕에게 경의를 표하는 것으로 가정되는 일련의 조항들 혹은 의무들

(4) 간격에 관해 협정한 조약의 공적 낭독과 비축을 위한 규정

(5) 조약에 대한 증인의 목록 일반적으로 두 국가들의 신들

(6) 저주와 축복의 나열 그리고 봉신의 입장에 관한 칭찬할 만한 순종 혹은 성취의 결여

　이 문학적 형식에 관해 매우 두드러지는 것은 십계명이다. 십계명 그 자체가 바로 이 종주권 조약 형태를 드러내는 것처럼 보인다는 것이다. 십계명은 (1) "나는 너의 하나님 여호와[야훼]이다"라는 전문으로 시작한다. (2) "나는 너를 애굽 땅, 종 되었던 집에서 인도하여 낸 여호와[야훼]라"(출 20:2; 신 5:6)는 역사적인 서언이 있다. 다음으로 십계명 그 자체가 (3) 조항들로서 뒤따라온다. 이 조약 형식의 마지막 세 부분은 십계명과 함께 발견

되지 않는 반면에 그것들은 다른 곳에 포함된다. (4) 비축과 언약법의 공적 낭독을 위해 만들어진 규정(출 40:20; 신 31:9-13)이 존재한다. (5) 언약에 대한 증인(들)은 하늘과 땅이 만약 이 언약이 파기된다면 주목할 것이 요청되는 곳인 신명기 30장 19-20절에 발견될 수 있다. 마지막으로 (6) 율법의 축복과 저주는 신명기 27-28장에서 발견된다.

그 예는 너무 흩어져 있기 때문에 완전한 문학 형식으로 시작한다고 할 수 없다. 그러나 그것이 주목을 받아야 하는데도 불구하고 주목 받지 못하는 것은 신명기 전체가 현재 형태 속에 있다는 사실이다(그것의 대부분은 문서 가설이며 요시야의 성전 정화 기간에 D 문서로부터 나온 것으로 놓는다. 그리고 그곳은 주장된 모조품이 주전 621년에 성전의 쓸모없는 물건들 가운데서 발견된 곳이다.). 그러나 여기에 요점이 있다. 어떤 주장된 D 문서뿐만 아니라 신명기 전체는 종주권 조약 형식 안에 있다. 신명기의 결과로 초래된 개요는 아래와 같다.

1. 전문 (신 1:1-5)
2. 역사적 서언 (1:6-4:43)
3. 언약에 관한 조항들 (4:44-26:19)
4. 비축과 공적 낭독 (27:1-8; 31:1-13)
5. 저주와 축복 (27:9-28:68)
6. 갱신과 계승에 대한 증인과 공급 (29-34)

이 개요에 대해 놀랄 만한 것은 두 번째 천 년대의 조약 형태와 첫 번째 천 년대의 조약 사이에 매우 결정적인 차이가 존재했다는 것이다. 신명기가 두 번째 천 년대 형태의 히타이트 형식을 따르기 때문이며 이는 오경의 이 부분에 관한 연대 결정을 위해 지대한 함축들을 가진 그리고 문서 가설 전체를 불필요하며 그 요점을 훨씬 벗어난 것으로 만든다. 이 함축을 강조한 최초의 사람들 중의 한 명인 메레디트 클라인(Meredith Kline)은 다음과 같이 논평했다.

이제 양식 비평 자료들은 단지 신명기 안에 있는 이런 저런 요소뿐만 아니라 그

진실성에서 신명기적 조약의 고대성에 관한 승인을 강요한 것과… 주전 칠 세기
경의 신명기서의 최종 본에 관한 어떠한 끈질긴 주장은 구약성서 비평에서 더
이상 중요한 기능을 수행하지 않는 남아있는 가설에 불과한 것이 될 것이다.[186]

그러므로 종주권 조약들은 단순히 구두로 전해진 것일 뿐만 아니라 모
세를 통해 이스라엘의 국가로 중개되었던 기록된 야훼의 언약에 대한 모
델이었다. 그러나 이것은 이스라엘이 야훼를 모든 존재의 비인격적 근원이
아니라 말할 수 있고 그들이 들을 수 있는 절대자로 생각했다는 사실을 의
미한다.

무조건적인 아브라함 언약

하나님은 또한 무조건적인 언약을 아브라함과 이삭 그리고 야곱과 맺었
다. 그러므로 오직 야훼만이 창세기 15장 8-21절에서 "타는 횃불과 연기
나는 화로"로 묘사되었으며 쪼개진 동물들 사이의 통로를 지나가셨고, 그
렇게 함으로써 그 자신이 전멸의 맹세를 취하셨다. 만약 야훼가 자신이 약
속한 모든 것을 행하지 않았다면 족장은 결코 그 쪼개진 조각들 사이를 통
과하도록 요청받지 않았다. 그러므로 그것은 일방적인("한쪽의") 언약이었
고 어느 쪽이든 채무를 이행하지 않아서 협정으로부터 탈퇴하도록 허가되
어지는 쌍방의 언약이 아니었다.

물론 일부는 요시야 왕 시대(주전 621년)에 율법책의 재발견은 선지자 예
레미야의 눈을 사로잡았다고 주장하였다. 그는 결국 아브라함과 이삭과 야
곱과 다윗의 무조건적이고 일방적인 언약에 대해 설교하는 것이 아니라 종

---

186 Meredith G. Kline, *Treaty of the Great King* (Grand Rapids, Mich.: Eerdmans, 1963),
44. 클라인의 책은 조오지 멘델홀에 의해 제시된 종주권 조약들의 연구들에 근거하였다. George E.
Mendenhall, Law and Covenant in Israel and the Ancient Near East (Pittsburgh: Biblical
Colloquium, 1955). "Covenant Forms in Israeltie Tradition," *Biblical Archaeologist* 17 (1954):
50-76쪽의 재판.

주권 조약들에서 예시되어진 신명기적 언약에 대해 설교하였다. 그것이 또한 그가 조건적 혹은 쌍방적 언약이 역할을 수행한 것처럼 하나님에 대해 순종을 요구했던 이유이다. 언약에 대한 이러한 관점은 언약을 유지하기 위해 순종을 필요하게 만든다. 왜냐하면 그 언약은 만약 한쪽이 채무를 이행하지 않는다면 무효화될 것이기 때문이다. 이러한 관점에서 예레미야 31장 31-34절의 예레미야의 새 언약은 "무조건적인 아브라함과 다윗의 언약들과 그리고 소위 말하는 언약에 관한 모세의 조건적 이해들 사이의 난제를 해결하기 위한 새로운 시도였다."[187] 이 견해에 따르면 예레미야는 모세 아래의 언약은 이스라엘이 그 언약을 파기했기 때문에 더 이상 효력이 없는 사문이라고 주장한다. 이는 이제 하나님은 이제 개개인들의 마음속에 그의 토라를 쓰게 될 것이라는 의미를 가질 수 있다.

그러나 조건성의 동일한 측면은 다윗의 무조건적인 언약에서도 주목된다. 시편 89편 30-34절은 다음과 같이 경고한다. "만약 [다윗의 자녀들] 나의 법을 버리고 나의 규례대로 행하지 않으면 … 내가 회초리로 그들의 죄를 다스리며, 그들의 죄악을 벌하리로다. 그러나 나의 인자함을 그에게서 다 거두지는 아니하며 나의 성실함도 폐하지 아니하리라. 내가 나의 언약을 깨드리지 아니하고 내 입술에서 낸 것은 변하지 아니하리로다." 시편 132편 11-12절은 그와 동일한 조건성을 울린다.

그래서 우리는 어떻게 이러한 난제를 해결하는가? 단순히 그 약속된 계열을 그들의 후손들에게 그 약속을 전송하기 위해 요구하는 것과 개인적으로 믿음에 의해 그 약속들 자체에 참여하는 것의 분리된 선택 사이를 구별하는 것이다. 그리고 전달자들의 일부는 그 약속들에 참여하는 것을 선택하지 않았다. 그 족장들의 "씨"의 약속된 계열에 있는 모든 자들만이 아니라 다윗의 약속된 계열은 믿음에 의해 하나님의 약속-계획의 축복들에 개

---

187 William L. Holladay, *Long Ago God Spoke: How Christians May Hear Word of God Today* (Minneapolis: Fortress, 1995), 33.

인적으로 함께 했다. 그러나 모두 궁극적으로 성취된 축복들을 전달해야만 했다. 왜냐하면 그들은 수령인들의 순종에 의해서가 아니라 하나님에 의해 보장되었기 때문이다.

결론

데이빗 클라인즈(David J. A. Clines)는 오경 연구에 새로운 변화를 예고한다. 그의 관점과 나의 관점에서 과도한 에너지와 집중이 대부분은 첫 다섯 권의 현재 형태를 무시하는 증명될 수 없는 자료 비평의 추측들에서 시작되었다. 대신에 클라인즈는 오경이 얼마나 잘 구성된 책인지를 설명하기 위해 그의 노력을 쏟았다. 이것은 무계획적인 성장의 최종 산물이 아니라 주제와 중심적인 지배적인 사상을 가진 저자의 사고에 의한 최종 결과물이다. "오경의 주제는 족장들의 축복 혹은 그들에 대한 약속의 … 부분적 성취이다."[188]188) 이 주제는 이 약속들이 그 후손들과 그 땅 그리고 하나님과 그들의 관계에 어떻게 집중하는지에 대한 상관관계를 분석한다.

아브라함과 유월절의 중요성은 하나님의 약속들이 어떻게 그 자신의 계시 안에서 시행되었는가를 입증한다. 우리는 "구약성서 토라는 우리에게 얼마나 적합한가?"를 다루는 14장에 이를 때까지 토라 메시지의 전체적인 관점을 다루는 것을 연기하고자 한다. 그러나 여기에서 우리는 족장들과 체결했으며 모세 시대에 제시된 언약들에 포함된 하나님의 약속-계획은 이 문학적 형태 내에 구약성서 정경의 구속사의 연속적인 시대들 속에 끊임없이 존재한다는 사실을 결론짓는 것으로 충분하다.

---

188 D. J. Clines, "The Theme of the Pentateuch," in *Journal for the Study of the Old Testament*, supp. 10 (Sheffield, England: Journal for the Study of the Old Testament Press, 1978), 18, 29.

11.

지혜 문헌들을
얼마나 신뢰할 수 있는가?

　지혜서들의 전체적인 메시지를 평가하는 것은 모세오경의 메시지를 평가하기 위해 했던 시도들만큼이나 중요하다. 그러나 이번의 경우는 문제가 훨씬 더 심각하다. 일반적인 상식과 일반적인 은혜 그리고 창조질서로부터 나온 말들을 진리의 신뢰성에 있어서 신성하다고 믿을 수 있는가? 우리는 왜 하나님으로부터 온 지혜의 신적 근원에 의존해야만 하는가? 그것이 이 장이 해결해야할 과제이다.

　첫째, "지혜" 격언의 범주, 혹은 구약의 지혜의 범주에 속하는 글들로 인해 의미되는 것을 정의하는 것은 간단한 일이 아니다. 일부에게 성서의 지혜는 세계를 이해하기위한 시도이다. 그러므로 그것은 간접적인 하나님의 계시로써 보이는데, 현명한 사람은 창조질서 안에서 하나님이 하셨던 일을 봄으로써 하나님이 어떻게 일하시는 지를 이해하려고 시도한다.

　그러나 아마도 그것은 다른 조건 안에 있는 차이를 비교해 보는 것이 훨씬 정확할 것이다. 예를 들어, 그의 백성들에게 보여주시는 하나님의 계시의 예언적인 범위 안에는 말씀 사건의 연속적인 순서의 직접적인 계시가 있었다. 하나님의 말씀은 공간 안에서 가깝거나 혹은 먼 사건들 둘 다를 이야기하는 선지자들을 통해 전달되었다. 그러나 지혜 문학에서는 그 흐름이 직접적이지 않다. 지혜의 글에는 직접적인 말씀 사건의 과정 대신에 창조된 질서가 하나님을 두려워하는 맥락 속의 질서로부터 유래된 영향에 어떻게 작용 하는지에 대한 관찰들이 있다. 따라서 나는 문학의 "창조-영향"의 유형에 대한 관찰로써 밝혀진 지혜의 흐름을 이야기할 것이다. 그러나 나는 항상 창조와 계시의 하나님의 충만한 정경적 견해의 배경 속에서만 이야기 할 것이다.

이스라엘의 현자들은 창조된 영역의 신적인 질서를 세심하게 관찰하고 이러한 관찰 속에서 묵상과 숙고를 위해 매일의 삶의 세부사항을 만들어 내었다. 이러한 현자들에게 지혜는 "지혜가 제일이니 지혜를 얻으라 네가 얻은 모든 것을 가지고 명철을 얻을지니라(잠 7:4)"이다. 지혜는 완전한 경외와 헌신을 소유한 사람에게는 결코 성경의 하나님으로부터 멀리 떨어져 있지 않다.

그리스 사람들 중에 세계를 이해하기 위한 시도가 있었는데, 이것은 철학의 추구와 기본 원리들을 위한 탐구이며 궁극적으로 과학이 만든 기원에 대해 대조되는 것이다. 그러나 하나님의 사람들 중에 세계 이해를 위한 상응하는 시도는 지혜의 추구와 야훼의 경외에 대한 추구 사이로 이끌렸다. 사실 지혜의 추구와 야훼를 경외하는 것 사이에는 등식이 성립한다. 이러한 상관관계를 설명하기 위한 표준적인 방법은 "여호와[야훼]를 경외하는 것이 지혜의 근본이요"(잠 9:10) 혹은 "여호와[야훼]를 경외하는 것이 지식의 근본이거늘 미련한 자는 지혜와 훈계를 멸시하느니라"(잠 1:7), 그러나 "여호와[야훼]를 경외하는 것은 지혜의 훈계라 겸손은 존귀의 길잡이니라"(잠 15:33)이었다.

지혜와 주를 경외하는 것의 연관성에 대한 동일한 주제는 몇 권의 다른 지혜서들 안에서도 들려진다. 예를 들어, 욥기 28장 28절에서는 욥의 죄악 또는 결백에 대한 반론의 눈으로 보는 바와 마찬가지로, "주를 경외함이 지혜요 악을 떠남이 명철이니라"라고 선포한다. 마찬가지로, 전도서 2장 26절에서는 "하나님은 그가 기뻐하시는 자에게는 지혜와 지식과 희락을 주시나 죄인에게는 노고를 주시고 그가 모아 쌓게 하사 하나님을 기뻐하시는 자에게 그가 주게 하신다"라고 선언한다. 이 책은 그가 주장한 전체의 핵심을 언급함으로 끝난다. "일의 결국을 다 들었으니 하나님을 경외하고 그의 명령들을 지킬 지어다 이것이 모든 사람의 본분 이니라"(전 12:13).

그때 야훼를 경외하는 것은 구약성서에서 지혜에 대한 분명하고 이스라엘의 필연적인 결과로 나타난다. 동일한 지혜 전승이 지혜를 위한 자극의 일부에 대해 지혜의 국제 공동체에 관해서 이스라엘 외부에 보였던 반면 지혜는 그럼에도 불구하고 동일한 국제적 자료들을 주를 경외하는 관점과 함께 채택하였으며 명명하였다.

창조질서로부터 지혜

정말로 야훼가 온 땅의 주님이었다면 지혜 문학은 언약의 너머에 있는 자들이 모든 나라들의 하나님으로부터 온 메시지를 듣고 귀 기울이기 시작할 수 있는 곳임에 틀림없다. 그런 메시지들의 대표적인 것은 시편 104편이었으며 그 시편은 분명히 이집트 아케나톤 바로(주전 1364-1347년)의 시기로부터 온 태양을 위한 이집트 찬송의 이스라엘의 각색이었다. 이 찬송이 어떻게 성서의 정경 속으로 각색되었는지는 분명하지 않지만, 그 시편 저자가 그의 각색 속에 있는 초자연적 도움을 주장하는 사실은 성서의 신적 저자의 지시 아래 있는 정화된 이방 자료들을 사용하는 지혜 저자의 방법에 영감이 주어졌다는 것을 말하는 것이다.

그러나 시편 104편이 하나님의 창조 활동에 초점을 맞추는 요점은 지혜 자료들에 나타난 하나님의 말씀이 문화적, 국가적, 그리고 정치적인 경계들을 넘기 위해 시도하고 있는 다른 암시이다. 따라서 지혜에 있어서 중요한 부분들 중의 하나는 창조를 지혜의 메시지에 대한 국제적 확장과 관련시키는 것이었다.[189] 이것은 국제적인 자료들을 사용하는 유일한 보기는 아니었다. 만약 "아메네모페의 교훈"(Instruction of Amenemope)의 시기가 솔로몬의 시대 앞에 분명히 놓일 수 있다면, 그것은 성서의 잠언에 대한 서문이 "지혜 있는 자의 말씀을 들으며"가 가리키는 것처럼 그때는 잠언 22장 17절-24장 22절은 이전의 이집트 자료에 어느 정도 의존한다. 그러나 솔로몬과 아메네모페의 글 둘의 시기는 너무나 비슷해서 어느 것이 먼저 나온 것인지 불분명하다.[190] 그러나 이 본문의 이스라엘 판은 초자연적 근거와 연결하기 위한 경험론적 근거에 대해 더욱 놀라운 연결을 만드는 자연의 훨씬 너머로부터 온 관측들을 취했다.

무엇이 구약성서에 있는 다른 모든 문학 양식들로부터 지혜를 구분하는가?

첫째, 구약성서의 어떤 책들이 이 범주 안에 포함되어 있는지를 우리가 알아보고 그리고 나서 구약성서에서 사용되었던 것처럼 "지혜"를 정의하도록 시도해 보자.

욥기와 잠언 그리고 전도서와 아가는 많은 사람들이 자연스럽게 지혜서들의 범주 안에 포함시키는 책들이다. 많은 시편들도 또한 이 그룹으로 나눈다. 시편 1; 19(후반절); 32; 34; 37; 49; 73; 90; 104; 111; 112; 119; 127; 128; 133편은 일반적 지혜시의 일부들이다. 그러나 지혜 자료들은 히브리어 성서의 다른 부분에서도 발견된다. 예를 들어, 하박국 3장은 선지서들과 토라에 있는 여러 장들처럼 많은 지혜의 특징들을 포함하고 있다. 그리고 이 문학은 구약으로 끝나지 않았다. 왜냐하면 지혜는 신구약 중간의 외경서인 집회서(성경의 전도서와 혼동하지 말 것)에서 발견되기 때문이다. 혹은 알려진 바와 같이, 예수스 벤 시락의 지혜(Wisdom of Jesus Ben Sirach)

---

189 이집트 찬송의 번역을 위해서 James B. Pritchard, *Ancient Near Eastern Texts Relating to the Old Testament*, 2nd ed. (Princeton, N. J.: Princeton University Press, 1955), 369-71쪽을 보라.
190 이집트 본문의 번역을 위해서 Pritchard, *Ancient Near Eastern Texts*, 421-25쪽을 보라.

와 바룩서의 일부(Baruch 3:9-4:4) 그리고 솔로몬의 지혜와 또한 외경에 속하지 않은 또 다른 책인 마카비 4서에서 발견되기 때문이다. 신약성서는 지혜 형식의 많은 가르침들을 포함한다. 특별히 예수님의 가르침들과 신약성서의 야고보서에서 나타난다.

우리가 말한 것처럼 "지혜"는 정의하기가 그다지 쉽지 않다. 지혜의 어근의 의미는 "확고한" 또는 "정당한 이유가 있는" 의미로부터 유래된 것일 수 있다. 지혜의 기원과 상관없이 히브리어 단어 호크마는 인간의 경험 전부를 포함한다. NIV는 그 단어를 131번 "지혜"로 3번은 "기술" 혹은 "숙련된"으로 그리고 2번은 "학습"으로 또한 1번은 "능력(ability)"으로 게다가 2번은 "현명한(wise)" 혹은 "현명한 조언(wise advice)"으로 번역한다. 호크마와 동일한 의미론적 배경에 자리한 단어들은 "이해"와 "통찰력" 그리고 "인식력"과 "분별" 게다가 "지성"을 포함한다. 따라서 성서의 "지혜"는 성서가 안내하는 것처럼 거리들과 시장 속에서 하나님을 경외함과 함께 분투하는 종교이다.

지혜가 행하는 선을 결정하기 위해 잠언의 서론은 시작점이 되어야 한다. 잠언 1:2-7은 지혜를 다음과 같이 알린다.

> 이는 지혜와 훈계를 알게 하며 명철의 말씀을 깨닫게 하며,
> 지혜롭게, 공의롭게, 정의롭게, 정직하게 행할 일에 대하여 훈계를 받게 하며,
> 어리석은 자를 슬기롭게 하며 젊은 자에게 지식과 근신함을 주기 위한 것이니,
> 지혜 있는 자는 듣고 학식이 더할 것이요 명철한 자는 지략을 얻을 것이라,
> 잠언과 비유와 지혜 있는 자의 말과 그 오묘한 말을 깨달으리라.
> 여호와를 경외하는 것이 지식의 근본이거늘 미련한 자는 지혜와 훈계를 멸시하느니라.

지혜의 신뢰성

그럼에도 불구하고 우리가 성경의 동일한 말씀-사건의 직접 계시에 참여한 것처럼 보이지 않는 지혜서들 속에서 발견된 관측들을 어떻게 신뢰하는가라는 질문은 여전히 압박을 가하고 있다. 게다가 여러 가지의 명시된 관점들은 없는가? 그 관점들 중의 일부는 다른 지혜서들과 성경의 다른 곳에서 교훈된 것과 상호간에 모순적이거나 직접적으로 상충되지 않는가?

그 문제들의 일부는 지혜서들이 단지 전달하고자 하는 것에 대한 이해에 있다. 신앙 공동체는 이 책들을 가르치는 것에 항상 전문적이지는 않았다. 지혜서는 성경 중에서 관심을 받지 못하는 책들이다. 또 다른 문제가 있는데, 이는 훨씬 심각하다고 할 수 있다. 이 책들을 풀어내기 위한 좋은 해석학 또는 일련의 해석적 원칙들이 없다는 것이다.

먼저 해석의 문제를 받아들이라. 많은 사람들은 지혜서들에 있는 많은 것들의 신뢰성에 관해 의심한다. 격언들의 문학적 장르가 전조를 나타내는 것들에 대해 그 격언들을 다루는 것 대신에(일반적으로 잘 알려진 사건 혹은 일어난 일로부터 파생된 가장 많은 사례들을 모은 것으로 때때로 어떤 예외들 혹은 일부의 예외도 관여되지 않은 간결하면서 기억할만한 격언), 그 경향성은 격언들의 본래의 문맥으로부터 그것들을 취해내어 그 격언들의 어떤 조건들 혹은 주의들과 상관없이 전 시대와 장소들 그리고 사람들을 위해 진리 즉 보편적 진리들로 그것들을 만드는 것이다.

그러나 격언들은 모든 경우와 우발성이 포함되어 있기에 과장함이 없이 수많은 상황들을 다루는 것이 순리이다. 하지만 격언들을 사고하고 가르치는 데 있어서 과도하게 단순화하고 환원적인 경향이 있는 사람들에 의해 만들어진 가장 큰 실수가 일어나는 곳이기도 하다. 아마도 절대적 의미 속에 있는 격언들을 취하는 것에 맞서서 가장 잘 알려진 경고는 잠언 26장 4-5절에 발생하는 결합에 있다.

미련한 자의 어리석은 것을 따라 대답하지 말라

두렵건대 너도 그와 같을까 하노라

미련한 자에게는 그의 어리석음을 따라 대답하라

두렵건대 그가 스스로 지혜롭게 여길까 하노라.

우리가 만일 이 격언들 중 어느 하나라도 취한다면, 유혹이 있을 수 있는데, 그 유혹은 그 격언의 해석에 따라 항상(혹은 반드시) 어리석게 대답해야만 한다는 일반적인 규칙을 지어내려 한다는 것이다. 그러나 이를 분명하게 아는 사람은 다루고 있는 사람의 본성에 대해 고려할 것이고, 따라서 꾸짖음 혹은 부족함이 마주쳐야 하는 성품들 안에서 이런 저런 지시문을 적용할 것이다.

다른 해석학상의 문제는 이러한 첫 번째 문제와 관련되어 있다. 그것은 격언들을 기록하였던 배경에 대한 고려 없이 문제들에 대해 보편적인 대답과 같은 격언들로 이용하려는 경향이다. 그러한 환원주의와 고립주의는 격언들을 일종의 "슬로건 신학(slogan theology)" 혹은 대인 관계에 대한 지침서에 지나지 않는 것으로 바꾸어 놓았는데, 그 대인관계는 어떤 개인도 직면할 수 있는 범주안의 모든 상황을 다루는 것으로 의미된다(그 격언들의 본래의 성질에 반대하는 것). 모든 상상할 수 있는 상황을 위해 재구성하는 순수한 주관성으로부터 잠언 10-31장의 간략하고 풍자적인 격언들을 구해내는 것은 격언들 각자가 잠언 1-9장의 문맥으로부터 그 장들이 도출된 장내에 있는 문맥을 가지는 것이다. 너무나도 자주 우리는 각 격언을 독립된 문학적 항목으로써 다루는데, 최근의 학문은 신약성서의 야고보서처럼 구약성서의 잠언과 전도서를 자체가 즉각적이고 저자들의 의도들에 대해 참된 것으로 반드시 존중되어야 할 정경적 문맥을 가진 것처럼 인식하는 쪽으로 움직인다. 사람들은 자신이 사귀는 친구에 의해 알려지는 것과 마찬가지로, 격언들도 그것들의 근처에 자리한 격언들에 의해서 알려진다.

화이브레이(R. N. Whybray)는 논평을 하였는데 그 격언들은 문맥을 가지고 있지 않다는 것을 주장하는 것이었다. 그러나 실제로 "단지 현대 학자들이 문학적이든지 혹은 신학적이든지 간에 그런 문맥에 있을 수 있는 것을 확인해 줄 발견이 지금까지 할 수 없었다는 것을 단지 인정하는 것일 뿐이라는 사실에 도달하며" 이는 임의적인 순서에 나타난다.[191] 더욱 정밀하게 조사해보니 잠언에 있는 것들과 같은 격언들의 모음집들은 사실상 문맥을 제공하는 작은 모음집들 속에서 모아진 것으로 판명되고 있다. 예를 들어 성경의 잠언에서 관찰될 수 있는 몇 종류의 모음집들이 있다.[192]

1. 병행 모음집. 여기에서 격언들은 잠언 10장 27-30절(27절과 29절 둘 다 "야훼"를 언급하고, 28절과 30절은 "의인"을 다룬다)에서처럼 A-B-A-B 형식으로 잠언11장 16-17절과 12장 23-28절에서 설명하는 것처럼 모아진다.

2. 교차대구법적 모음집. 잠언 12장 19-22절과 18장 6-7절에서 증명된 것처럼 패턴은 A-B-B-A의 연속적 배열이다.

3. 표어 혹은 소제(leitmotif) 모음집. 여기에는 격언들이 잠언 15장 16-17절("보다 나은" 격언)에서처럼 공통적인 표어에 따라 그룹으로 분류된다.

4. 주제별(thematic) 모음집. 종종 비슷한 격언들은 동일한 주제, 혹은 공통적인 주제를 다룰 수 있는데, 잠언 10:31-32(입의 사용에 대한 것)에서 나타난다.

5. 수미상관 모음집. 격언의 한 그룹은 인클루시오(inclusio), 즉 잠언 11장 23-27절에서처럼 첫 번째 격언과 맨 마지막 격언은 비슷하거나 혹은 공통적인 표어를 포함하는 부분을 나타낸다. 좋은 이란 단어는

---

191 R. N. Whybray, *Wealth and Poverty in the Book of Proverbs*, Journal for the Study of Old Testament Supplement Series (Sheffield, England: Journal for the Study of the Old Testament Press, 1990), 65.

192 나는 여기서 두앤 캐렛의 도움을 받았다. Duane A. Garrett, *The New American Commentary: Proverbs, Ecclesiastes and Song of Songs* (Nashville: Broadman, 1993), 47-48.

23절과 27절에서 발견되고 반면에 24절에서 26절은 인클루시오 안에서 관용과 그에 대한 보상의 주제를 다룬다.

이 모든 문제들은 격언들을 해석할 때 반드시 고려되어져야 한다. 그렇지 않는다면 그 격언들안의 상호 모순에 대한 혐의가 옳은 것으로 나타날 것이다.

지혜의 신학

지혜서들의 가르침은 지혜 본문들 자체의 독특함으로 인한 여러 이슈들에도 불구하고 신뢰할 수 있는 것으로 믿어질 것이다.[193] 예를 들어 노르만 고트왈드(Norman Gottwald)는 지혜를 "진리의 개별적 의식화와 바른 행동에 초점을 두며 다른 사람들에게 지혜 그 자체의 이해들을 전달하기 위한 교훈적인 추진력과 인간 지향성을 나타내는 비 계시적 사고의 유형"이라고 정의를 내렸다."[194] 이것은 창조 질서를 위한 추구가 인간 지혜의 실체와 요약인지 아니면 지혜는 계시된 신적 진리와도 관련되는 것인지에 관한 문제를 제기한다. 그 질문은 다음처럼 또 다른 방식으로 물을 수 있다. 현자의 임무는 단순히 숙고에 의해서 자연적으로 창조된 질서를 푸는 것인가? 그리고 질문과 조사에 의해 진리를 발견하는 것인가? 혹은 지혜는 계시적 영역인가?

신뢰성에 대한 검사에 있어서 핵심적인 질문에 답하는 것은 우선적으로 창조에 대한 이스라엘의 교리에서 발견되어질 것이다. 모든 지혜 문학 뒤에는 창세기 1장과 2장이 자리한다. 하나님은 모든 창조된 영역의 입안자이시며 그는 그것을 좋게 만드셨다. 이제 지혜는 창조된 질서가 어떻게 악

---

193 이 부분에 있는 자료들은 브레바드 차일즈에 의해 격려되었다. Brevard S. Childs, An Introduction to the Old Testament as Scripture (Philadelphia: Fortress, 1979), 550. 그리고 Garrett, *Proverbs, Ecclesiastes and Song of Songs*, 52-59.
194 Norman Gottwald, *The Hebrew Bible: A Socio-Literary Introduction* (Philadelphia: Fortress, 1985), 567.

과 사악과 완고함에 흠뻑 젖어들었는지를 설명하려고 고군분투한다(예를 들어, 전 7:28-29). 그러나 창조된 자연 질서는 결코 독립적인 개체로 여겨지지 않지만 항상 하나님의 창조의 한 부분으로써 보인다(잠 8:22-31). 그러나 창조는 좋은 것이고 그리고 그것은 창조자에 의해 나왔다는 것에 대한 설명을 한 후에도 그것 자체는 여전히 부분적으로 드러내며 창조로부터 추론되어져야 할 지식을 부분적으로 감춘다는 문제는 존재한다. 사실 비록 땅의 중심으로 파내려 간다고 하더라도 그 탐색은 추구되어지고 있던 지혜를 산출하지 않는다(욥기 28:3).

그러나 이 시점에서 성서 지혜의 특수성은 "여호와[야훼]를 경외하는 것"이 지혜의 근본이라는 명제 안에서 분명해진다(잠 1:7; 욥 28:28). 저자는 지혜가 단지 야훼를 경외하는 한 측면이라고 말하는 것이 아니라 오히려 야훼를 경외하는 것이 정말로 지혜의 과정을 결정짓는 것이라고 말하는 것이다. 고트왈드가 두려워했던 "비 계시적 영역" 너머로 누군가를 데려가는 것이 지혜 저작들에서 나타나는 것은 불가능하였다. 따라서 야훼/하나님을 경외하는 개념은 단순하게 세속적이고 국제적인 지혜의 무리에 달린 부산물이 아니다. 왜냐하면 로날드 멀피(Roland Murphy)가 그 개념을 너무나 간단명료하게 썼기 때문이다. 성서 저자들은 초자연성, 즉 그들이 세속적이고 자연적인 질서를 조사하면서 얻은 초자연성에 대한 그들의 기여를 분리할 수 없다. 이런 면에서 성경의 지혜에 대한 기본적인 신학의 명제들은 브루스 월트케(Bruce Waltke)가 주장한 것처럼, 율법이나 예언서에서 발견된 명제들과 다르지 않다.[195]

이와 같은 점에서 성서의 지혜는 다른 고대 근동의 나라들에서 발견된 국제적인 지혜와는 엄청나게 다르다. 고대 근동의 나라들에서 행해져 온 관찰들은 간단하게 그들이 무엇이 될 것이라고 주장하는 것 이었다. 인간

---

195 Bruce K. Waltke, "The Book of Proverbs and Old Testament Theology," *Bibliotheca Sacra* 136 (1979): 302-17.

의 오감으로 관찰할 수 있는 질서에 대한 인간의 숙고들이 그것들이었다. 그러나 성서의 지혜는 결코 그 지점에서 지혜의 추구를 시작하지 않거나 혹은 경험론적인 관찰들을 결론내리지 않는다. 그리고 인간의 숙고들은 지혜의 추구하는 것이 전부이다. 지혜는 근본적으로 출발로부터 마칠 때까지 하나님을 향하여 방향설정이 되어 있다. 하나님은 개인적이고 의사소통을 잘 하며 창조적이고 정의로우시며 그리고 의로운 분이시며 세속적인 게다가 성스러운 전체 과정을 출발로부터 끝까지 지시 하시는 분이시다. 틀림없이 이 요소들은 고트왈드의 판단과는 반대되는 것으로 지혜의 계시적인 본성을 형성한다.

어떤 사람들은 구약성서의 지혜서들에 대한 신뢰도를 비하한다. 그들은 악에 대한 신적인 징벌의 개념을 가르칠 뿐만 아니라 마치 고대 세계에서 성서의 지혜들의 세속적 대응물이 수행했던 것처럼 철학의 행동-결과의 형태를 주장한다는 사실을 제안한다. 그러나 심판과 보상의 개념들의 일부는 얼마나 밀접하게 신명기에서 발견되어진 개념들과 연결되어 있는지를 주목해야만 한다. 물론 신명기와 잠언의 책들에는 차이점들이 존재한다. 그러나 잠언이 이 지혜의 사안들에 관해 성경의 나머지 견해와 공유한다는 것은 분명하다. 예를 들어 전도서의 마지막 구절(12:14)은 다음과 같이 선언한다. "하나님은 모든 행위와 모든 은밀한 일을 선악 간에 심판하시리라." 그것은 바로 사도 바울이 고린도후서 5장 10절에서 그 절을 차용하여 선언하였다. "이는 우리가 다 반드시 그리스도의 심판대 앞에 나타나게 되어 각각 선악 간에 그 몸으로 행한 것을 따라 받으려 함이라." 이 구절들이 이 주제에 관한 유일한 지혜 본문들은 아니었다. 전도서 3장 17절은, "내가 내 마음속으로 이르기를 '의인과 악인을 하나님이 심판하시리니 이는 모든 소망하는 일과 모든 행사에 때가 있음이라 하였으며'"라고 선언한다. 또는 잠언 17장 5절을 취하면, "가난한 자를 조롱하는 자는 그를 지으신 주를 멸시하는 자요 사람의 재앙을 기뻐하는 자는 형벌을 면하지 못할 자니라." 이 구절은 누가 그들을 심판하실 것인지에 관해 분명하지 않지만 반면에 가난한 자를 "지으신 이"는 그것을 볼 것이라는 것은 분명하다.

다시 말해 지혜 문학은 구약성서의 나머지 책들을 통해서 흩어져 있는 다양한 언약들 속에서 선언된 원대한 하나님의 구속 역사의 계획의 부분에 없는 것처럼 보일 수 있다. 그렇다면 이 사실은 이 지혜서들이 구약의 나머지 부분에서 나타나는 언약-약속 신학에 대한 중요성과 신학에 대해 열등하다는 것인가?

반대로 지혜는 정경의 나머지 부분만큼이나 중요하고 필요하다. 우리 현대인들이 지혜에 대해 그토록 많은 문제를 가진 이유는 우리가 정경에 있는 토라와 지혜의 공통적인 특징에 동일한 문제를 가지고 있기 때문이다. 여러모로 지혜는 실천적이고 풍자적인 격언들 속에 놓인 토라이다. 율법이 신앙과 믿음으로부터 오는 순종의 반응으로써 약속-언약과 틀림없이 관련된 것처럼 지혜도 마찬가지로 그렇게 약속-언약과 틀림없이 연관되어져야 한다. 그것이 주를 경외하는 것이 창세기 22장 12절에서 이삭을 제물로 드리려던 이미 그때의 주제로 시작하는 이유이다. "사자가 이르시되 그 아이에게 네 손을 대지 말라 그에게 아무 일도 하지 말라 네가 네 아들 네 독자까지도 내게 아끼지 아니하였으니 내가 이제야 네가 하나님을 경외하는 줄을 아노라." 따라서 어떤 사람들이 제안하는 것처럼 성경의 양극성들은 언약과 지혜가 아니다. 오히려 야훼/하나님(이 둘은 실제적으로 의미상 동등하다)을 경외하는 것은 하와, 셈, 아브라함, 이삭, 야곱, 다윗, 다윗의 계열의 "씨," 그리고 새 언약 속에서 형성된 언약들 속에 제안되었던 하나님의 약속-계획에 대한 신앙하는 믿음의 자연스런 결과이며 반응이다.

조금 더 많은 수의 반대들이 여전히 남아 있다. 왜냐하면 신뢰성에 대한 조사는 끝이 없기 때문이다. 지혜서들은 일종의 건강과 부와 번영의 복음을 지지하는가? 그리고 하나님에 의해 은혜를 입은 사람들이 부자들이며 게으르고 사악한 사람들은 가난한 자들이고 그리고 그들이 받을 만 한 것을 받는 것인가? 지혜서들은 풍부함의 복음 혹은 "계급모순"[196]에 사로잡힌 지혜 교사들을 지지한다고 주장하는 것은 이 저자들의 의도를 잘못 전하는 것이다. 사실 그 주장은 너무나 자주 반복되어지는데 그것은 현재 다음과 같은 사실로 받아들여진다. 구약성서에서 윤리적인 행위를 위한 동기는 물질적인 번영을 위한 갈망과 재난을 피하고자 하는 열망이었다. 이것은 일반적으로 행복주의에 대한 문제로써 알려진다.[197]

고든(R. N. Gordon)은 잠언에서 약 133개 정도의 인용들을 등록했는데 윤리적인 행동과 물질적인 유인책 또는 물질적인 처벌들에 대한 6개의 동기 요인들 중의 하나로써 그 책들의 명령들을 준수하도록 하는데 익숙한 곳이 잠언이라 주장한다. 그러나 고든의 관점에서 잠언의 궁극적인 동기는 삶이다. 고든은 말한다.

> 어떤 의미로는 삶이 충만하고, 만족스럽고, 통합적이고 즐거운 존재로 이해되어질 때, 다른 많은 동기들은 삶을 구성하도록 연결되어질 수 있다 … 많은 인용 구문들, 즉 지금까지 실용적이고 행복주의 적으로 언급되어진 것들과 세속적이고 물질적인 성공에 대한 갈망에 의해 촉진되는 것들과 이기적인 목적에 의해 동기화되어진 것들은 삶의 완전성, 즉 이러한 목적들은 다른 것들과 필연적으로 연관되어 있는 삶의 완전성에 대한 추구의 부분으로 재해석되어질 수 있다.[198]

부의 성경적 관점에 대한 현재의 가르침은 조금도 과장하지 않고 말하기가 어려운 일이다. 한편으로 우리는 계속해서 듣고 있는데, "신약성서는 부에 대해 옳지 않은 태도를 비난할 뿐만 아니라 분배되지 않은 부에 대한

---

196 Gottwald, *Hebrew Bible*, 574.

197 Walter C. Kaiser Jr., "The Old Testament Case for Material Blessings and the Contemporary Believer," *Trinity Journal* n.s. 9 (1988): 151-70쪽을 보라.

198 R. N. Gordon, "Motivation in Proverbs," *Biblical Theology Bulletin* 25 (1975): 49-56.

전적인 소유에 대해서도 비난한다."[199] 다른 한편으로 알(Al) 형제와 아이키 (Ike) 목사와 같은 라디오 설교자들은 우리로 하여금 "하나님을 섬기고 부를 얻을 것"을 재촉한다. 왜냐하면 가난에 허덕이는 많은 사람들은 "사탄에게 패배한 삶"을 살고 있기 때문이다.

그러나 성서에서 부는 그것 자체가 악이 아니라 하나님의 선물이다. 빈곤은 하나님이 어떤 특정한 사람들을 포기하신 것이거나 어떤 죄악으로 인해 그들의 삶과 혹은 그들의 후손의 삶을 처벌하시는 표시는 아니다. 그런 환원주의는 너무나 단순할 뿐만 아니라 너무나 평이해서 성서의 독특한 장점이 되지 못할 뿐만 아니라 그것은 악하며 그리고 지혜의 저자들이 가르쳤던 것에 완전히 상반되는 것이다. 번영의 복음은 우리의 풍요한 성공을 미친 듯이 쫓는 사회의 문화적 포로이다. 잠언이나 다른 어떤 지혜서들도 부자들은 의롭고 하나님의 은혜를 입었으며 반면에 가난한 사람들을 악하고 따라서 하나님의 처벌 아래에 놓여 있다는 명제를 지지하지 않는다. 이 평가는 그 본문에 대한 냉정한 주석이라기보다는 훨씬 더 희화화한 글이다.

결론

지혜서는 진리와 신적 계시 관점의 근원으로써 신뢰될 수 있으며 의지될 수 있다. 성경의 지혜는 인간의 지혜의 한계를 강조한다. 반면에 성경의 지혜는 신적인 안내와 관점이 모든 삶속에서 이용가능하다는 사실을 지지한다. 정말 그것은 살고 행동하는 가장 일상적인 영역에서 조차도 이용가능하다는 사실을 옹호한다.

지혜는 사람들의 신분을 다른 계급으로 또는 다른 경제적 지위로 높이

---

199 Robert Sabath, "The Bible and the Poor," *Post-American*, February-March 1974, 5. H. G. M. Williamson, "The Old Testament and the Material World," *Evangelical Quarterly* 57 (1985): 5-22쪽과 대조하라.

지 않는다. 또한 지혜는 한 거래의 다른 면 혹은 다른 직업을 대체하지 않는다.

교육이나 학습은 부모들에 의해서 수행되어질 것이다. 개인적인 필요들은 어떤 경우에도 마치 그리스 세계에서 그랬던 것처럼 국가의 필요들에 의해 종속되어지지 않을 것이다. 이스라엘의 지혜는 그 지혜 자체의 문화를 찬미하기 위해 시도하지 않는다. 대신에 모든 것은 하나님의 영광과 그가 찾는 의로움에 종속되어진다.

12.

선지서를 얼마나
신뢰할 수 있는가?

성경의 모든 선지자들을 조사하는 것은 불가능하다. 왜냐하면 성경은 문서 선지자들(네 명의 대 선지자들과 열두 명의 소 선지자들)과 여호수아서와 사사기 그리고 사무엘서와 열왕기서의 초기 선지서 들로 알려진 책들 속에 언급된 비문서 선지자들을 포함하기 때문이다. 사실 열여섯 명의 문서 선지자들 모두를 다루는 것은 불가능할 것이다. 그러나 이 이스라엘의 예언자 직분을 완수한 자들의 신뢰도를 나타내기 위한 가장 좋은 방법은 아마도 이스라엘 역사에서 더 중요한 시대에 사역했던 선지자들의 선별을 조사하는 것과 그 다음에 그 전체 직업의 신뢰성의 일반적 지표로써 이것들을 사용하는 것일 것이다.

예레미야 선지자의 신뢰성

이름들에 대한 예레미야서의 언급들

예레미야서는 네리야의 아들 바룩(Baruch)이 예레미야 선지자의 말씀을 기록하였다고 전한다(렘 32:12; 36; 43:1-7; 45). 그러나 상황들의 가장 놀라운 조합을 통해서 볼 때 우리는 지금 예레미야 시대에 바룩의 존재에 대한 증언과 신뢰성에 관한 두 개의 비범한 상기 사항들을 가진 것처럼 보인다.

공문서용 인장(Bulla)은 서기관의 도장이 찍혀있는 한 덩어리의 진흙이다. 공문서용 인장은 파피루스나 양피지위에 쓰인 문서를 봉인할 때 주로 사용되었다. 그 문서가 말리고 끈으로 안전하게 묶여진 후에 점토덩이는 매듭에 쓰였고 그 다음에 도장이 소유권이나 보내는 사람의 이름을 표시하기 위해 첨부되었다. 발견된 하나의 특별한 공문서용 인장은 예레미야서에 있는 서기관과 동일한 이름을 지니고 있다. 주전 7세기의 공식적인 필기체의 형식으로 쓰인 고대 히브리어 본문의 세 줄에는 직인이 찍혀져 있는데, "서기관, 네리야의 아들, 베렉야후(Berekhyahu)에게 속한 것"[200]이라고 적혀 있다. 베렉야후(Berekhyahu)는 단축된 바룩의 완전한 이름이다. 그것은 "야훼의 축복을 받은"을 의미한다. 마찬가지로 또한 완전한 형태의 바룩의 아버지의 이름은 네리야후(Neriyahu)로 성경에서는 네리야(Neriah)로 불렸다. 접미사 야후(yahu)는 야훼의 단축 형이고 그 시대에 이스라엘의 많은 이름에 나타난다. 공문서용 인장은 "바룩의 도장"으로 지정되어졌다.

이제 두 번째 공문서용 인장은 사십 개의 새로운 고대 셈어 비문들(Forty New Ancient West Semitic Inscriptions)로 제목으로 개인적으로 출간된 책에서 나타났다. 비록 어떤 저자도 그 책에 표시되어 있지 않지만 로버트 도

---

200 Tsvi Schneider, "Six Biblical Signatures," *Biblical Archaeology Review* 17, no. 4(1991): 26-33; Hershel Shanks, "Jeremiah's Scribe and Confidant Speaks from a Hoard of Clay Bullae," *Biblical Archaeology Review* 13, no. 5(1987): 58-65.

이취(Robert Deutsch)와 하이파 대학교의 히브리어 성서 교수인 마이클 헬 쩌(Michael Heltzer)로 알려져 있다. 바룩 에게 속한 것으로 묘사된 공문서용 인장을 찍었던 동일한 도장이 이 인장위에 사용되어졌는데 왜냐하면 세 개 의 문자는 동일하기 때문이다. 그 도장 전체는 또한 하나의 이중 테두리 선 으로 둘러싸여있다. 이 공문서용 인장의 뒤에는 그것이 이전에 묶였던 문 서로부터 온 공문서용 인장이 찍혀져 있는 문서에 파피루스 섬유 조직들의 흔적들이 있다. 이 두 번째 공문서용 인장에 관해서 놀라운 것은 그것의 가 장자리에 손도장이 양각되어져 있다는 것인데 그 손도장은 바룩 서기관 것 으로 추정된다. 바룩은 틀림없이 기록했어야만 했고 그리고 그것에 도장을 찍어야만 했다. 따라서 우리는 바룩이 서기관이었다는 주장의 정확성에 대 한 증거를 가지고 있을 뿐만 아니라 심지어 예레미야의 서기관이 바로 그 손도장도 가지고 있다 할 수 있을 것이다.[201]

거의 사백 개의 인장 비문들이 발견되었고 대부분은 주전 팔 세기에서 육 세기에 쓰인 것이다. 이 인장들은 대상물에 대한 개인의 소유 혹은 구입 을 증명하는 기록문서 또는 이미 나타낸 것처럼 파피루스나 양피지의 발신 자의 이름을 나타내는 개인적인 서명과 동일한 것들이다. 1982년에 세상 을 놀라게 한 "공문서용 인장들의 저장소"(House of Bullae)가 예루살렘의 기혼 샘 위의 가파른 남동쪽 경사지에서 발견되었다. 거기에는 51개의 인 장들의 무더기가 겹쳐져 따로 놓여 있었는데 이것들은 느부갓네살 왕과 바 빌론 군대가 예루살렘을 파괴했을 시기로부터 유래된 것이다. 화재로 인해 서 이 인장들이 첨부된 파피루스 두루마리들은 소멸되었지만 화재는 그 인 장들을 불멸 속으로 굳어지게 한 것과 마찬가지였다.

예루살렘의 공문서용 인장들의 저장소 바닥에서 발견된 이 51개의 인 장들 중에는 반지들에 의해 둘려진 타원형 모양의 도장(렘 22:24절에서 은유

---

201 Hershel Shanks, "Fingerprint of Jeremiah'a Scribe," *Biblical Archaeology Review* 22 (March/April 1996): 36-37.

적으로 고니야[여호야긴] 왕에 관해 사용된 "인장 반지"[히브리어 호탐]에 관한 언급이 있는 곳으로 다음 비문과 함께 있었다. "그마르이후의 사반의 아들"(Gemaryhu son of Shephan")에게 [속한 것])이 있었다. 아무래도 이것은 예레미야 36장 10-12절과 26절에서 나오는 "그마랴, 사반의 아들"과 같은 것일 것 이다. 바룩은 정말로 예레미야 초기의 두루마리를 성전 구역 내에 위치한 그마랴의 방에 모인 사람들에게 읽어주었다.[202] 그마랴는 여호야김 왕의 궁전에서 예레미야 선지자의 든든한 지원자였던 것으로 나타났다.

또 다른 눈에 띄는 공문서용 인장이 여기서 언급된다. 그것은 "그 왕의 아들 여라므엘(Jerahmeel)에 속함"이 새겨진 것이다. 그 인장은 이중선에 의해 분리된 활자(script)의 두 선들로 구성된다. 이런 경우에 "그 왕의 아들"은 아마도 공식적인 지위였고 문자 그대로의 의미에서 사용되어질 필요가 없다. 이 지위를 가진 사람들은 일반적으로 왕실에 배정된 사람들이다.[203] 이러한 인장을 흥미롭게 만드는 것은 예레미야 36장 26절에 여호야김 왕이 "왕의 아들 여라므엘"를 보내어 예레미야와 바룩을 잡아오게 했다는 것이다.

고고학자들이 발견한 다른 많은 이름들이 예레미야서에 나타나는데 그들은 정말 동일한 사람들이었다고 제안한다. 예를 들어 제임스 스타키(James Starkey)는 1935년에 두 줄로 된 비문과 함께 "그 집을 관장한 사람 그달야후(Gedalyahu)에게 속함"으로 읽히는 도장 인감을 발견했다. 비록 (렘 40:13-14; 41:1-2에서 나타난 것처럼)그다랴라는 이름은 그 시대에 매우 일반적인 이름이었음에도 불구하고 이것은 유다의 총독이 된 그다랴의 인장일수도 있고 아니면 주전 586년의 비극적인 사건들 이전에 시드기야 왕의

---

202 Nachman Avigad, *Hebrew Bullae from the Time of Jeremiah: Remnants of a Burnt Archive* (Jerusalem: Israel Exploration Society, 1986), 129.

203 Philip J. King, *Jeremiah: An Archaeological Companion* (Louisville, Ky.: Westminster John Knox, 1993), 95-99. 킹(Philip J. King)은 렘 40:13-14; 41:1-2에서 나타나는 동일한 이름들인 그다랴, 이스마엘 그리고 왕인 바알리스의 이름들을 가진 다른 세 개의 인장들을 강조했다.

통치 아래에서 "왕실의 관리인"으로 역할을 했던 사람일 수도 있다.[204] 집을 관장하는 사람이라는 직위는 왕실의 행정관리임을 나타내며 그 시대에 그 나라에서 가장 높은 관리들 중의 한 명이 되었음을 명시한다. 그다랴는 그러한 가족에 속했다. 왜냐하면 그의 할아버지 사반은 요시야 왕 아래에서, 그의 아버지 아히감은 요시야 왕과 여호야김 집권 하에서 모두 높은 관직에 있었기 때문이다(왕하 22:3, 12; 렘 36:21-24). 그다랴와 그의 관리들은 민족주의 단체의 지도자인 이스마엘에 의해 식사도중 살해되었다(렘 40:7-41:3).

또 다른 점토 인장에는 다음과 같은 글귀가 적혀 있다. "왕의 아들 이스마엘에게 속함." 알려지지 않은 그 지방의 개인 수집물의 일부인 이 인장을 연구했던 발카이(Barkay)는 그 인장의 소유주는 왕실 가족의 구성원인 느다냐의 아들 이스마엘이었다고 확신한다.[205] 히브리어 문자를 통해 판단해 보면 그것은 주전 칠세기 말에서 육 세기 초반으로부터 유래된 것이다. 만약 그렇다면 그는 예레미야 41장 1절에서 언급된 바로 그 사람이다. "일곱째 달에 왕의 종친 엘리사마의 손자인 느다냐의 아들로서 왕의 장관인 이스마엘이 열 사람과 함께 미스바로 가서 아히감의 아들 그다랴에게 이르러 미스바에서 함께 떡을 먹다가."

다른 인장 하나 더 여기서 언급될 수 있을 것이다. 그것은 1984년에 주전 600년경의 중부 트랜스요르단의 마다바 평원에 있는 암몬 도시인 텔 엘-우메리(Tel lel-Umeiri)에서 발견되었다. 그 인장은 다음과 같이 읽힌다. "바알리스의 종인 밀코무르(Mikomur)에게 속함." 여기에 언급된 바알리스는 예레미야 40장 13-14절에 언급된 암몬 자손의 왕이며 이 인장에 언급

---

204 Siegfried H. Horn, *Palestinian Exploration Fund: Quarterly Statement,* Octorber 1935, 195-96, 그리고 King, Jeremiah, 98.
205 G. Barkay, "A Bulla of Ishmael the King's Son," *Bulletin of the American Schools of Oriental Research* 290-91 (1993): 109-14.

된 성서 외부의 최초 자료들이다.[206]

아마도 이러한 간략한 인장의 연구로 인한 흥분은 나훔 아비가드(Nahum Avigad)에 의해 가장 잘 설명되어 있다.

> 결론적으로 나는 최초로 이러한 두 개의 인장들[바룩 서기관과 그 왕의 아들 여라므엘을 다루고 판독할 때 내 자신의 감정을 표현하는 것을 억제할 수가 없다. 이는 유다의 몰락에 선행한 가장 치명적인 시기와 관련된 예레미야의 충실한 추종자와 거인과 같은 예레미야는 극적인 사건들에서 두드러진 인물들과의 개인적 접촉을 가진 것으로 느껴지게 된다.[207]

예레미야서와 관계된 서신들

공문서용 인장은 예레미야 선지서에서 암시된 사건들과 인물들에 대한 우리가 보존하는 유일한 기록 자료들은 아니다. 숨겨진 또 다른 것은 스물한 개의 오스트라카(ostraca) 혹은 검은색 잉크로 새겨진 저장용 단지의 조각들에서 보존되어 있는 것이다. 이것들은 유다의 마지막 왕 시드기야의 통치 시기인 주전 약 590년경 쓰여진 (대부분은 편지들이지만 일부는 단지 이름의 목록들이었다)라기스 편지들로 잘 알려진 것들이다. 이 라기스 편지들은 바빌론이 남부 유다의 라기스를 포위하기 바로 직전에 쓰였다.

주전 586년의 바빌론 포위 이후 라기스가 파괴되었을 때 불로 인해 검게 타버린 열여덟 개의 기명식 질그릇 조각들이 재들로 뒤덮인 성문 내부와 외부 사이의 위병소에 늘어져 있는 상태로 발견되었다. 다른 세 개의 조각들은 1938년에 궁정 요새 근처에서 발견되었다. 오스트라콘(Ostracon)

---

206 King, *Jeremiah*, 98-99.
207 Nahum Avigad, "Baruch the Scribe and Jerahmeel the King's Son," *Israel Exploration Journal* 28 (1978): 56.

VI는 예레미야서 연구를 위해 가장 흥미로운 것들 중의 하나이다. 이 편지는 라기스의 군대 장관으로 여겨지는 야우스(Ya'ush)에게 전해진 것으로 다음과 같이 읽힌다.

그리고 보라: [그 선지자의] 말들이 좋지 않다; 그들은 [그 백성들의] 손들을 약하게 하고, 그들은 그 나라와 그 도시의 힘을 약화시킨다.

이 편지로부터 왕과 그의 관리들은 문자적으로 그 백성들의 "손들을 약하게 만든" 한 선지자[본문이 낭독되도록 삽입되어진 것처럼]에게 화를 내고 있는 것처럼 보인다. 이와 동일한 고소가 예레미야 38장 4절에 나타난 "손을 약하게 하는"이라는 정확한 관용구에 나타나기 때문에 "이 사람은 사형에 처해야 한다. 그는 군사들과 … 또한 그 백성들을 절망시키고 있다[문자적으로 "~의 손을 약하게 하는," 히브리어: 메레페에트 에데이]." 아마도 이 사람은 그들이 라기스 편지에서 암시하고 있는 그 사람일 가능성이 가장 크다. 정말 라기스 편지 III에 그리고 라기스 편지 IV에 "그 선지자"라는 언급은 존재한다. 라기스 편지 IV에는 그 이름의 마지막 부분인 "-야후(yahu)"만 보존된다. 그 이름의 나머지 부분은 판독이 불가능하다. 예레미야의 히브리어 이름은 이르메야 혹은 더 긴 형식의 이르메야후로 이것이 여기에 적당할 것이다. 다른 사람들은 그 선지자가 우리야(히브리어로 우리야후)일 것이라고 생각하는데 이것은 우리야가 예언을 하고 애굽으로 도망갔고 여호야김 왕의 통치하에서 죽었기 때문에 가능해보이지 않는다(렘 26:20-23). 의심의 여지없이 예레미야의 설교는 이 편지에서 고소했던 것처럼 "그 나라[유다]와 그 도시[예루살렘]의 힘을 약화시켰다"였고 그의 의도는 그들을 여호와에게로 돌아가도록 하는데 있었다.

바빌론 유수에 대한 예레미야의 설교는 예레미야 29장뿐만 아니라 오스트라콘 III에 보존되어 있는데 이 오스트라콘 III은 바빌론으로 강제 이주된 사람들에게 보내진 그의 편지들 중의 하나로 보존되었을 가능성이 있는 것으로 보인다. 호사야후(Hosha'yahu)의 손에 의해서 보내진 한 편지는 이러한 정보를 제공했다.

> 그 왕의 종인 토비야후는 그 선지자로부터 얏두아(Yaddua)의 아들 샬룸(Shallum)에게 보낸 그 편지에 관해서 이르기를, "주의해라!" 당신의 종이 나의 주[라기스에 있는 군대 장관 야후스]에게 이것을 전했다.

이 시대에 예레미야이외에도 다른 선지자들은 유다에 있었지만 그러나 "그 선지자"라는 언급은 그는 유명한 사람이고 그 시대에 일반적으로 허용된 정책에 반대하는 그의 입장이 알려져 있는 사람을 언급하고 있는 것으로 봐야한다. 따라서 비록 그 신원이 분명하지는 않지만 그 유사성은 놀랍고 그리고 성경의 진술과 고고학적 발견 물들 사이의 유사성들의 증거가 된다.[208]

예레미야의 간곡한 권고, 즉 예레미야 29장 5절에 그들 안에서 "집을 짓고 거기에 살아라"라는 권고는 1889년과 1900년 그리고 1948년에 바빌론의 남동쪽의 니푸르(Nippur)에서 발견된 무라슈 기록보관소(Murashu Archives)로 알려진 700개의 기명식의 토판에서 증명된다. 이 토판들은 주전 5세기 바빌론에 살던 한 유대인 가족들에 속한 문서들로 지불에 대한 계약서들과 증명서들 그리고 영수증들이 기록되어 있다. 거기에 언급된 개인들의 이름들은 히브리어와 비 히브리어 이름들 둘 다가 있고 아마도 그 사실은 그 가족이 바빌론 사회 속으로 통합되어지고 있었다는 사실을 가리킨다.[209]

---

208 André Parrot, Babylon and the Bible(London: SCM Press, 1958), 99-105쪽을 보라.
209 G. Ernest Wright, *Biblical Archaeology*, rev. ed. (Philadelphia: Westminster Press, 1962), 209.

예레미야서에서 제의에 대한 언급들

다른 몇몇의 선지자들(예를 들어 겔 8:14-15)처럼 예레미야서는 유다가 그들 주변 이교도의 숭배와 의식들을 채택하고 실천한 것을 기소했다. 특별히 혐오스러운 하나의 배교는 "하늘의 여왕"에 대한 고대의 숭배였다. 예레미야 7장 16-18절과 44장 15-19절과 25절의 두 개의 분리된 구절들에서 선지자는 여인들이 "하늘의 여왕의 형상"〔히브리어 레하아시바〕과 같은 과자〔히브리어 캅바님〕를 만들어 놓고 그녀에게 전제를 드리는 사실에 대해 한탄했다.

이제 흥미로운 사실은 단 이 두 구절에서만 나타나는 "과자(cake)"의 히브리어 단어가 주전 2000년부터 500년까지 메소포타미아에서 사용된 동부 지방의 셈어인 아카드어에서 온 차용어라는 사실이다. 캅바님은 메소포타미아 사람들이 어머니 신인 이쉬타르(Ishtar)의 의식을 위해 사용된 달달한 과자였다. 고고학자들은 유프라테스 강 중앙 지역에 위치한 고대 도시 마리(Mari)지역에 있는 왕궁의 부엌에서 무려 47개나 되는 점토 주형들을 발견했는데 그것들은 그 선지자가 반대하는 것들을 행하는 사람들에 의해 매우 유사한 목적들로 사용되었을 것이다. 주형수(mold number) 1044번은 나체인 상태의 여신 이쉬타르를 나타내는 것으로 보이는데 그 모습은 손으로는 그녀의 가슴을 떠받치면서 앉아있는 여신상의 모습으로 예레미야가 경고했던 그 형상을 소유하고 있는 것으로 보인다.[210]

하늘의 여왕의 정확한 정체는 풀리지 않았는데, 그 후보로는 서부 지방의 셈족의 여신인 아스타르테(Astarte)와 아낫(Anat) 그리고 아세라(Asherah)

---

210 W. Rast, "Cakes for the Queen of Heaven," in *Scripture in History and Theology: Essays in Honor of J. Coert Rylaarsdam*, ed. A. Merrill and T. Overholt (Pittsburgh: Pickwick, 1977), 167-80. 또한 Susan Ackerman, "'And Women Knead Dough': The Worship of the Queen of Heaven in Sixth-Century Judah," in *Gender and Difference in Ancient Israel*, ed. P. Day (Minneapolis: Fortress, 1989), 109-24쪽을 보라.

에서부터 동부 지방의 셈족 여신인 이쉬타르까지 포함된다.[211] 그러나 "하늘의 여왕"이라는 호칭은 1945년에 헤르모폴리스(Hermopolis)에서 발견되었다(그리고 1966년에 출판되었다). 메소포타미아의 여신 이쉬타르는 금성과 동일시하였기 때문에 그녀의 상징은 여덟 방위를 가진 별로 여겨졌다. 그것은 이쉬타르로 볼 수도 있을 것이고 아마도 서부 지방의 셈족 신들 중의 하나 혹은 그 이상의 신들은 소위 말하는 이 하늘의 여왕과 관련될 수 있을 것이다.

이사야 선지서에 관한 신뢰성

이사야 본문의 보존

사해 사본에서 발견된 가장 중요한 사본들 중의 두 개는 이사야서 본문들이다. 일반적으로 학자들은 이사야서의 사해 사본들의 시기가 주전 1세기경이라고 하는데 이 시기는 1947년에 발견되기 전에 알려진 이사야서의 완전한 히브리어 본문들보다 천 년 이상 빠른 것이다. 그러나 이 본문에 관한 놀라운 사실은 발견 직후에 개정표준역(RSV)과 비교하였을 때 이 선지서의 히브리어 본문들의 철자 혹은 단어에 오직 무의미한 열 세 곳의 차이만을 발견했다는 사실이다. 이 이사야서는 대부분의 영어 번역본에서 백 페이지에 이른다. 나의 스승인 해리 올린스키(Harry Orlinsky) 박사는 개정표준역이 나올 때 대부분의 책임을 맡고 있었는데 수업 시간에 우리에게 말하기를 개정표준역이 출판된 후 십년이 지나지 않아 그와 그 위원회는 이 열세 개의 차이에 대해 매우 당황했다. 왜냐하면 이제 그는 그것들이 단

---

211 Siegfried H. Horn, *Biblical Archaeology After 30 Years* (Berrien Springs, Mich.: Andrews University Press, 1978), 12, 13. 또한 King, Jeremiah, 102-8쪽을 보라. 특별히 *Mission archaeologique de Mari, II: Le Palais-documents et monuments*의 André Parrot의 1959년 출판의 plate 19로부터 King의 105쪽에 관한 마리 주조를 보라.

지 이사야서 전체에서 셋 혹은 넷의 철자 차이만을 만든다는 사실을 확신했기 때문이다. 그 정도는 Savior 혹은 Saviour처럼 미국과 영국의 단어 철자법 사이의 차이와 유사한 것이었다. 그것은 단지 서너 개의 중요하지 않는 단어들의 철자법 차이만 가진 천년 이상 보존된(히브리어 본문이 존재한 시기부터 약 천년 후까지) 본문의 순도에 대한 가장 극적인 증거였다.

이사야서에 있는 속담들

심지어 이사야서에 보존된 속담들조차도 고고학적 자료들로부터 우리에게 알려진 것들을 반영하고 있는 것처럼 보인다. 예를 들면 이사야 22장 13절은 이 속담을 포함한다. "'내일 죽으리니' '먹고 마시자' 하는 도다!" 주전 1800년과 1600년 사이 어느 시점에서 유래된 바빌로니아 본문은 유사한 속담을 가졌다. "곧 그가 죽을 것이니; 〔그래서 그가 말하기를〕, 〔내가 가진 모든 것을〕 내가 먹게 하라!"[212]

이사야서에서 나오는 사람들

이사야 22장 15-16절에는 또 다른 흥미로운 언급이 있다. 그 구절을 읽어보자.

> 주 만군의 여호와께서 이르시되 너는 가서 그 국고를 맡고 왕궁 맡은 자 셉나를 보고 이르기를, 네가 여기와 무슨 관계가 있느냐 여기에 누가 있기에 여기서 너를 위하여 묘실을 팠느냐 높은 곳에 자기를 위하여 묘실을 팠고 반석에 자기를 위하여 처소를 쪼아내었도다

1870년에 한 무덤이 예루살렘 바로 남동쪽에 위치한 실로암 마을에서

---

212 James B. Pritchard, *Ancient Near Eastern Texts Relating to the Old Testament*, 2nd ed. (Princeton, N. J.: Princeton University Press, 1955), 425.

발견되었는데 그것은 거의 읽을 수 없는 비문을 가진 바위를 잘라낸 무덤이었다. 이 무덤은 분리되어 대영박물관에 옮겨졌다. 1954년에 아비가드 (Avigad)는 낡은 히브리어 편지들과 부분적으로 없어진 몇 개의 편지들을 판독하는데 성공하였다. 거기에는 다음과 같이 적혀 있었다. "이것은 그 집을 관장한 〔…〕-야후(-yahu)의 매장지이다. 여기에는 은과 금은 없지만 〔그의 뼈들〕과 그와 함께 그의 시녀의 뼈들〔종의 아내가 있었다〕. 이 〔무덤〕을 여는 자에게 저주가 있으리라!" 이것은 이사야가 그의 완전한 이름이 셉나야후(Shebnayahu)인 셉나에 관해 말하고 있는 것과 동일한 무덤일 것이다. 셉나는 히스기야 왕 치세 때 고위 관리였고 "비서" 혹은 "서기관"(히브리어 소페르; 왕하 18:18; 19:2; 사 36:3)와 "왕궁을 맡은 사람"(사 22:15)으로 다양한 명칭을 가졌다. 분명히 그는 부유할 뿐만 아니라 지위를 가진 사람이었는데 왜냐하면 그는 바위를 다듬어서 눈에 띨만한 기념물을 만들어 하나님에게 꾸짖음을 당했기 때문이다. 비록 그 신분을 완전히 확신할 순 없다 할지라도 적어도 우리가 읽을 수 있는 것과 아는 것의 대부분은 이 무덤을 이사야 22장 15-16절에 있는 언급과 연결한다는 것이다.[213]

이사야서에서 사용한 가나안의 암시들

이사야 27장 1절에 있는 "그날에 여호와께서 그의 견고하고 크고 강한 칼로 날랜 뱀 리워야단 곧 꼬불꼬불한 뱀 리워야단을 벌하시며 바다에 있는 용을 죽이시리라"와 우가리트어의 인용 사이에 특이한 병행이 존재한다. 이방신 바알과 그의 누이인 아낫에 관한(주전 1400-1200년경으로부터 유래된 한 가나안 자료) 우가릿 시들 중 하나에서 죽음의 신인 못(Mot) 신은 바알을 위한 한 메시지를 두 바알의 사신들에게 준다.

---

213 Nahum Avigad, Israel Exploration Journal 3 (1953): 137-52; Donald J. Wiseman, *Illustrations from Biblical Archaeology* (Grand Rapids, Mich.: Eerdmans, 1958), 59.

만일 당신이 로탄(Lotan)을 쳐부순다면, 그 뱀은 기울어지고,

그 뱀을 비틀리게 파괴하라,

일곱 머리를 가진 샬얏(Shalyat). (우가리트 본문 67:I:1-3; 혹은 27-30).

로탄은 가나안의 리워야단이다. 이사야는 이방 이미지를 사용해서 하나님이 종말에("그 날에) 행동하실 것에 관한 그의 요점을 만들었던 것처럼 보인다.

다른 종교들이나 신들에 대한 이사야서의 언급들

만약 선지자들이 그들이 속하지 않거나 개인적으로 모르는 실재나 역사를 지어내려고 시도하였다면 그들이 (예를 들면 시간 또는 공간에 잘못 놓인) 시대착오의 실수들을 범할 수 있는 여지가 많이 있었을 것이다. 이것의 좋은 예는 이사야 46장 1절이 될 것인데 그 선지자는 "벨은 엎드러졌고 느보는 구부러졌도다 그들의 우상들은 짐승과 가축에게 실렸으니"라고 기록했다. 그러나 이 두 신들의 연관성은 일부가 제안한 것처럼 부정확한 것은 아니다. 루브르에 있는 한 원통에[214] 벨-마르둑(Bel-Marduk)과 그의 아들 나부(느보, Nabu(Nebo))가 용들 위에 서있는 모습으로 나타난다. 그들은 마루(marru)는 마르둑을 위해 그리고 서기관의 첨필을 위해 글쓰기와 서기관들의 신인 보르십파(Borsippa)의 신이었던 나부 신들과 나란히 위치해 있는 상징들로 인해 정확하게 식별될 수 있다. 우리는 이 원통으로부터 그리고 이 신들은 동시에 숭배되었다는 다른 증거로부터 안다.[215]

가장 특이하게 사용된 이사야서의 구절

벤자민 마자르(Benjamin Mazar)가 기록했던 것처럼 세상을 가장 놀라게

---

214 Ao 7217, Delaporte, *Catalogue des cylindres orientaux*, II, 686. 그 원통은 41 x 18 mm 크기의 옥수로 만들어진 것이다.

215 Parrot, *Babylon*, 56-58.

하는 발견들 중의 하나는 현대의 이스라엘 사람이 성전 서쪽 벽을 발견하는 동안에 이루어졌다. 그들은 거기에서 통곡의 벽의 거대한 돌들 중의 하나 위에 새겨진 이사야 66장 14절로부터 온 "너희가 이를 보고 마음이 기뻐서"라고 하는 단어들을 발견했다. 이 비문의 연대는 배교자 율리안(Julian the Apostate)이 유대인들을 예루살렘에 재정착하고 성전 재건축을 시작하는 것을 허락하였을 시기로 정해진다. 이 단어들을 새긴 자는 누구든지 그 절을 선행하는 구절에서 온 위로를 숙고했음에 틀림없을 것이다. "어머니가 자식을 위로함같이 내가 너희를 위로할 것인즉 너희가 예루살렘에서 위로를 받으리니." 마자르는 그 구절은 "희망과 절망의 수세기를 통한 거룩한 장소에 대해 그 백성들의 헌신에 대한 기록된 증거"라고 말하였다.[216]

에스겔 선지서에 관한 신뢰성

에스겔의 지도를 위해 벽돌을 사용

에스겔 선지자의 메시지는 똑같이 신뢰할 수 있다. 이런 신뢰성에 대한 확인은 본문의 부수적인 것에서 가능하다. 예를 들면 에스겔 4장 1절에서 그 선지자는 너무 유명한(혹은 유명하지 않은 듯한) 그의 상징적인 행동들 중의 하나를 사용한다. 야훼가 그에게 말씀하시기를, "너 인자야 토판[벽돌]을 가져다가 그것을 네 앞에 놓고 한 성읍 곧 예루살렘을 그 위에 그리고 그 성읍을 에워싸되." 그는 이 말씀을 만약 회개가 없다면 하나님은 결국 이 벽돌 위에 묘사했던 바로 그 도시를 포획하실 것이란 사실을 생생하게 묘사하기 위해 이 행동을 사용했다.

에스겔이 벽돌을 글 쓰는 재료로 사용하였다는 사실은 그 당시에는 별로 이상하지 않았다. 바빌론의 발굴지는 도시의 지도들뿐만 아니라 큰 건

---

216 Benjamin Mazar, *The Mountain of the Lord* (Garden City, N. Y.: Doubleday, 1975), 94.

물의 도해 그리고 토지에 대한 계획이 구워진 점토판들이 벽돌위에 새겨졌다는 것을 보여주고 있기 때문이다.[217]

에스겔의 우리(cage) 은유 사용

에스겔 19장 19절에서 문화에 대한 다른 암시는 마찬가지로 적당한 것이라고 입증된다. 여기에서 그 선지자는 유다 왕을 "우리에 넣고" 갈고리를 꿰어 끌고 "바빌론 왕에게 이르는" 사자로 비유하였다. 니느웨에서 유래된 반양 각에 아수르바니팔(Ashurbanipal) 왕이 활과 화살을 가지고 들판에서 사냥하는 장면이 그려져 있다. 한 마리의 사자는 우리에서 옮겨지고 왕이 사냥을 할 수 있게 풀어주었다. 야생 짐승 스스로가 왕이 타고 있는 전차에 대항하여 거칠게 달려들면 왕은 그의 활살을 당기어 그 짐승이 전차쪽으로 뛰어 오를 때 그 짐승의 입을 맞춘다. 이와 같은 방식으로 유다의 왕은 우리 속에서 바빌론 왕의 즐거움을 위한 약탈품으로 옮겨질 것이다.[218]

에스겔의 이교도들의 문화적 행태들에 관한 묘사

바빌론 왕은 다시 에스겔 21장 21절에서 그에게 사용가능한 다양한 전조들을 사용하여 갈림길에 이르렀을 때 택해야할 길을 결정한 것으로 묘사된다. 특별히 "그는 간을 조사할 것이다"라는 사실은 의미심장하다. 이 구절은 메소포타미아에서 점을 치는 매우 보편적인 형태로 동물의 간을 조사하는 간 점치기로 알려져 있다. 일반적으로 양은 희생 제물로 드려졌고 그 간은 사람들이 삶에서 무엇을 행해야 할 것인지를 결정하기 위해 주의 깊게 조사되었다. 간들의 다양한 모양들과 구성들에 대한 안내로써 동물의 간들을 점토로 만든 모형들이 메소포타미아와 소아시아와 가나안에서도

---

217 M. Avi-Yonah and Abraham Malamat, eds., *The World of the Bible* (New York: Educational Heritage, 1964), 3:162.
218 Ibid., 174.

발견되었는데, 간의 점토 모형은 간이 예견하는 것을 조사하기 위한 모형 견본으로서 역할을 한다. 동물의 간들을 점토로 만든 모형들은 주전 두 번째 천년으로 거슬러 올라간다. 이것이 바빌론 왕이 에스겔 본문에서 행하고 있었던 것이다.[219]

왕실의 매장지들에 의해서 거룩한 장소가 더렵혀짐

처음 보기에는 매우 부수적이고 사소한 것으로 보이지만 실제로 우리에게 그 본문이 모든 영역에서 신뢰된다는 사실상의 단서가 되는 하나의 보기가 더 있다. 에스겔 43장 7절에 "이스라엘 족속 곧 그들과 그들의 왕들이 음행하며 그 죽은 왕들의 시체[NIV는 이 단어를 은유적인 언급인 "생명 없는 우상들"로 취한다. 그러나 이것은 분명히 잘못된 것이다]로 다시는 내 거룩한 이름을 더럽히지 아니하리라"라는 사실을 언급하고 있다. 이전에 성전을 더럽히는 것으로 그 왕들의 죽은 신체에 대한 언급은 아마도 솔로몬에 의해 건설되었던 첫 번째 성전의 시기에 속한 왕실 묘지에 관한 발견에 의해서 명확하게 되었다. 발굴의 시작은 1968년 2월에 성전 산 아래에서 시작되었다. 헤로디안(Herodian, 또는 통곡 혹은 서쪽)의 벽으로 알려진 벽이 길게 뻗어진 서쪽에서 고고학자들은 성전 산을 마주하며 매장지들과 성전 산 사이에 있는 중앙 혹은 타이로페온(Tyropeon) 골짜기를 동반한 언덕의 동쪽 경사지의 자락에서 단단한 바위로부터 깎아내어 만든 무덤들을 발견했다. 실제로 그 서쪽 벽의 기초들은 이 무덤들 중 두 개의 무덤 바로 입구에 놓여 있다. 그러므로 선지자 "에스겔은 성전의 거룩한 구역에 인접한 왕실의 무덤들에 대해서 그의 노를 뿜었고, 그 무덤들의 제거를 요구했다."[220]

---

219 Ibid., 176-77.

220 Benjamin Mazar et al., *Jerusalem Revealed* (Jerusalem: Israel Exploration Society, 1975), 40.

바다 가운데로 던져진다는 두로에 대한 예언

선지서들의 세부사항들은 이 선지자들에 관한 정확성을 가리키는 것일 뿐만 아니라 그들의 메시지 또한 유효하다는 것이다. 이 사실은 많은 구절들에서 입증될 수 있으며 가장 놀라운 것중의 하나는 에스겔 26장 1절에서 14절까지이다. 26장에서 28장까지 확장된 두로에 대한 예언에서 선지자 에스겔은 바빌론 왕 느부갓네살이 와서 그들을 파괴할 것이라는 사실을 경고한다.

이것은 바빌론의 군주가 본토에 있는 그 도시를 장기간 포위할 때 발생했다. 선지자는 에스겔 26장 1-11절에서 3인칭 단수 대명사를 조심스럽게 사용하였다. 그런 후에 갑자기 12절에서 그는 3인칭 복수 대명사로 바꾸었다. "그들이 네 재물을 빼앗을 것이며 네가 무역한 것을 노략할 것이며 네 성을 헐 것이며 네가 기뻐하는 집을 무너뜨릴 것이며 또 네 돌들과 네 재목과 네 흙을 다 물 가운데에 던질 것이라."

느부갓네살은 본토에 있는 그 도시를 점령할 수 있었지만 그는 두로 사람들이 해변으로부터 반마일 떨어진 섬으로 도망하였기 때문에 그들을 포위하려는 시도가 좌절되었다. 이 일은 약 삼백년 후에 알렉산더 대왕을 위해 남겨졌다. 먼저 알렉산더는 배에 승선한 이 해양민족들을 만나기 위해 나갔다. 그러나 완전히 실패하였다. 좌절감 속에서 알렉산더는 "돌들과 목재 그리고 돌무더기를 구하여 바다 속에 던져 넣었고" 그 도시를 점령하기 위해 지중해 쪽으로 반마일의 둑길을 만들었다.

이것은 선지자가 느부갓네살이 이 사건에서 마지막 말을 가지지 못한다는 사실을 가리키기 위해 주의 깊게 그 대명사들을 분배했던 것으로 보인 수고의 부분이다. 그리고 본문은 그 사람들을 패배시키기 위한 방법이 그 옛 본토 도시의 남겨진 것들로 그 곳을 점령하기 위해 이 섬의 전초 기지에 까지 그의 군대가 도달하여 최종 정복자의 명령에 의해 바다 속으로 던져 넣어졌다. 그러므로 그 메시지 자체는 개별적인 세부사항들만큼이나 신뢰할 수 있는 것이다.

메시야적 예언들

메시야적이라는 용어는 구약성서에서 영광스런 미래에 대한 소망을 언급하는 모든 것에 적용된다. 나는 다윗의 집과 그 계통에서 나오는 메시야에 대한 기대만을 다루기를 원한다. 메시야라는 용어는 서른아홉 번 나타나는데 구약성서 언급들의 오직 아홉 번만 하와와 아브라함 그리고 이삭과 야곱과 또한 다윗과 다윗의 후손들에게 약속된 앞으로 올 사람으로 사용된다. 그러나 이 용어의 사용을 제외하고도 메시야를 다루는 구절들의 분포는 구약성서의 신빙성과 신뢰성에 대한 사례를 만드는데 엄청나게 풍부하다.

아마도 랍비 문학들에 있는 메시야와 관련하여 구분된 구약성서 본문들의 약 456개의 수는 너무 많다.[221] 그러나 바톤 페인(J. Barton Payne)은 3,348절들을 포함한 127번의 개별적 메시야에 대한 예견들을 목록 화했다.[222]

선지자들이 실현된 메시야에 관해 무엇을 예견했는가?

첫째로 그들은 메시야가 베들레헴에서 태어난다는 정확한 장소를 말했다(미 5:2). 그들은 우리가 지금 침례/세례 요한으로 알고 있는 선구자에 의해 선행된다는 사실을 분명히 했다(사 40:3-5; 말 3:1). 그 선지자들은 메시야가 예루살렘으로 의기양양하게 입성한다고 선언했다(슥 9:9-10; 시 118:26-27). 그들은 또한 이 왕과 같은 사람이 은 30 조각에 팔리고(슥 11:12-13) 그의 적들에 의해 조롱을 당하고(시 22:7-8) 고통을 대신 당하고(사 53) 무덤에서 부활할 것(시 16:10)이라고 가르쳤다. 이 예견들은 일반적이지 않다. 그

---

221 이 수는 알프레드 에딜쉐임으로부터 온다. Alfred Eersheim, *The Life and Times of Jesus the Messiah* (Grand Rapids, Mich.: Eerdmans, 1953) 2:710-41 (appendix 9). Walter C. Kaise Jr., *The Messiah in the Old Testament* (Grand Rapids, Mich.: Zondervan, 1995), 28-31.

222 J. Barton Payne, *Encyclopedia of Biblical Prophecy* (New York: Harper & Row, 1973), 667-68.

러나 매우 빈번하고 구체적이며 아주 정확하다. 이 모든 언급들에 대한 연구는 선지자들이 하나님의 신탁으로 말한 것들조차도 매우 회의적인 것으로 여겨지는 것들에 대해 충분히 확신할 수 있을 것이다. 그리스도에 관한 그들 예견들의 확신과 성취는 그 선지자들의 메시지에 대한 완전한 신뢰성에 대해 가장 놀라운 지침들로 자리한다.

결론

물론 이것은 우리가 다룰 수 있는 모든 것은 아니지만 다른 모든 선지자들에 대해서 말해질 수 있는 것의 시작이다. 그러나 각각의 경우에 더 정통한 연구자들은 그 선지자들의 메시지와 부수적인 세부사항들의 핵심을 찌르기 위해 시도했다. 그리고 그들과 나의 확신 역시 마찬가지로 수년 동안의 발견들 위에 축적된 복합적인 증거들에 근거해 세워져왔다. 그 선지자들은 그들의 정확성이 검사되는 모든 장소에서 신뢰될 수 있는 하나님의 종들의 가장 비범한 무리들이다.

구약성서의 메시지는
오늘날 적합한가?

13.

구약성서 내러티브는
우리에게 얼마나 적절한가?

구약성서의 모든 본문은 내러티브 형태 가운데 있다고 할 수 있다. 예를 들면 만약 창세기로부터 신명기까지는 대략 47%가 법률적이며[223] 나머지 53%는 내러티브 형태로 남겨진다. 그리고 여호수아, 사사기, 룻기, 사무엘서와 열왕기서의 거의 전체는 역대기서와 에스라 그리고 느헤미야서와 함께 내러티브 형태 속에 있다. 선지서들의 많은 부분들 역시 내러티브 형태 속에 있다. 그러므로 구약성서의 중심 형태들 중의 하나가 내러티브 형식이라는 것은 달리 언급 할 필요도 없다.

---

[223] 이 추산을 위해서 다음을 보라. William L. Holladay, ⟨*Long Ago God Spoke: How Christians May Hear the Old Testament Today*⟩(Minneapolis: Fortress, 1995), 41, 89.

내러티브의 요소들

아이로부터 장년에 이르기까지 모든 사람들은 좋은 이야기를 좋아한다. 성서의 많은 부분이 이런 형태 속에 있다는 것이 놀랍지 않은가?

모든 이야기는 문학적 장치들의 꾸러미로부터 끌어낸다. 문학적 장치들은 문체와 수사적 장치들과 함께 장면, 플롯, 관점, 인물 성격, 배경, 대화 그리고 구조적 차원들이다.[224] 구약성서 내러티브 산문에서 가장 중요한 장치는 배경이다. 각 배경은 그 자체의 독특한 시간과 장소를 가진다. 그것이 한 배경을 다른 배경으로부터 구별하는 것이기 때문이다. 그 각각의 배경 내에는 행해진 행동들과 구두의 단어들에 주어진 강조와 함께 이야기의 행위가 구별된 연속적인 사건들 속으로 나누어져 있다.

성서 내러티브의 가장 두드러진 특징들 가운데 하나는 하나님의 압도적인 존재이다. 행위에 대한 이런 초점은 플롯을 따라가는 것을 돕는다. 플롯은 단순히 이야기들이 시작과 중간 그리고 끝과 관련되는 행동의 연속을 가진다는 사실과 연결된다.

내러티브의 분석과 온전한 이해를 위해 남아있는 비평적인 한 가지 질문은 이야기의 관점을 찾는 것이다. 화자는 그 이야기 속에서 하나 혹은 그 이상의 인물들의 행위들과 행동들 그리고 말들에 있어서 그들의 편에 서 있는지를 알아야한다. 예를 들어 창세기 13장에서 화자는 자신을 아브라함과 롯이 그들 각각의 가축들에게 풀 먹일 장소에 관한 결정을 내릴 때 스스로는 롯보다는 아브라함과 동일시한다.

우리가 적절성의 질문을 전개하고자 할 때 구약성서의 내러티브 본문들을 이해하고 숙고하는 것을 도울 요점이 하나 더 있다. 성경에 있는 이야기

---

224 이 측면들에 대한 추가 전개를 위해서 다음을 보라. Walter C. Kaiser Jr., "Narrative," in *Cracking Old Testament Codes: A Guide to Interpreting the Literary Genres of the Old Testament*, ed. D. Brent Sandy and Ronald L Giese Jr. (Nashville: Broadman & Holman, 1995), 69-88.

들 중 대다수의 대화들은 성격 묘사에 반대하는 것처럼 사용된다. 화자가 사람을 적용하기 위해 이야기 밖으로 거의 나오지 않는 이유는 산문의 다른 형태들 속에 있는 것처럼 직접적 주장에 의하기 보다는 오히려 간접적 진술에 의하여 포착되어야만 하기 때문일 것이다. 그것은 저자가 결론내리기를 원하는 주장이 화자가 이야기를 했을 때 그가 편을 든 인물의 말들로부터 담화를 위해 남겨진 이유이다.[225]

성경에 있는 내러티브 본문들은 풍부하고 도전적일뿐만 아니라 생생하고 기억할 만하다. 그러나 해석자는 이 본문들을 현대의 개인들에게 적용하기 위해 서둘러서는 안 된다. 우화화 하는 것, 심리학적으로 고찰하는 것 혹은 본문을 즐기는 다른 방법은 우리가 성서의 저자가 먼저 그 구절로부터 의도하고자 한 주제를 볼 때까지 현대의 적용을 찾지 않는 것이다. 만약 그렇지 않게 된다면 우리는 그 본문의 이해를 위한 힘든 작업을 계속 할 수밖에 없다.

그러나 그것은 긴장이 발생하기 시작하는 바로 그 지점이다. 만약 본문은 그것이 기록되었던 사건들과 날들에 매우 특정적이라면 어떻게 현대에 쓸모가 있을 수 있는가? 그것이 바로 우리가 추구하는 질문이다.

독특성과 구체성의 문제

내러티브 형태를 선호하는 성서의 명백한 배경 속에서 그 형태가 현재도 존재하는 것처럼 왜 현대인들과 포스트모던주자들은 이 구약성서 내러티브들 속에 있는 분명하며 암시적인 주장들에 대해 왜 힘든 시간을 가졌는가? 가장 독특한 이유 중 하나는 하나님이 그 모든 것들 가운데 있는 주요 참여자들 중 한 분이시기 때문이다. 심지어 하나님은 그 참여자들 가운

---

225 Robert Alter, *The Art of Biblical Narrative* (New York: Basic Books, 1981), 180.

데 있지 않았을 때조차도 그는 여전히 그 무대 뒤의 주요 출연자이다. 그러므로 하나님은 암시적으로 룻기[226]와 에스더서[227]에서도 존재한다. 비록 그는 에스더서에서는 단 한 번도 불리지 않으며 그리고 룻기에서는 가끔 언급되지만 말이다. 정확히 여기서 그 본문의 많은 현대 독자들에게 문제가 제기되는 것이다. 하나님은 "실제" 역사에 있는 이야기들의 구조에서 쉽게 참여자로 고려되지 않는다. 사실 하나님의 참여는 의미상 내러티브를 일부에게는 거의 신화 혹은 민담의 범주에 놓게 했다.

그러나 비록 역사의 범주가 유신론자들 모두를 위한 것임에 분명하고 또한 하나님의 실재와 활동을 포함시키기 위해 확장되더라도 우리는 초자연적 능력에 속한 말씀들과 행위들을 포함하는 확증과 활동들의 형태들을 어떻게 입증할 수 있을 것인가? 역사에 대한 대부분의 정의들은 이야기의 영역을 우리 자신의 땅의 공간과 시간에서 발견할 수 있는 인물들과 사건들에 제한한다.

여기서 우리는 사건들 자체와 그 사건들에 주어진 해석들 사이를 구별할 수 있을 것이다. 하지만 마치 구약성서에 발생했던 모든 것들이 속기사의 보고 또는 심지어 성서 내러티브들에 포함되어진 결정적 사건들에 대한 광범위한 설명을 제공하고자 하는 시도는 아니다. 그 가정을 고려하며 특별히 그 해석이 신적 관점을 포함해 보면 사건과 그것에 주어진 해석 사이의 뚜렷한 차이가 존재한다. 그러므로 현대인들이 가장 반대하는 이 내러티브들의 결함은 사건들 자체와 그 스스로들에 관한 것이 아니며 그 사건들을 동반하는 해석이다. 그러나 이 장에서 답변되어야 할 우리의 목적에 부합되는 질문은 이것이다. 그 사건은 보고된 것처럼 발생했으며 또한 그 사건 속에 있는 참여자들은 시공간 속에 존재하는 실제 인물들이었는가?

---

226 Ronald Hals, *The Theology of the Book of Ruth* (Philadelphia: Fortress, 1969).
227 Angel Manuel Rodriguez, *Esther: A Theological Approach* (Berrien Springs, Mich.: Andrews University Press, 1995).

만약 내러티브에 관한 우리의 정의가 사람들과 사건들이 의도적으로 어떤 해석으로 이끌기 위해서 선택된 것들(현재 존재하는 것처럼)이며 배열된 것들이란 사실에 동의한다면 우리는 이 사건들이 그것들의 형태 속에 제시된 과정에 관해 무엇을 말할 수 있는가?

어떤 경우들에 있어서 그 개요는 이미 사용된 자료들을 통해 일반적으로 결정되어졌다. 대부분의 사람들은 열왕기상하는 이스라엘과 유다의 왕실 자료들을 반영한다는 사실에 동의한다. 그러나 열왕기상 17장에서 열왕기하 13장에 이르는 엘리야와 엘리사의 내러티브들은 어떤가? 그 내러티브들은 왕실 기록 보관소에서 온 것들은 분명 아닐 것이다. 그러므로 열왕기상하에 포함된 항목들의 선택과 배열은 분리된 기원을 가졌음에 틀림없다. 정말 그 내러티브들은 그럴 것이다. 왜냐하면 그 내러티브들은 그것들을 구성하기 위해 역대기서에 인용된 칠십 다섯 자료들 일부와 비슷한 긴 문서 선지자들의 연속에 속하기 때문이다.

내러티브들의 가장 두드러진 연속적인 사건들은 다윗의 궁정 사에서 발견된다. 그 역사는 최근까지 진정한 역사 저작의 가장 초기의 보기로써 항상 인용되어왔다. 그 역사는 다윗의 통치에 관해 좋은 것뿐만 아니라 나쁜 것을 그 스스로 비평할 수 있었으며 말할 수 있었다. 이 궁정 역사는 사무엘상 16장으로부터 사무엘하 그리고 열왕기상 1-2장까지 이른다. 많은 학자들은 특별히 사무엘하 9-20장과 열왕기상 1-2장을 목격담들에 근거한 궁정사인 "계승사"로 강조했다. 이 부분은 고대 세계로부터 역사 이야기의 최고의 작품들 중의 하나로 간주되어왔다. 그러나 그 평가는 헤이스와 밀러에 의해 거부되었다.[228]

여호수아서와 사사기에 있는 자료들의 기원들을 결정하는 것은 더 어렵다. 그러나 그 자료들 또한 목격담의 주요 참여자들의 일부에 의존한 것처

---

228 지금 거부된 네 가지 이유들을 위해 John H. Hayes and J. Maxwell Miller, *Israelite and Judean History* (Philadelphia: Westminster Press, 1977), 337-38쪽을 보라.

럼 보인다. 마치 출애굽 내러티브가 동일한 특성의 유형에 대해 모세에게 의존한 것처럼 말이다.

이 모든 것을 어렵게 만드는 것은 독특성 혹은 구체성이다. 서사된 각 사건의 독특성과 독창성은 우리에게 문제가 된다. 우리는 단지 성서의 인물들과 사건들이 진정한 역사적인 것들이란 타당한 확실성과 함께 나타내는 것에 효과적일 때 우리는 우리 자신의 상황에 대한 어떤 효과적인 적용으로부터 단절된 것처럼 보인다. 왜냐하면 사건들과 인물들은 다른 시간과 시대에 속하기 때문에 그땐 이 내러티브들은 어떻게 그것들이 본래 쓰였던 자들을 제외한 다른 사람들에게 적용될 수 있을 것인가?

이 본문들은 그것들이 기록되었던 날들과 사람들에 대해 특정하다는 사실 자체가 우리가 그 본문들을 사용함에 있어서 선입견을 갖게 한다는 것을 의미하지는 않는다. 대신에 그 본문들의 특이성들은 우리를 위해 우리의 날들과 시간들 속에서 또한 사실이 될 수 있는 구체적인 방식 속에서 설명한다. 만약 그 메시지들이 추상적이고 이론적인 격언들에 제한되었다면 보통 사람들은 그 의미를 결코 공유할 수 없었을 것이다. 그러나 구체적이고 개인적이며 실천적 용어들 속에 그 내러티브들을 둠으로써 후대의 독자들에게 그 내러티브들을 위한 동일한 진리들을 적용하는 것이 보다 더 쉽게 된다.

구약성서 자체는 이 독특성의 문제를 어떻게 해결해 나가야 하는지를 설명한다. 그것은 계획적으로 보다 초기의 내러티브들을 재사용하며 그것들을 보다 후대의 세대들에게 일인칭 복수 대명사들인 우리 혹은 우리를, 그 혹은 그의, 그녀 혹은 그들과 같은 삼인칭 대명사들에 대한 언급들을 대신해서 넣음으로 이야기 한다. 호세아 선지자는 창세기에서 묘사된 주전 1800년에 발생했던 사건들인 야곱의 생애로부터 대략 여섯 사건들을 취했다(예. 창 25:26; 32:24-26). 그 사건들이 발생한지 약 천년 후에(주전 700년) 그 선지자는 하나님이 오래전 야곱에게 이 사안들을 말했을 때 하나님이 "우리"(히브리어 문자적 의미: "그리고 거기서 그는 우리와 함께 말했다! 호 12:5)에게 말

씀했던 것을 감히 말하고 이 사건들을 이야기한다.[229]

이와 동일한 현상의 유형은 신약성서에서도 보일 것이다. 그것은 또한 구약성서의 사건들을 재사용하며 그것들을 "우리들" 혹은 "우리"에게 직접적으로 적용한다(마 15:7; 막 7:6; 행 4:11; 롬 4:23-24; 15:4; 고전 9:8-10; 10; 11; 힙 6:18; 10:15-17; 12:15-17). 그러므로 우리는 구체적으로 구약성서의 일반적 사용이 매우 구체적인 사건들과 인물들에 관해 근거한 보편적 혹은 추상적 명령들의 형식 속에 있으며 어떤 방해도 되지 않는다고 결론을 내린다.

이 독특성의 유형은 또한 성서 신앙의 "스캔들"이 될 것이다. 만약 그것이 성경의 역사적 특징을 위한 것이 아니었다면 더 적은 수의 사람들이 구체적인 시간들과 장소들 그리고 인물들의 주장들에 의해 공격받을 것이다. 그러나 성서 신앙의 "스캔들"은 우리의 지리와 역사의 종류 속에서 발생했던 것이다. 정말 성육신 그 자체가 그 스캔들의 전형이다. 왜냐하면 그것은 하나님이 인간의 몸으로 와서 우리 가운데 거주하셨음을 주장하기 때문이다. 그러한 점에서 예수의 성육신되심은 역사의 중심점이며 모든 역사에 그렇게 함으로써 그것이 "역사〔그의-이야기〕"를 만드는 것으로 모든 역사에게 말하는 것이기 때문이다.

윌 헐버그(Will Herberg)[230]가 관측했듯이 성서 신앙은 그것이 역사를 가지거나 혹은 심지어 그것이 역사를 다루기 때문에 역사인 것은 아니다. 성서 신앙은 그것 자체가 역사이기 때문에 훨씬 더 심오한 의미에서 역사적이다. 성경이 선언하는 메시지와 그것이 소통하는 가르침과 표명하는 심판들 그리고 약속한 구원은 모두 역사적으로 규정된다. 그리고 그 메시지들

---

229 Walter C. Kaiser Jr., "Inner Biblical Exegesis as a Model for Bridging the 'Then' and 'Now' Gap: Hos 12:1-6," *Journal of the Evangelical Theological Society* 28(1) (March 1985): 33-46. 이 현상은 나에게 패트릭 페어베른에 의해서 소개되었다. Patrick Fairbairn, "The Historical Element in God's Revelation," reprinted in Walter C. Kaiser Jr., ed., *Classical Evangelical Essays in Old Testament Interpretaion* (Grand Rapids, Mich.: Baker, 1972), 67-86.
230 Will Herberg, "Biblical Faith as Heilsgeschichte," *Christian Scholar* 39 (1956): 25-29.

자체가 역사적이거나 혹은 역사에 근거한 것으로써 이해된다. 오직 이 방식에서 우리는 성서 신앙을 "알아볼 수 있다." 성서 신앙을 탈역사화 시키는 것은 시를 바꿔 쓰기 위해 노력하는 것과 같다. 우리는 그것을 붕괴시킬 것이다. 그것은 더 이상 시가 아니다. 그리고 그것은 비슷하게 더 이상 성서 신앙 혹은 역사가 아니다.

헐버그는 이방 사고가 어떻게 모든 현실 자연을 만들었는지를 계속해서 증명했다. 이 철학을 위해 실제적인 것은 자연 그 자체였다(현대 문화화 된 사람들에게 빨리 돌아가고 있는 선택). 반면에 그리스 철학과 동양 신비주의는 그것들 자체의 방식들에서 실제적이었던 것의 본성은 아니었지만 끝이 없이 영원한 것과 세상 뒤에 있었던 것에 동의했다. 삶의 물질이었던 모든 것- 시간적, 물질적, 경험론적 그리고 다양함은 쓸모없는 것으로 제외될 수 있을 것이다. 그리스와 동양 철학이 아닌 다른 더미 속에 있는 것은 영적이고 영원하며 불변의 단 하나의 것이었다. 이것들은 이 세계에서 선이며 진정한 것들 이었다. 여기에서 사도 시대에 나타났었던 그리고 우리 시대에 다시 돌아온 영지 주의적 이교가 존재한다.

그러나 성서 신앙은 이방 의제들과 그리스와 동양 신비주의자들의 것 사이에서 선택하는 것을 거절했다. 성서 신앙은 헐버그가 올바르게 강조했던 것처럼 자연과 시간 둘 다 실제적이었지 환상에 불과한 것이 아니었다는 것을 말함으로써 반박했다. 그것들은 하나님으로부터 온 선물들이었다. 인간은 이방주의가 생각하는 것처럼 자연 속으로 분해될 수 없다. 뿐만 아니라 그것들은 신비주의자들이 주장하는 것처럼 끝이 없는 영과 같은 종류 속으로 흡수되지도 않을 것이다. 성서 내러티브들은 그것들의 전체성속에서 남자와 여자에게 말한다.

그것은 "신앙-역사 긴장"이다. 역사는 초자연적 혹은 위로부터 오는 어떤 초월적인 힘의 개입에 의해 뜯어질 수 없는 연속체인 닫힌 역사라 주장하는 루돌프 불트만(Rudolf Bultmann)과 같은 학자의 명제를 부인해야만 한다. 그러나 그것이 바로 독특성에 관한 성경의 강조가 작동하기 시작하는 곳이다. 이 세계는 닫힌 체계가 아니다. 하나님은 그 자신의 목적들을 위한 이 세계의 역사에서 그 역사의 연속체 속에 오시며 개입해 오셨다.

레싱(Lessing)의 금언 또한 부정확한 이유이다. 그는 역사의 부수적인 진리들은 결코 이성의 필요한 진리들을 위한 증거가 될 수 없을 것이라고 항의했다. 그도 또한 자연과 시간을 초자연적 현상으로부터 나눈다. 남겨진 것은 키에르케고르 철학 지지자의 "신앙의 도약"이 우리에게 행동하기 위해서 남겨진 모든 것이라고 추정하고 있는 것이다. 그러나 우리는 도약하는 사람들이 뛰어오르기 전에 "당신은 뛰어오르기 위해 어디를 가고 있으며 왜 그 길을 택했는가?"를 반드시 물어야만 한다. 이 경우에 순전한 신앙주의 즉 증거가 거의 없거나 전혀 없는 것에 대한 무언가를 믿는 것은 어리석음과 구별될 수 없을 것이다.

고대 내러티브들이 현대의 적절성을 가지는 방법

매우 풍부하고 매우 도전적이며 명백히 기억할 만한 이야기들이 어떻게 본래 말해졌던 세계를 향한 독창성과 구체성을 오용하거나 약화시킴이 없이 우리의 현대 세계에서 사용될 수 있을 것인가? 그것이 성경의 현대 독자가 본문 읽기에 직면한 문제이다.

틀림없이 이 내러티브들은 그것들이 주장하고 있는 원리들을 평범한 용어들 속에서 진술하거나 드러내는 것에 드물다. 정말로 바로 그 사실이 그 내러티브들을 설명적인 산문으로부터 구별하는 특징과 내러티브 본문들의 바로 그 특별성이다. 설명적인 산문과 같은 산문의 다른 형태들은 정의상 직접적인 소통이다. 그러나 내러티브는 바로 그 성질상 간접적인 소통이다. 이 사실이 독자와 해석자에게 문제를 놓는다. 만약 본문이 그것이 의미하는 것을 말하지 않는다면 어떻게 나는 그 저자가 의도했던 것과 권위에 대해 호의적인 의미를 제시하도록 기대될 수 있는가?

우리를 절망으로부터 구출하는 내러티브들을 해석하는 세 개의 안내 지침들이 있다.

(1) 우선 내러티브의 세부 사항의 선택이다.

(2) 그 다음에 이 세부 사항의 배열을 반드시 주목해야 한다.

(3) 종종 저자가 전달되기를 원하는 원리를 구현하거나 관점을 수반하는 본문 내에 있는 핵심 인물들 중의 한명에게 귀속된 인용이 있다는 사실을 주목해야 한다.

예를 들면 열왕기상 17장 1절에서 준비 혹은 표면상의 전이가 없이 내러티브 속으로 엘리야의 소개가 갑작스럽게 전개된다. 그가 선언했던 것처럼 극심한 가뭄이 진행되는 동안 그 선지자의 생애의 대략 삼년 반에서 온 네 개의 일화로부터 선택된 네 가지의 장면들이 따라온다. 네 개의 장면은 각각 사렙다의 과부의 입술로부터 나오는 화법 속에서 절정에 이르는 전개 속에서 주요 역할을 한다. "여인이 엘리야에게 이르되 내가 이제야 당신은 하나님의 사람이시요 당신의 입에 있는 여호와의 말씀이 진실한 줄 아노라 하니라"(왕상 17:24).

이 여인의 화법이 과거와 현재의 적절성을 위치시키는데 있어서 매우 결정적이다. 이 이야기의 현재의 적절성은 이렇다. 전달자(엘리야)와 하나님의 말씀은 참이며 믿을 수 있다. 열왕기상 17장에 있는 네 개의 일화 장면들의 각각으로 돌아가면 그 내러티브들의 적용은 오히려 쉽게 그 사이가 틀어진다.

1. 하나님의 말씀은 우리가 우리의 하나님을 떠나도 믿을 수 있다(1절: 참고. 신 28:23-24).

2. 하나님의 말씀은 우리가 그의 전달자의 자격이 없을 때 믿을 수 있다 (2-7절).

3. 하나님의 말씀은 우리가 우리의 자원들이 소멸될 때 믿을 수 있다(8-16절)

4. 하나님의 말씀은 모든 소망이 사라질 때 믿을 수 있다(17-24절).

그 과부의 직접 화법 혹은 인용이 이 내러티브를 위한 중심점으로서 역할을 하는 사실은 그 저자가 직접적으로 말하고 있다는 것과 그것은 산문의 진술이었다는 것이지만 그것은 지금 간접적이지만 동일하며 효과적인 (만약 보다 더 그렇지 않다면) 교육적 원리이다.

엘리야 내러티브의 이어지는 열왕기상 18장 39절에서 그 장의 중심점이 바알과 야훼 중에 한분이 하나님이시며 오직 참된 하나님을 결정하기 위해 갈멜산에 모였던 모든 사람들의 입술로부터 발생한 인용 속에 놓인다. 바알로부터는 불꽃 한 자락도 내리지 않았던 반면에 하나님의 불이 야훼를 향한 엘리야의 기도에 대한 응답으로 그의 희생제물을 불사르기 위해 떨어졌을 때 "모든 백성이 보고 엎드려 말하되 여호와 그는 하나님이시로다 여호와 그는 하나님이시로다" 하였다. 그때 이 내러티브는 야훼 홀로 하나님이시라는 사실을 알도록 이끄는 것임을 보게 한다. 그 명제는 열왕기상 18장에 있는 본문의 세 장면들에서 펼쳐진다.

1. 야훼 홀로 그의 종들을 담대하게 만드시는 하나님이시다(1-20절).
2. 야훼 홀로 그의 영예를 탐하는 모든 자들을 반박하시는 하나님이시다 (21-29절).
3. 야훼 홀로 그의 능력을 증명하시는 하나님이시다(30-39절).

드물지만 이런 경우에 그 저자가 내러티브에 관해 작성하고자 바라는 요점은 직접적으로 그 이야기에 첨부된다. 이는 이미 말했던 것처럼 드문 경우이다. 왜냐하면 성경은 거의 그 이야기들에 관해 도덕적으로 설명하지 않는다. 어느 곳에서도 숨이 헐떡거림이나 "경애하는 독자에게, 이 끔찍한 행동에 관해 당신은 무엇을 생각하십니까?"라고 읽도록 성서의 독자를 초대하는 것은 찾을 수 없다. 당신의 느낌을 여기에 기록하시오! 그럼에도 불구하고 그런 드문 사례는 예레미야 18장 1-10절의 극적인 내러티브 속에서 나타난다.

선지자들 가운데 있는 이 내러티브 본문에서 예레미야 선지자는 "너는 일어나 토기장이의 집으로 내려가라 내가 거기에서 내 말을 네게 들려주리라"(렘 18:2)라는 명령을 들었다. 선지자는 순종했으며 그리고 그는 도착해서 그의 녹로로 일하고 있는 토기장이를 보았다. 그러나 단지 그때 돌고 있는 녹로로 일하고 있는 자신의 손에 그릇이 망쳐지고 있었다. 명백히 그 흠은 토기장이가 아니라 그 진흙에 놓여있었다. 어떤 사람은 토기장이가 부적절한 그릇과 진흙을 그 녹로로부터 털고 있었으며 다른 진흙 덩어리를 그 녹로에 좀 더 좋은 원자재를 가지고 철썩 때렸다고 생각할 수도 있을 것이다. 그러나 토기장이는 동일한 진흙을 취했으며 이전에 만들지 않았던 그릇을 만들기 위해 그는 재 조형함으로 그 상황을 수정하지 않았다.

지금 대부분의 해석자들과 설교가 들은 그 지점에서 멈추는 것을 만족하며 그들에게 "하나님은 토기장이고 우리는 진흙이다. 하나님은 그가 기뻐하는 것을 기뻐하는 자를 그는 기뻐하시는 것처럼 할 수 있다"와 같은 훨씬 더 적절한 말씀들로 보이는 것을 말한다.

그러나 본문은 그 자체의 요점을 계속해서 만든다. 그 본문은 그럼에도 불구하고 저자에 의해 의도된 것처럼 이야기의 의미와 함께 어울린다. 예레미야 18장 6-10절을 읽어보자.

여호와의 말씀이니라 이스라엘 족속아 이 토기장이가 하는 것 같이 내가 능히 너희에게 행하지 못하겠느냐 이스라엘 족속아 진흙이 토기장이의 손에 있음 같이 너희가 내 손에 있느니라, 내가 어느 민족이나 국가를 뽑거나 부수거나 멸하려 할 때에, 만일 내가 말한 그 민족이 그의 악에서 돌이키면 내가 그에게 내리기로 생각하였던 재앙에 대하여 뜻을 돌이키겠고, 내가 어느 민족이나 국가를 건설하거나 심으려 할 때에, 만일 그들이 나 보기에 악한 것을 행하여 내 목소리를 청종하지 아니하면 내가 그에게 유익하게 하리라고 한 복에 대하여 뜻을 돌이키리라 그러므로 토기장이의 손에 있는 진흙은 방해 요소(약간의 모래 혹은 어떤 다른 불순물 혹은 너무 축축한 진흙이었을 것이다)와 함께 이스라엘만이 아니라 다른 나라 혹은 어떤 시기의 시대에 있는 왕국을 기다렸던 대안적인 전망을 가리켰다. 그러므로 초점은 이미 구체적인 설명과 본문에 있는 줄거리로부터 끌어내었다는 사실을 주목하라. 이 드문 경우에 성서의 저자는 직접적으로 우리를 이 짧은 내러티브를 통해 소통하기를 의미했던 것을 가르쳤다.

결론

윌리암 할러데이(William Holladay)는 "역사적 내러티브는 기념하기, 가르침, 그리고 경고들의 세 가지 기능들 혹은 하나 이상의 기능을 지녔다"고 제안했다.[231] 그러므로 유월절 내러티브는 이스라엘에게 적절한 순간에 공동 예배를 기념하기 위해 공급했다. 다른 내러티브들은 열왕기상 17장과 18장이 설명하는 것처럼 가르칠 것이 의미되었다. 그러나 예레미야의 설명은 한 국가만을 위한 것이 아니라 전 시대에 지구상의 모든 나라들을 위한 경고의 이야기였다.

그래서 고대의 사람들과 사건들과 현대 문화의 요구들 사이에 있는 확인된 적용점은 무엇인가? 단순히 독자가 과거와 현재 사이의 유비를 추구하는 것일 수 없다. 왜냐하면 아무것도 존재하지 않을 때 유비가 존재한다는 추정의 위험은 정말 크기 때문이다. 그리고 그것은 단순히 그 본문을 알레고리화 하는 것도 아니다. 왜냐하면 그 가치들은 보통은 본문 자체 내에서부터 보다 오히려 외부로부터 온 것에 부과된다.

물론 알레고리화 하는 것은 알레고리적 추론의 유형이다. 왜냐하면 우리가 살고 있는 현 세계와 성경에 묘사된 신적 행위들과 사건들의 세계 사

---

231 Holladay, *Long AGo God Spoke*, 99.

이에 있는 직접적 상응이 존재한다는 것을 추정한다. 그러므로 오리겐과 같은 해석자의 손에서 출애굽기 1장 22절에서 2장 10절에 있는 바로와 산파들의 이야기는 다소 터무니없는 것으로 나타난다. 바로는 악이며 반면에 산파들에 의해 출산된 히브리 남자 아이들과 여자 아이들은 (남자 원칙을 위해)합리적이며 (여성 원칙을 위해)동물적 기능들과 동등하다. (여성에 관해)살아 있는 자들이 세속적이고 사악한 경향들을 보존한 반면에 (바로와 같은)악은 모든 인간성의 이성적 영적 기능들(남자 아이)을 파괴하기를 바란다. 그것을 마무리 짓기 위해 오리겐은 바로의 딸은 교회를 대변한다고 말했다. 이 모든 것은 분명히 자멸적이며 그것 자체의 내적 비평을 포함하고 있다.

그러나 그 내러티브는 본문의 요구들을 만족하기 위해 그려진 것으로 주장된 그 자료들의 메마르고 분리된 장황한 설명도 아닐 것이다. 이 이유로 인해 조용한 불평이 문서 가설을 향한 학자 집단들 속에서 발생하고 있다. 하지만 대부분의 학자들은 여전히 우리가 지금 우리 앞에 가지고 있는 본문의 지속된 이해나 주석 혹은 오늘날 교회를 위한 본문의 적절성에 관한 성서 신학도 아닌 실패한 250년 된 자료 비평 체계에 대해 경의를 표한다. 본문의 역사적이고 세속적인 영역들에 있는 본문과 싸우는 메마른 에비온학파의 사람은 오직 신적 견해를 선호한 모든 역사적 혹은 일상적인 지지를 거절하는 그리스도 가현설로 원하고 있는 것처럼 발견되고 노력해 왔다.

해결은 본문 자체로부터 적용점을 끌어내는 것이다. 그리고 적용하기 위한 최선의 방식은 특정한 내러티브에 있는 저자의 견해가 전체를 말하는 경향이 있는 핵심 화법이나 혹은 요약하고 있는 것에 놓여있지 않다는 사실을 보는 것이다. 가끔 평가 혹은 의미 평가가 이야기와 연결될 동안 우리는 더 자주 그 선택과 세부 사항의 배열 그리고 인용들 혹은 주요 화자들의 입에 있는 직접 화법들로부터 내러티브의 간접 메시지를 얻을 수 있을 것이다. 그런 후에 과거와 현재의 신앙 공동체의 구성원들로써 우리는 한 번 더 동일한 방식에 있는 그의 모든 지체에게 이야기하는 영속적인 하나님의 말씀들을 듣는다. 왜냐하면 그의 성격과 사람 그리고 사역들은 내러티브에서 주목된 것처럼 규범적이고 믿을 수 있는 것이기 때문이다.

14.

구약성서 토라는
우리에게 얼마나 적합한가?

    만약 무언가 복음이 전하는 메시지에 상반되는 것처럼 들린다면 그것은 하나님의 율법에 대해 언급한 것들이다! 그렇다면 많은 사람들이 오늘날 "토라는 그리스도인들에게 더 이상 쓸모없는가?"라고 묻는 것은 놀랄 일은 아니다.[232] 그러나 그 질문은 다른 문제를 도입한다. 만약 바울이 디모데에게 오경을 포함한 모든 성서는 유용하다고 가르쳤다면(딤후 3:15-17) 이십일 세기 교회에서 성경의 첫 다섯 권들은 어느 위치와 역할을 수행할 수 있을 것인가?

    종교 개혁이후에 이 질문은 신앙의 공동체를 지속적으로 곤경에 처하게 했다. 이상한 일이지만 "종교 개혁자들은 경외심을 그렇게 배웠다. 왜냐하면 성경에 대한 경외심을 그렇게 배운 종교 개혁자들은 로마사람들과 갈라

---

232 이 구절은 제임스 툰스테드 벌트차엘에 의한 학술지의 제목이었다. James Tunstead Burtchaell, "Is the Torah Obsolete for Christians?" in *Justice and the Holy: Essays in Honor of Walter Harrelson*, ed. Douglas A. Knight and Peter J. Paris (Atlanta: Scholars Press, 1989), 113-27.

디아사람들을 위한 성서 전체 교환율을 만들게 했다. 순수하게 그리스도 인이었던 모든 자들은 그 유대인 선조들로부터 단절된 것처럼 보였다."[233] 감사하게도 이 주장은 보편적인 결론은 아니다. 그러나 오경은 실제로 "율법"의 개념과 동의적 이었다는 개념은 이 불길에 기름을 얹은 꼴이 되었다.

토라의 의미

어느 무엇보다도 우리의 오경에 관한 현대적 숙고와 유용성은 적어도 히브리어 단어 토라의 제한적이며 충분치 않은 헬라어 칠십인 역에서 "율법"의 노모스(nomos)로 번역이었다. 노모스는 차례로 불어로 로이(loi), 독일어로 게제츠(Gesetz)로 그 번역이 이어졌다. 토라에 관한 이 모든 번역의 문제는 그 번역들이 계속해서 성서의 공적 규율들 혹은 그 공동체가 구원을 획득하게 위해 사용할 수 있는 제의들을 나타내는 개념으로 믿었다는 것이다.

그러나 이 결론은 몇 가지 이유들로 인해서 오도된 것이며 부정확 것이다. 첫째 구원은 어떤 칭찬받을 만한 일들을 행함이나 가상적인 사실에 근거해서 가능한 일이 아니다. 바울은 갈라디아서 3장 21절에서 만약 의가 율법에 의해 이용되는 것이 가능하였다면 그런 율법은 만들어진 것이었을 것이라고 선언되므로 그는 이 견해를 영원히 잠재웠다.

그러나 이 견해는 또한 부정확하다. 왜냐하면 그것은 토라가 의미하는 것이 무엇인지를 이해하는 것에 부족하기 때문이다. 토라는 "〔누군가 가야 하는 방향을〕 강조 하는 동사로부터 온다." 그것은 제한 범위를 넘은 것으로부터 장정되었던 것을 표시하는 규칙들의 엄격한 배경을 제공하는 고정된 자격으로써가 아니라 사람의 삶을 위한 안내와 지시로서 기능을 할 것

---

233 Ibid., 113.

이 의도되었다. 그것이 지혜서는 종종 사람의 삶의 스타일을 위한 "길"이 된 것으로 토라의 내용에 대해 언급한다. 토라는 사람이 가는 방향을 가리켰다. 그것은 안내였다.

토라의 법률 부분들은 오경 전체에서 작은 부분에 지나지 않는다. 만약 출애굽기 20-40장과 레위기 전체 27장과 민수기 첫 열장을 함께 두면 전체 187장들 중 58장만 형성한다. 다른 말로 하면 토라 전체의 법률 부분들에 포함되지 않는 성경의 첫 다섯 권들 중 129장이 있다. 그리고 더 많은 것들이 존재한다. 법률인 것처럼 보이는 것은 완전히 하나님의 백성에 대한 약속의 말씀의 과정을 추적하는 오경 전체의 본문과 이야기 전체 속으로 통합된다. 그러므로 추상적으로 소위 말하는 율법들(혹은 더 나은 단어인 지시들을 사용하기 위해)의 하나 혹은 그 이상을 토의하는 것은 그것들이 나타나는 이야기 배경의 문맥을 제외하고 내러티브 자체의 배경과 말하는 율법 둘 다에 피해를 주는 것이다.

우리가 방금 말했던 것과 대조적으로 소위 말하는 법률 자료들은 여전히 오경에서 가장 두드러진 요소이다. 그러나 사실 토라는 그의 백성들을 다루시는 하나님의 은혜로운 전체 이야기를 위한 근거를 세운다는 점에서 구약성서의 나머지를 위한 가장 기초적인 문서라는 것은 기억되어야 한다. 지혜서와 선지서 들이 인용하거나 혹은 구약성서의 첫 다섯 권으로부터 이 지침 원리들을 자주 인용하는 보기는 놀랍도록 빈번하다. 오경과 구체적으로 그 "율법들"의 선지자적인 그리고 지혜를 가르치는 저자들의 사용의 견해에서 토라는 신적으로 지시받은 삶을 위한 규범들의 핵심으로 주로 모세의 계시에 이미 규정되어 왔다.

만약 지금까지의 우리의 논쟁이 옳은 것이었다면 시내산 언약의 오십 여덟 장들에 제공된 의식들과 제의들 혹은 가르침들은 본래 그것 자체가 목적으로 주어지지 않았다. 대신에 그것들은 개인들이 어떻게 그 자신들의 매일의 삶의 사건들 속에서 하나님의 존재에 관한 실재를 입증했는지를 증명할 수단으로써 인식되었다. 그러므로 의식들과 제의들 혹은 지침은 오직 인생들이 하나님을 만나기 위해 건너는 다리들로서 기능했다. 그러나 그 수단이 그것 자체로써 목적이었다는 것을 제안하는 것은 전적으로 그 둘을 혼란스럽게 하는 것이다.

토라와 토라의 법률 부분들의 신학

그러면 오경 신학의 전개에 있어서 율법이 무슨 역할을 했는지 우리는 알 수 있는가?[234] 최근에 이 질문에 대한 가장 고무적인 대답들 중 하나는 한스-크리스토프 쉬미트(Hans-Christoph Schmitt)의 논문이다.[235] 쉬미트는 오경 전체는 그것의 중심 주제로써 신앙/믿음에 초점을 둔 통일된 작문이 었음을 강조했다. 첫 다섯 권들에 있는 다섯 개의 결정적인 작문의 이음매 들 각각에서 "신앙 주제"(Glaubensthematik)가 나타났다. 그런 이유로 그 이 음매들은 아래와 같다.

1. 창세기 15장 6절-"아브람이 여호와를 믿으니 여호와께서 이를 그의 의로 여기시고."

2. 출애굽기 4장 5절-"이는 그들에게… 여호와가 네게 나타난 줄을 믿 게 하려 함이라 하시고."

3. 출애굽기 14장 31절-"백성이 여호와를 경외하며 여호와와 그의 종 모세를 믿었더라."

4. 민수기 14장 11절-"여호와께서 모세에게 이르시되 이 백성이 어느 때까지 나를 멸시하겠느냐 내가 그들 중에 많은 이적을 행하였으나

---

234 특별히 John H. Sailhamer, "The Mosaic Law and the Theology of the Pentateuch," *Westminster Theological Journal* 53 (1991): 241-61쪽과 *The Theology of the Pentateuch* (Grand Rapids, Mich.: Zondervan, 1993)을 보라.

235 존 세일하메르에 의해 나에게 강조되었던 것처럼 Hans-Christoph Schmitt, "Redaktion des Pentateuch im Geiste der Prophetie," *Vetus Testamentum* 32 (1982): 170-89.

어느 때까지 나를 믿지 않겠느냐.

5. 민수기 20장 12절-"여호와께서 모세와 아론에게 이르시되 너희가 나를 믿지 아니하고 이스라엘 자손의 목전에서 내 거룩함을 나타내지 아니한 고로 너희는 이 회중을 내가 그들에게 준 땅으로 인도하여 들이지 못하리라 하시니라."

이 본문들에 신명기 1장 32절과 9장 23절이 더해질 수 있을 것이다. 그러나 이 본문들은 하나님이 일찍이 가르치셨던 것을 재검토 하게 한다. 그러므로 오경이 제사장 법전들을 지닌 것으로 강조하는 견해를 취하는 대신에 쉬미트의 연구는 오경은 정말로 하나님에 대한 "신앙"과 그의 약속들에 대한 믿음을 가르칠 것을 의도한다는 사실의 증명을 향하여 큰 걸음을 취했다.

그러나 쉬미트만 오경 전체의 중요한 구조로써 신앙과 믿음의 중요성을 주목한 것이 아니었다. 다른 사람들은 이들 첫 다섯 권들에 있는 하나님의 약속의 주제를 고양하는 것에 활동적이었다. 예를 들면 데이빗 클라인즈(David J. A. Clines)와 세바스(H. Seebass) 그리고 나의 저서들은[236] 부분적 성취의 주제와 약속의 성취의 계속된 기대가 어떻게 성경의 첫 다섯 책들의 핵심으로 기능하는지를 보여주고 있다. 하나님의 약속-계획은 세 가지의 요소들을 구성됐다. 그것들은 후손 혹은 "씨," 땅 그리고 아브라함의 후손 가운데 하나님은 땅의 모든 나라들을 축복하신다는 복음의 선물에 근거한 하나님과 인간과의 관계이다. 그러므로 창세기에서 약속의 다른 두 요소들의 동등하게 높은 빈도는 말할 것도 없고 후손의 약속은 창세기에서만 약 스물여덟 번 나타난다.

---

236 David J. A. Clines, "The Theme of the Pentateuch," *Journal for the Study of the Old Testament Supplement* 10 (Sheffield, England: Journal for the Study of the Old Testament, 1978); H. Seebass, "The Relationship fo Torah and Promise in the Redactionary Composition of the Pentateuch," Horizons in Biblical Theology 7 (1985): 99-111; Walter C. Kaiser Jr., "God's Promise Plan and His Gracious Law," *Journal of the Evangelical Theological Society* 33 (1990): 289-302; "Promise," *Holman Bible Dictionary*, ed. T. C. Butler (Nashville: Holman, 1991): 1140-41.

일부 학자들은 약속의 주제가 아브라함과 이삭 그리고 야곱의 족장 시대 이후에 멈추었다고 주장한다. 그러나 그 판단은 오경의 나머지 두 큰 중심점들, 출애굽과 시내산 에서 율법의 계시에 의해 거짓인 것으로 보인다. 이스라엘과 하나님 사이의 밀접한 관계를 위해 반복적으로 주어진 이유는 전능한 하나님과 족장들이 함께 맺은 언약이다(보기. 출 2:24; 3:6). 그러므로 창세기 12-50장에 제공된 약속-계획은 단순히 장면을 놓는 것 이상이었다. 그것은 여러 번 되풀이하여 반복된 공식 어구를 위한 근거를 형성했다. "나는 너희의 하나님이 되고 너희는 나의 백성이 될 것이라. 나는 너희 중에 거할 것이다."(보기. 출 6:7; 29:45).[237]

출애굽기와 레위기의 강조는 하나님의 백성이 되는 것을 의미한다. 그리고 하나님을 인격적으로 모시는 것은 그들 가운데 거하는 것이다. 민수기와 신명기의 강조는 땅의 요소위에 있다. 그러나 땅은 오경의 시작에서 주어진 하나님의 맹세의 부분으로서 기억되었다. 그러므로 신명기 34장 4절은 회상했다.

> "여호와께서 그에게 이르시되 이는 내가 아브라함과 이삭과 야곱에게 맹세하여 그의 후손에게 주리라 한 땅이라 내가 네 눈으로 보게 하였거니와 너는 그리로 건너가지 못하리라 하시매."

그때 약속은 어떻게 토라에 연결되었나? 첫째 약속은 토라의 우위에 선다. 이 사실은 여러 방식 속에서 증명되어진다. 예를 들면 야곱의 선택은 아브라함의 아들의 축적된 순수한 행동들에 근거한 것이 아니라 오로지 하나님의 은혜와 목적의 이유에서 이루어졌다. 정말로 그것은 바울 사도가 이야기한 야곱과 에서 사이에서의 하나님의 선택은 그들 둘 다 여전히 태

---

237 Walter C. Kaiser Jr., *The Christian and the "old" Testament* (Pasadena, Calif.: William Carey Library, 1998), 16-23쪽을 보라.

중에 있었을 동안이었으며 그들이 옳거나 그릇된 행동을 취하기 이전에 발생했던 것을 보이기 위해 창세기 25장 2절에 호소했을 때 제시했던 바로 그 점이었다(롬 9:11-12).

그 약속은 창세기 22장 9-18절에 있는 이삭을 묶는 사건의 이야기 속에 있는 토라를 선행한다. 이삭을 번제로 드리는 아브라함의 의지 안에 있는 그의 순종은 약속의 반복 혹은 시작을 위한 근거는 아니었을 것이다. 왜냐하면 그것은 이미 창세기 12장 2-3절에서 주어졌기 때문이다. 약속은 이미 시행되고 있었다. 그러므로 어떤 순종, 말하는 가치, 율법 수호 혹은 아브라함 편의 그것의 결핍은 철회되거나 재 발행된 이 은혜로운 맹세를 야기하지 않았을 것이다. 반면에 후에 토라를 묘사하기 위해 사용될 기술적 용어들이 창세기 26장 3-5절("이는 아브라함이 내 말을 순종하고 내 명령과 내 계명과 내 율례와 내 법도를 지켰음이라 하시니라")에서 사용된 반면 그것들은 하나님의 완전한 은혜의 약속을 수여받은 사람 안에 있는 순종의 넘쳐흐름으로써 여겨졌다.

만약 약속의 이야기가 토라에서 중심 주제로서 인식될 수 있다면 그것을 포함하는 뼈대는 무엇인가? 전체로써 토라는 어떻게 우리의 시대에 말할 수 있는가? 어떤 뼈대의 형태와 약속의 이야기를 연결 짓거나 말하는 최선의 방식은 토라는 본질적으로 내러티브라는 사실을 인식하는 것이다. 이 내러티브는 하나님의 관점에서 말해진 전 인류를 포용하는 계속 진행 중인 이야기의 부분이다.

그 이야기는 족장들이 아니라 소위 말하는 창세기 1-11장의 원시 역사와 함께 보편적으로 시작된다. 이들 첫 열한 장들의 이야기는 심판만이 아니라 하나님의 축복으로 이끌었다. 사실 어떤 단어 하나가 이 장들을 특징 짓는다면 그것은 "축복" 혹은 "축복하다"는 동사이다. 사실 "하나님의 축복은 창조된 질서와 최초의 인간 부부에게 있을 뿐만 아니라(창 1:22) 그것은 창세기 5장 2절에서도 계속되었으며 홍수 이야기 이후에 다시 알려졌다(창 9:1). 그리고 그것은 하나님의 동일한 구원-축복의 선언이 아브라함에게 주어진 창세기 12장 1-3절에서 오직 다섯 번 사용되어졌다. 축복과 약속 사이의 연결은 발터 짐멀리(Walther Zimmerli)와 블라이틴(I. Blythin)에 의해 만들어졌지만 클라우스 베스터만(Claus Westermann)은 이 연결이 또한 창세기 1-11장과 창세기 12-50장에 있는 족장 시대 사이에도 존재한다고 보았다.[238]

그러나 족장의 약속과 모세의 율법 사이의 연결은 무엇인가? 만약 토라가 우리의 시대에 말하는 것에 실패하고 있는 이유가 주어질 수 있다면 그것은 약속과 율법 사이에 심각한 괴리가 존재한다는 것이 될 것이다. 족장 시대에 사용된 정형화된 공식 어구는 모세의 율법에 있는 "나는 너희를 갈대아의 우르에서 끌어낸 주[야훼]이시다"(구약성서의 나머지 부분에서 125번 나타난다): "나는 너를 애굽 땅, 종 되었던 집에서 인도하여 낸 네 하나님 여호와[야훼]니라"(출 20:2)이다. 만약 지금 그 어구들이 특별하다면 그것들은 은혜에 관한 분명한 진술들이며 구속의 환경 속에 놓인다.

게다가 아브라함에게 주어진 약속의 제물에 참여했던 전능자의 동일한 실재의 증거(창 15:17에 아브라함의 언약을 확인하는 강림으로서 연기와 불의 실재)는 출애굽기 19장 18절에 있는 십계명 수여에 참여한 것이 그 증거이다. 이보다 훨씬 더 한 것들은 하나님이 출애굽에 행하셨던 것과 시내산은 아브라함과 이삭 그리고 야곱과의 언약과 약속(출 2:24; 3:13, 15-16; 4:5; 6:3, 5, 8)의 하나님의 기억하심의 결과였다는 것을 주장하는 모세 율법이 바로 이 배경 속에 있는 본문들이다. 심지어 이집트 땅에 살던 이스라엘의 급속한 증가에 관한 일곱 개의 진술들(출 1:7-9)은 창세기 1장과 2장의 약속된 축복은 폐기되지 않았다는 것의 추가 표시였다.

---

238 Claus Westermann, "The Way of Promise Through the Old Testament," in *The Old Testament and Christian Faith*, ed. B. W. Anderson (New York: Harper & Row, 1963), 208-9; Walther Zimmerli, "Promise and Fulfillment," in *Essays on Old Testament Hermeneutics, ed. C. Westerman*, 2nd ed. (Richmond, Va.: John Know Press, 1969), 90-98; I. Blythin, "The Patriarchs and the Promise," *Scottish Journal of Theology* 21 (1968): 72.

그러나 율법에 관한 대부분의 독자들에게 문제가 되는 것은 율법은 명령들과 요구들 그리고 의무들을 부과한 것처럼 보인다는 사실이다. 반면에 족장들에게 주어진 약속은 축복과 은혜의 선물들로 가득 찼다. 그래서 누군가는 두 부분들 사이의 이 괴리를 강하게 느꼈다. 게르하르트 폰 라트(Gerhard von Rad)는 신명기 26장 5-9절을 여호수아 24장 16-18절과 함께 이스라엘의 핵심 신조로 가리켰다. 폰 라트의 주장은 이스라엘은 그들 족장들의 시작들과 이집트에서의 그들의 압제 그리고 광야에서의 생활과 가나안으로 그들의 입성을 고백했다는 것이었다. 그러나 그들은 분명히 이 신조들로부터 시내산 경험 혹은 시내산 율법에 대한 어떤 언급도 뺐다. 그러므로 그것은 이 사건들과 요구들이 분리된 전승에 속했던 것임을 증명한다고 가리켰다.

폰 라트의 분석은 예리하고 정당하게 논쟁된 것이다. 이집트로부터 출애굽은 분명히 출애굽기 19장 3-8절과 20장 2-17절에 있는 시내산과 연결되었다. 더욱이 폰 라트가 소위 말하는 그의 신조에 근거했던 바로 그 구절들은 이집트로부터 구원과 그가 인용했던 구절들 바로 너머에 시내산 율법의 요구와 연결되었다. 폰 라트는 신명기 26장 5-9절의 구절들과 여호수아 24장 16-18절 구절들뿐만 아니라 신명기 26장 전체와 여호수아 24장 전체를 포함시켰어야 했다. 전부를 그렇게 읽을 때 동일한 전승의 일부가 아니었다는 그의 논쟁의 측면을 포함한다.

그래서 질문은 여전히 계속된다. 가능하다면 출애굽기 20장에서 민수기 10장까지의 요구 사항들은 족장들에게 수여된 축복들과 약속들이 함께 통합되어질 수 있는가? 이 질문에 대한 최선의 응답은 창세기 12-50장의 소위 말하는 약속 부분에서 어떻게 존재했는지를 보이는 것이다. 프렘사갈(Premsagar)에 의하면 족장들에 대한 명령들의 그런 목록은 다음 아래의 것들을 포함 할 것이다.

12:1 "네게 보여 줄 땅으로 가라"

13:14 "너는 눈을 들어 바라보라"

15:1 "두려워하지 말라"

15:9 "암소를 가져올지니라"

17:1 "내 앞에서 행하여 완전하라"

22:2 "네 아들 네 사랑하는 독자 이삭을 데리고… 가서"

26:2 "애굽으로 내려가지 말고 내가 네게 지시하는 땅에 거주하라"

26:24 "두려워하지 말라"

31:3 "네 조상의 땅 네 족속에게로 돌아가라"

35:11 "생육하며 번성하라"[239]

이 각각의 명령들과 금지들이 약속의 배경 속에서 주어진 사실을 주목하라. 순종은 결코 아브라함과 이삭 그리고 야곱과 체결된 언약들과 약속들의 어떤 조건들이 아니었으며 이집트를 나온 사람들과 사십년을 광야에서 방랑했던 사람들에 대한 복음의 좋은 소식들에 있는 하나님의 축복들과 은혜의 연속을 위한 조건도 아니었다. 그것은 오직 하나님이 그의 언약-약속의 계획 속에서 그들에게 매우 은혜롭게 수여했던 삶 속에 있는 충만한 즐거움을 위한 조건이었을 뿐이었다. 그러나 불순종이 후대에게 전해야 하는 유익한 전송들을 방해하여 멈추게 하였던 것이다.

시편 저자들은 또한 율법을 하나님의 선물로(시편 1편 2절과 19편 7-11절 그리고 40편 8절과 119편) 기념하였는가? '오 내가 주의 율법을 얼마나 사랑하는지요.' 그들은 한 목소리로 노래했다. 하나님의 율법은 그들에게 꿀보다 더 달고 금보다 더 원했던 정말로 순금보다 더 좋은 것이다. 하나님의 약속들은 하나님의 율법에 반대하여 놓이지 않는다. 왜냐하면 둘 다 언약을 맺으신 동일한 하나님으로부터 왔다. 누군가 추정했던 것처럼 율법은 결코 하나님과 함께 하는 교제와 구원을 얻기 위해 오직 이론과 가설에 근거해서

---

239 P. V. Premsagar, "Theology of Promise in the Patriarchal Narratives," *Indian Journal of Theology* 23 (1974): 121.

분리된 수단을 약속하지 않았다. 사실 믿음에 의해 하나님의 약속을 받은 자들에 대한 높은 요구들을 주장했던 동일한 율법은 어떻게든 그들의 죄들을 대신하기 위해 하나님이 제공하는 모든 희생 제물들의 제도를 주심으로써 그들이 동일한 율법을 지키는 것을 위해 제공했다.

약속에서 토라의 역할

토라에 "신앙" 대 "율법"의 긴장에 대한 증거가 있는가? 대중적인 구전 설화에 의하면 오경은 두 개의 주요 장르들로 나눌 수 있다.

(1) 창세기-믿음을 가질 모든 사람들에게 자유로이 주어진 하나님의 약 속-계획의 설명과

(2) 출애굽기에서 신명기-하나님과 화해하고 그에게 나아가는 (가설적 으로)대안적 방법으로써 주어진 법률과 제의 규정의 시내산 법령.

그러나 우리가 이미 나타낸 것처럼 단순히 창세기를 통하지 않고 오경 전체를 관통하는 강력한 "신앙-믿음 주제"가 있다. 존 세일하메르는 상당히 효과적으로 성경의 첫 다섯 책들의 내러티브 전략은 율법을 보존했던 아브라함과 그의 신앙이 민수기 20장 1-13절에 있는 율법 아래에서 약화되었던 모세를 대조한다. 세일하메르는 아래와 같이 논평한다.

> 이 전략은 율법 앞에 있는 신앙의 삶(ante legum)과 율법 아래에 있는 신앙의 결핍(sub lege) 사이를 구별하기 위한 저자의 입장에 관한 의식적인 노력을 제 공한다. 이 구별은 신앙과 신뢰를 율법 수여 이전의 하나님의 백성의 삶을 특징 짓는 하나님에 대한 신뢰와 신앙을 드러냄을 통해서 성취된다. 그러나 불신앙과 실패는 율법 수여 후에 그들의 삶을 특징지었다.[240]

---

[240] John H. Sailhamer, "The Mosaic Law and the Theology of the Pentateuch," *Westminster Theological Journal* 53 (1991): 241-61, 특별히 20쪽. *The Pentateuch as Narrative: A Biblical-*

그러나 성경과 세일하메르가 여기서 감지하지 못한 것은 율법 혹은 율법 수여자가 아니라 백성 자신들임을 주목하라. 이후에 많은 경우들에서 실패는 율법 수여자인 하나님 자신에게로 추적되지 않는다. 대신에 그것은 백성들의 발아래에 놓인다. 예를 들면 예레미야 31장 32절은 시내산에서의 첫 번째 언약과 함께한 문제는 "그들〔이스라엘〕이 내 언약을 깨뜨렸음이라"를 말한다. 히브리서 8장 8절은 "〔하나님이〕 그들의 잘못을 지적하여"(강조는 저자에 의한 것)라고 말한 것에 동의한다.

그리고 세일하메르에 의해 인용된 첫 번째 경우에서 모세와 아론이 바위를 내리치는 죄를 범했던 곳은 그들이 바위를 향해 선언만 해야 했던 때이다. 하나님의 고소는 이 두 지도자들의 개인적 신앙이 약해졌다는 것에 있는 것이 아니었다. 그들은 백성들에 관한 그들의 공적 리더십의 영역에서 실패했다는 것이다. 모세와 아론은 하나님을 백성들의 눈앞에 충분히 제시하기 위한 신뢰에 실패했다(민 20:12). 그러므로 하나님은 선생들과 지도자들이 섬기는 역할에서 이중 배상 규칙을 적용하였다(약 3:1, "내 형제들아 너희는 선생 된 우리가 더 큰 심판을 받을 줄 알고 선생이 많이 되지 말라"). 모세와 아론은 이 공적 실패와 리더십의 실수에 대해 이중적으로 책임을 져야 했다.

그러나 토라는 일부의 사람들이 여전히 주장하는 것처럼 백성들에게 613개의 명령들을 통해 짐을 지우지 않았는가?(365개의 금지들은 태양력에서 일 년과 동등한 숫자이다. 그리고 248개의 긍정적 명령들은 인간의 신체를 구성하는 부분들의 숫자와 일치한다). 그러나 이 목록은 오경 그 자체로부터 나오는 것이 아니다. 대신에 그 주장은 주후 십이 세기에 유대인 철학자이자 주석가인 마이모니데스(Maimonides)의 손을 통해 우리에게 온다. 이전에 그 숫자는 랍비 집단들에서 611개로 주장되었다. 왜냐하면 그 숫자는 "율법"의 히브리어 단어인 토라(히브리어 타브=4000, 바브=6, 레쉬=200, 헤=5;

Theological Commentary (Grand Rapids, Mich.: Zondervan, 1992), 59-79, 특별히 77쪽.

400+6+200+5=611)의 게마트리아(gematria) 가치(히브리어 자음들로부터 단어를 위한 새로운 의미들을 얻기 위해 숫자의 가치들을 개별 자음들에 할당하는 관행)과 일치했다. 마이모니데스는 611의 숫자와 함께 시작해서 그것에 출애굽기 20장 2절에 있는 십계명의 첫 번째 진술("나는 너를 애굽 땅, 종 되었던 집에서 인도하여 낸 네 하나님 여호와〔야훼〕니라")와 신명기 6장 4절의 쉐마("이스라엘아 들으라 우리 하나님 여호와〔야훼〕는 오직 유일한 여호와〔야훼〕이시니") 두 개의 명령들을 더 했다. 누군가 율법을 613개의 법들로 언급할 때마다 여러분은 그 사람의 방향은 후대 랍비들의 주석들 중의 하나이지 토라 그 자체나 그리고 그것에 관한 설명 가운데 하나는 아니라는 사실을 확실할 수 있을 것이다. 비록 매 경우에 있어서 성서 본문들에 대한 호소가 있다할지라도 613개의 법들은 성서 그 어느 곳에서도 보장하지 않는 중세의 총 계수에 성서 본문 내에 있는 그 숫자들의 문맥으로부터 수가 더해진 추상적인 결과이다.

이 모든 사실들은 우리를 어디로 인도하고 있는가? 오늘날 이 (모든)율법들은 여전히 우리에게 적합한가? 모세의 율법에 묘사된 정의와 공의의 길들은 이스라엘에 제한되지 않았다. 왜냐하면 그 경우는 정확히 선지자 예레미야가 진술한 곳에 있다. "그들이 내 백성의 도를 부지런히 배우며 살아 있는 여호와〔야훼〕라는 내 이름으로 맹세하기를… 그들이 내 백성 가운데에 세움을 입으려니와, 그들이 순종하지 아니하면 내가 반드시 그 나라를 뽑으리라 뽑아 멸하리라 여호와〔야훼〕의 말씀이니라."(렘 12:16-17; 참고. 18:7-10). 그러므로 이 법들에는 보편성과 처방의 의미가 존재한다.

그러나 어떻게 구체적, 개별적, 특수화된 명령으로부터 다른 시대들과 장소들에 지속적인 적합성의 어떤 종류까지 이동할 수 있는가? 그리고 이 지역 화된 처방들은 그들 자신의 날들과 시간들을 넘어 충분하지 않을 수 있거나 그럴 수 있는 무엇을 제안하는가?

우리는 두 번째 질문을 먼저 묻기 위해 모세 율법의 모든 도덕적, 의식적 그리고 민사 규범들을 강조하는 것이 하나님의 성품과 본성이라는 것을 듣게 해야 한다.[241] 그 사실이 그 율법들에 보편적인 근거와 생명을 준 것이다. 하나님은 항상 동일하게 계신다. 그러므로 도덕법은 그 명령들을 위한 절대적 근거를 가진다. 예를 들면 거짓말하는 것은 항상 잘못이다. 왜냐하면 하나님의 본성은 진리 그 자체이기 때문이다.

실행되는 하나님의 동일한 도덕법은 현대적인 설명들을 제외한 시민법과 제의법을 따른다. 시민과 제의적 측면들의 특정함과 독특성은 미래 세대들이 그 율법을 지키는 것으로부터 면제되는 것을 의미하지 않는다. 그러나 하나님의 백성들을 돕는 것은 더욱 실천적인 방식에서 그들을 동일시하는 것이다.

그러나 어떻게 이 율법들에 있는 특정한 것과 구체적인 것으로부터 그것들 뒤에 있는 것으로 추정되는 일반적 혹은 도덕적 지면으로 옮길 수 있는가? 전통적인 신학에 의하면 세 가지 방법들이 제안되어왔다.

첫째 유비(analogy)의 방식이다. 이 방식은 고대인들과 현대인들은 공통적으로 붙잡는 무언가가 있다고 추정하는 것이다. 그러나 유비가 모두 명백하였다면 왜 주어진 본문을 읽는 것에 근거한 행위들에 대해 여전히 많은 논쟁들이 있는가? 일반적으로 유비는 단지 성서가 구체적인 연결을 만드는 선행 조건을 주지 않는 곳에 위치한다. 이 모델에서 이스라엘은 교회에 의해 자주 긍정적이고 선한 것으로 고려된 모든 것에서 대치된다. 나쁜 것은 어떤 공정함의 표준에 반해서 어떤 유비도 없이 남겨진다. 그러나 이 것은 과거를 현재와 연결하는 신뢰할 만한 방법이라고 보기에 너무 많이 환원주의적이고 선택적이다.[242]

두 번째 방법은 중앙의 공리들(middle axioms)로 알려진 것이다. 중앙의

---

241 이 요점의 전개를 위하여 Walter C. Kaiser Jr., *Toward Old Testament Ethics* (Grand Rapids, Mich.: Zondervan, 1981), 139-51쪽을 보라.

242 Walter C. Kaiser Jr., "An Assessment of Replacement Theology: The Relationship Between Israel of the Abrahamic-Davidic Covenant and the Christian Church," *Mishkan* 21 (1994): 9-20.

공리는 일반적 관념(보기. "정의")와 구체적인 그리고 명확한 행동 사이의 무엇이라는 원리이다. 그러나 중간 공리들은 너무 일반적인 것으로 끝나며 성서의 구체적인 지지가 결여되는 경향이 있다. 우리는 여전히 어떤 실천적인 적용이 없이 특정한 상황에 남겨진다.

훨씬 더 선호되는 것은 웨스트민스터 신앙 고백과 같은 초기 고백들이 주창한 보편적인 가치(general equity)의 방식이다. 도덕법은 모든 성서의 율법을 위한 근간으로 취해진다. 이 주장에 관해 우리는 동의한다. 여기서 사용된 것과 동일한 "가치"의 단어는 도덕법은 성서적 배경에서 다루는 것과 그 구절에 있는 특별한 환경들보다 더 많은 경우들에 적용될 수 있다는 것을 의미한다. 그러므로 각 법은 배후에 보편적인 혹은 도덕적인 원리들을 드러낸다. 그러나 그것은 평등한 정의가 적용될 많은 영역들과 사례들을 가진다. 이 각각의 경우에 제시된 적용들은 논리적으로 파생되지 않지만 본문 배후에 있는 유익한 신학에 대해 추적할 수 있는 것이다. 그 적용은 본래의 경우와는 매우 다름에도 불구하고 많은 방식에 있어서 이것은 현대법의 전문가들이 선행조건 혹은 원리들을 위한 초기 법률적 경우들에 호소할 때 사용하는 것이다.

네 번째 방법은 보편적인 가치의 일부의 특징들과 추상성의 사다리(ladder of abstraction)로 알려진 것과 연결된다. 여기서 우리는 의도된 것을 상상하기 위해 그것들의 기반에 분리된 두 사다리들을 반드시 그려야만 할 것이다. 그러나 정상에서는 서로 접촉한다. 그러므로 우리는 한 사다리의 기반에 관한 구체적인 배경과 함께 시작한다. 여기서는 구약성서의 환경이다. 그리고 그 사다리는 보편적인 가치 혹은 두 사다리의 정상에서 연합하는 하나님의 도덕법의 원리를 향해 나아간다. 이 때 도덕적 주제는 이 사다리의 기반에서 조사되었던 명확하며 특정적이고 구체적인 행동을 위한 기초 형성 확립 후에 새롭게 보편적 혹은 도덕적 원리가 고대 하나님의 율법을 우리에게 적용할 것을 추구하는 새로운 특정한 구체적인 상황을 향한 신약성서 사다리에 거주한다. 이는 우리로 하여금 보편적 가치에 대한 통찰력들로 인해 완전히 유리한 점을 취하는 것을 허락하는 보편적 혹은 도덕적 원리의 동일화이다. 여기에 토라에서 만들어진 적용의 한계들을 넘어 그 원리들을 확장하기 위한 권위를 지닌 근거들이 있다.

이 도덕적 혹은 보편적 원리의 적용은 예수님에 의해 설명된 것과 같다. 예를 들면 예수님은 마태복음 9장 10-13절에서 사람들과 죄인들과 함께 식사하시는 것과 그리고 마태복음 12장 1-7절에서 안식일에 곡물을 먹는 그의 제자들의 행동을 정당화하기 위해 호세아 6장 6절의 구절인 "나는 인애를 원하고 제사를 원하지 아니하며"를 사용했다. 이것은 이중적 의미나 더 깊은 의미(sensus plenior)를 위한 보기는 아니다. 왜냐하면 그 원리는 성서의 두 문맥에서 분리되거나 혹은 다르지 않은 것으로 동일하게 남는다. 두 본문들은 하나님을 받아들임을 위해 필요한 것을 제시한다. 반면에 죄를 범하고 있는 사람들은 단순히 가까이에 있는 상황의 물리적 외부들에 초점을 둔다.

결론

토라는 단순히 금지나 경직된 구조들 그리고 따분한 준수들의 수집물이 아니다. 오히려 그것은 한 사람과 한 가족에게 초기에 제공된 하나님의 축복들과 약속들의 내러티브이다. 결국 그것을 통해 전 세계는 궁극적으로 축복을 받을 것이다.

믿음과 신앙을 필요로 하는 이 약속 주제를 따라서 신자들이 행동하며 살아가고 그들 스스로 처신해야하는 방법에 관한 지시들이 있다. 만약 현대 신자들이 하나님의 약속들과 함께 주어진 이 지시들에 관한 내구성과 지속되는 적절성에 관해 어떤 의심들을 가졌다면 그들은 오직 마태복음 5장 19절에 있는 것과 동일한 예수님의 평가를 점검해야 했다. "그러므로 누구든지 이 계명 중의 지극히 작은 것 하나라도 버리고 또 그같이 사람을 가르치는 자는 천국에서 지극히 작다 일컬음을 받을 것이요 누구든지 이를 행하며 가르치는 자는 천국에서 크다 일컬음을 받으리라."

이제 여기에 주석을 위한 요구 사항들에 숙고할 가치가 있는 무언가가 있다. 그것은 마땅히 죽는 것을 두려워해야 하는 것이다. 사실 이 율법들은 하늘과 땅에 마지막까지 효과적으로 성취되어 남아있을 것이다. 그래서 토라의 적절성은 소멸되거나 결코 없어지지 않는다는 것을 주장하는 것은 너무 대담한 것이 아니다.

틀림없이 출애굽기 25-40장과 레위기 1-27장 그리고 민수기 1-10장에서 발견된 법궤에 관한 봉사와 법궤를 다루는 법들이 있다. 하나님은 시작부터 그것들의 일시성을 제안했으며 그것들은 오직 참된 것의 "모방" 혹은 "양식"이었다는 것을 출애굽기 25장 8절과 40절에서 보였다. 추측컨대 우리가 지금 확실히 아는 것처럼 진짜가 왔을 때 그것의 모방은 더 이상 그것들의 구체적인 형태 속에서 주목될 수 없었다. 오직 그것들이 구현하는 원리들만 지속되고 있다.

율법의 총체적 영향에 관해 바울 사도가 진술한 것처럼 율법은 "선한 것"(롬 7:12-13)이며 "영적"(롬 7:14)이고 그리고 그것은 "우리를 위해"(고전 9:8-10) 기록되었다. 그 다음에 율법은 하나님의 약속들과 신앙에 의해 무효화되었는가? 결코 그렇지 않다! 바울은 반박했다. 반대로 "우리는 믿음으로 하나님의 율법을 세운다."(롬 3:31) 그에 맞춰 우리는 "율법은 사람이 그것을 적법하게만 쓰면 선한 것임을 우리는 아노라"(딤전 1:8)고 결론을 내린다.

15.

구약성서 예언은
우리에게 얼마나 적합한가?

사도 바울은 아그립바 왕에게 "선지자를 믿으시나이까?"라고 물었다. 그가 대답하기 전에 바울은 그를 위해 답변했다. 그리고 우리 모두를 위해서도 "믿으시는 줄 아나이다"(행 26:28)라고 선언했다. 바울은 구약성서로부터 온 성서들의 뿌리 깊은 선언자였다. 그가 로마에서 가택 연금 상태에 있었을 때에도 그는 많은 수의 사람들을 만나서 "하나님의 나라를 증언하고 모세의 율법과 선지자의 말을 가지고 예수에 대하여 권하더라"(행 28:23)하고 증언하였다. 우리도 오늘날 거의 같게 할 수 있을 것이다.

만약 첫눈에 성경 메시지의 어떤 부분이 하나님의 말씀을 우리의 세대에서 듣기 위해 보다 더 쉬운 장소로 나타난다면 선지자들이 반복했던 "주께서 가라사대"는 질문을 쉽게 결정할 것이다. 틀림없이 더 간단한 방식에 놓을 수 없을 것이다. 그렇지 않겠는가? 그러나 종종 일들은 첫눈에 보이는 그대로가 아니다. 몇 가지 사안들은 구약성서 선지자들의 메시지의 적합성에 관한 이슈들을 다룰 수 있기 전에 설명되고 생각되어야 할 필요가 있다.

그리스도인들은 선지서 들을 구약의 다른 어떤 부분들보다 시편들의 가능한 예외들과 창세기와 함께 더 많이 연구하고 적용해 온다. 그것은 선지서 들에 있는 모든 것이 동등하게 분명하거나 어떻게 현대 신자들이 삶에 적용해야 하는 가에 관해 선지자적 계시의 구체적 측면들에 대응하는가에 대한 질문들이 없다는 것을 의미하는 것은 아니다. 사실 상황은 정반대이다. 구약성서 선지자들의 현대의 적용과 적절성은 신자를 인도하는 방식에 관해 읽어야할 필요가 많다.[243]

종종 선지자들은 단순히 미래의 예언자들 혹은 예견자들로 생각된다. 선지자들이 했던 일들의 거의 삼분의 이는 그 당시의 영적, 사회적, 경제적 그리고 국제 사건들의 배경 속에서 하나님의 말씀을 공표하는 것(telling-forth)이었다. 그들의 활동의 다른 삼분의 일은 미래를 예견하는 것과 관련되었다. 그 예견의 일은 그들 자신의 날에 일어나고 있던 일들의 배경 속에 있었다. 이 사안에 관한 혼동의 일부는 영어 단어 prophet에 관한 사용이다. 우리는 종종 경제 예측자(prophet), 기상 예보가(prophet), 혹은 다른 종류들의 예측하는 사람과 관련된다. 이 사실은 마치 성서 선지자들의 유일한 임무는 우리에게 미래에 관한 예견들의 풍부한 구절들의 저장고를 제공하는 것 같이 그들의 임무와 사명을 구성했다는 매우 제한된 시각으로 이끌었다. 선지자들의 일은 하나님의 계시를 사람들에게 소통시키는 것이었다.

선지자들의 메시지는 적어도 다섯 개의 주요 특징들을 가진다.

(1) 선지자들은 모세 율법의 첫째이자 가장 맨 앞에 위치한 설교자들이다.

(2) 선지자들은 백성들을 하나님에게로 돌아오게 소환하는 하나님의 대리인들이다.

(3) 그들은 또한 사회의 모든 영역에 있어서 공의와 공정함 그리고 정의

---

243 선지서들에 있는 예견적인 자료들을 해석하는 토의를 위해 Walter C. Kaiser Jr., *Back Towards the Future: Hints for Interpreting Biblical Prophecy* (Grand Rapids, Mich.: Baker, 1989)를 보라.

를 요청하는 사회 개혁가들이었다.

(4) 선지자들은 하나님의 현재와 미래 구원에 관한 그의 긍정주의자일 뿐만 아니라 하나님의 심판의 선언 자들이었다.

(5) 선지자들은 그 당시와 미래를 위해 하나님으로부터 말씀을 들어야 할 필요가 있었던 이방 국가들을 위한 신탁들의 하나님의 메시지의 전달자들이었다. 이 각각의 특징들은 이제 제법 상세하게 조사될 것이다.

모세 율법의 설교자들

대부분 이십세기 비평적 현대성은 선지자들의 시기보다 율법의 작문을 뒤에 놓은 점에서 발견될 수 있을 것이다. 그러나 이 학문적 이유는 와해되기 시작했다. 더욱더 많은 증거들은 마치 오경의 다섯 권들이 보다 오래된 전승들 속에 비쳤던 것처럼 그 책들이 다시 선지서들 앞에 놓이게 된 결과로 우리의 주목을 끌었다.

율법을 선지서들 뒤에 놓았던 이론에 대한 치명적 타격을 가했던 요소들 가운데 하나인 율법의 신뢰성에 관한 장에서 이미 토의되었던 것처럼 신명기는 두 번째 이천년 대의 봉신조약과 동일한 형태를 나타냈다는 발견이었다. 신명기는 문서 혹은 자료 가설의 중심에 자리했었다. 지금 신명기를 주전 621년의 성전 정화 작업 중의 율법의 발견 사건과 일치되는 칠세기의 연대보다 날짜를 늦추어야 할 필요는 없다.

주전 십오 세기에 하나님이 하나님의 백성의 신앙과 실천을 위한 규칙들을 포함한 이스라엘과 시내산 에서 체결했던 언약을 문서 선지자들이 스스로 읽었다는 사실에 대해서는 거의 의심할 여지가 없을 것이다. 이 사실은 특별히 하나님의 도덕법에 관한 율법의 표현에서 사실이었다. 왜냐하면 선지자들은 이 율법의 일부를 하나님의 내재하신 성품과 본성의 표현으로서 보았기 때문이다. 그러므로 그것들은 변하지 않는 것들이다. 이 율법은 선지자들이 하나님이 이스라엘과 그 주변의 국가들을 다루시는 사건들을 해석했을 때 참조가 되는 것이 되었다. 이 율법을 어기는 것은 하나님을 향해 화를 내며 행동하는 것이었다. 궁극적으로 만약 고백되지 않는다면 하나님의 선언된 의지와 율법에 대한 저항 속에서 요지부동으로 있는 모든 자들에게(이방 국가들을 포함하여) 하나님의 분노를 불러오게 될 것이다.

선지자들이 하나님의 백성들을 고발할 때는 각각의 구체적인 죄는 그 공동체와 거룩한 하나님이 그들에게 주셨던 언약 둘 다에 관해 죄를 범하는 것이었다. 선지자들은 시내산 언약의 경우에서처럼 종교적인 죄들과 사회적인 죄들 사이를 구분 짓지 않았다. 예를 들면 호세아 선지자는 "이 땅에는 하나님을 아는 지식도 없다"(호 4:1)고 십계명들 가운데 "저주와 속임과 살인과 도둑질과 간음"(호 4:2) 등 다섯 개를 항목별로 말함으로써 입증했다. 더욱 최종적인 것은 예레미야가 그의 유명한 성전 문 메시지를 전달했던 예레미야 7장 9-10절이었다. 그 메시지에서 예레미야는 "너희가 도둑질하며 살인하며 간음하며 거짓 맹세하며 바알에게 분향하며 너희가 알지 못하는 다른 신들을 따르면서 내 이름으로 일컬음을 받는 이 집에 들어와서 내 앞에 서서 말하기를 우리가 구원을 얻었나이다 하느냐 이는 이 모든 가증한 일을 행하려 함이로다." 십계명으로부터 그처럼 분명한 그리고 암시된 고발은 반복해서 선지서들 속에 보일 것이다. 선지자들은 하나님 율법의 탁월한 설교자들이었다.

주와 복음을 믿기 위해 돌아오도록 백성들을 소환함

선지서들 전체 요지는 그들의 전 사역을 나타내는 대명사가 되었던 한 단어로 요약될 수 있을 것이다. 그것은 히브리어 단어 슈브로 "돌아오다" 혹은 "[주께] 되돌아오다"를 의미한다.

구약성서에서 가장 복음적인 구절들 가운데 하나에서 스가랴 선지자는 그의 메시지를 "너희는 내게로 돌아오라 만군의 여호와의 말이니라 그리하면 내가 너희에게로 돌아가리라 만군의 여호와의 말이니라"(슥 1:3)의 부름과 함께 예언(슥 1:1-6)을 시작했다. 이 구절은 그 당시의 백성들에게 진기하거나 획기적인 것이 아니었다. 그러나 스가랴는 다음 구절에서 모든 전기 선지자들(그를 선행했던 열여섯 명의 문서 선지자들 가운데 열 네 명이 해당된다)이 촉구하였던 이와 동일한 구절들을 더하였다. 그는 경고하였다. "너희 조상들을 본받지 말라 옛적 선지자들이 그들에게 외쳐 이르되 만군의 여호와께서 이같이 말씀하시기를 너희가 악한 길, 악한 행위를 떠나서 돌아오라 하셨다 하나 그들이 듣지 아니하고 내게 귀를 기울이지 아니하였느니라 여호와의 말이니라."[244]

이사야는 동일한 간청을 한다. "땅의 모든 끝이여 내게로 돌이켜 구원을 받으라 나는 하나님이라 다른 이가 없느니라"(사 45:22). 다시 예레미야의 초기 구절들 가운데 하나는 그 반복된 명령으로써 하나님에게로 "돌아오는" 이 개념을 취하였다. "배역한 이스라엘아 돌아오라… 나는 긍휼이 있는 자라"(렘 3:12; 참. 3:1, 7, 10, 14, 19, 22; 4:1). 주께 돌아오라는 부름은 180도 돌아서 행동할 것 대한 초대였다. 신약성서가 회개를 위해 적어도 세 단어들(아포스트레포, 메타메로마이, 메타노에오와 아포스트레포, 메타메로마이 그리고 메타노에오)을 가졌던 반면에 히브리어는 기본적으로 회개를 위해 한 단어만 있었다. 선지자들은 그들이 사역하고 있었던 백성들의 삶과 행동들이 변화되는 것을 갈망했다는 것은 너무 자명한 사실이었을 것이다. 그들의 계시의 말씀 선포들은 그들의 방향의 전환과 충성심들의 변화에 대한 청자들과 독자들을 소환하기 위해 의도적으로 계산되었다. 선언된 심판들과 위협들 그

---

244 더 자세한 설명을 위해서 Walter C. Kaiser Jr., *The Communicator's Commentary: Micah to Malachi* (Dallas, Tex.: Word, 1992), 295-301쪽을 보라. 이 책은 지금은 *Mastering the Old testament*(Word, 1992)의 제목으로 출판된다.

리고 위로와 구원의 약속들은 모두 하나님의 영에 의해 전반적인 취지와 그들의 삶과 생각 그리고 믿음의 방향에서 전환을 요청했다.

그러므로 그 선지자들이 오늘날 동일한 질문들을 제기하고 우리의 시대에 동일한 적절성을 가진다는 것은 놀라운 사실이 아니다. 왜냐하면 그 이슈들은 그만큼 많이 바뀌지 않았기 때문이다. 현시대 지구촌 사람들의 우상들과 세속적 방해들의 동일한 형태의 포기를 위해 필요한 선지자들의 소명은 여전히 우리에게 적절하며 여기에 있는 증거처럼 세목으로 나누어야 할 필요가 분명히 있다. 그러므로 선지자들은 그들 자신의 시대와 그들 시대의 문제들에 대해 말했음에도 불구하고 그것은 여전히 우리 시대에 대한 권위적인 지시이며 그렇기에 그것을 통해 하나님의 말씀을 듣는 것이 가능하다. 그들의 어제와 우리의 오늘 사이의 연결은 하나님은 여전히 그 자신에게 "돌아설" 것과 우리 시대에 있는 부흥과 갱신을 위해 부르고 계시다는 것이다. 하나님의 시야에서 거룩함을 위한 표준들은 "너희는 거룩하라 이는 나 여호와 너희 하나님이 거룩함이니라"(보기. 레 19:2)에서 남는다.

사회 개혁가들로서 선지자들

선지자들은 자신의 영적 관계에 관해 말하는 것에만 만족하지 않았다. 그들은 또한 전인격에 대한 분명한 관점을 고백한다. 이 관점을 오랫동안 상징하였던 본문은 아모스 5장 24절이다. "오직 정의를 물 같이, 공의를 마르지 않는 강 같이 흐르게 할지어다." 이 구절은 아모스가 그의 가장 비난을 받은 북 이스라엘 사람들에게 그들은 "은을 받고 의인을 팔며 신 한 켤레를 받고 가난한 자를 팔며 힘없는 자의 머리를 티끌 먼지 속에 발로 밟고"(암 2:6-7)하는 자들로 판단했던 이유이다. 사실 아버지와 아들이 둘 다 동일한 여인과 성적 관계들을 가지게 된 것은 매우 파렴치한 사안들이었다 (암 2:7). 그것들은 하나님이 그들에 앞서 아모리 족속들을 다루셨던 것과 같은 그런 사회적 부정과 불의의 행동들이었다(암 2:9-10).

이사야는 그의 청중들이 공의와 정의를 방치하는 것을 고발한다(사 1:17; 5:7). 그는 이기적인 부자들(사 5:8)과 의지할 곳 없는 사람들에 대해 침묵하는 그들의 행위를 보았다(사 1:15-16). 지도자들은 태만하고(사 1:23) 정치 지도자들은 여호와로부터 도움을 구하는 대신에 그들 주변의 이방 국가들을 의지한다(사 30:1-2).

성경에는 이사야 58장 1-12절처럼 다른 사람들의 복지를 위해 관심을 나타내는 실제적인 종교를 위한 종교성과 제의적 형식주의의 시도된 대체에 관해 직설적인 장들은 많지 않다. 백성들은 예배의 습관들과 하나님에 관한 지식 그리고 실천들과 의식 특별히 그들의 금식의 날들에 의해 증명된 것처럼 바른체하는 반면에 이사야는 어느 것도 전혀 행하지 않을 것이며 그는 대중들이 그들의 금식의 날들에 기쁘게 하는 것들을 행하고 서로간에 다투며 일반 국민들의 이득을 걷어내는 방법을 생각해 내고 다른 사람을 위한 자비는 부족하지만 그들은 그들의 목소리들이 하나님께 들려질 것을 기대한다.

그러나 만약 그들이 하나님이 기뻐하시는 금식의 종류를 준수하기를 원한다면 그들은 다른 사람들에게 놓았던 일련의 부정과 불공평한 계약들을 푸는 것으로 시작해야 할 것이다. 그들은 굶주린 자들을 먹이고 거할 곳이 없는 자들을 위해 처소를 마련하고 옷차림이 꾀죄죄한 자들을 입히고 특별히 그들 자신들의 친척들을 돌보아야 한다. 오직 그 때 그들 자신의 치료는 그들에게 되돌아갈 것이고 그리고 정의가 그들의 선두에서 갈 것이다. 그들은 그때 하나님께 부르짖으며 그리고 그는 사람들이 보통 하나님에게 반응할 것이 기대되었던 그 방식과 유사하게 "내가 여기 있다"(사 58:9)라고 말할 것이다.

영성이 가난한 자들과 압제받는 자들, 배고픈 자들과 집 없는 자들 그리고 고아들과 과부들 혹은 심지어 그 자신의 친척들의 필요에 관해 관심을 가지지 않는 변명으로써 사용되지 않거나 혹은 균형을 유지하지 않은 것은 분명하다. 그럼에도 불구하고 선지자들은 용어의 일반적 의미에서 혁명가들은 아니었다. 그들은 사회 구조의 변화를 요청한 반면에 그들은 이것을 그들의 일선의 공격으로서 그들 시대의 부정한 제도들을 공격하거나 전복하려 시도하지 않았다. 대신에 그들은 개인들의 삶 속에서 수행된 변화를 통해 사회 속으로 변화가 들어오는 것을 원했다. 한 번 더 그들의 청자들에 대한 그들의 도전의 본질은 "돌아서라," "주께 돌아오라"였다.

심판과 구원의 선언 자로써 선지자들

선지자들의 가장 어려운 임무들 중의 하나는 "주께 돌아오라"는 하나님의 부르심에 응답하는 것을 거절한 자들에 관한 하나님의 심판을 선언하는 가슴이 찢어지는 임무였다. 그러나 이 임무는 결코 그것 자체가 목적이 아니었으며 구원의 어떤 소망 혹은 기대가 없는 것도 아니었다. 사실 선지자들은 심판의 말들과 소망의 말들 둘 다의 통로들이었다. 선지자를 심판의 선언자이거나 소망의 선포자로 강요하는 현대의 시도는 성공적이지 못했다. 왜냐하면 그 시도는 너무 환원주의적이기 때문이다. 선지자들은 두 임무들을 수행했다. 그들을 하나 혹은 다른 역할 속으로 강요하는 모든 시도는 편협한 사고의 시도이다.

훨씬 많은 다수의 구약성서 예언들은 조건적 본질과 연결된다. 왜냐하면 그 예언들은 만약 심판을 피하고자 한다면 회개와 신실한 순종을 요청하기 때문이다. 선지자가 호소한 이 형태의 본문들 가운데 으뜸은 시내산 언약으로부터 오는 레위기 26장과 신명기 28장의 두 본문들이다. 이 두 본문들은 축복 혹은 심판을 위해 선택 가능한 전망들을 제기한다. 그리고 그 전망들은 백성들이 순종과 회개 가운데 응답했든지 혹은 그렇지 않았는지에 근거한다. 열여섯 명의 문서 선지자들에게 토라로부터 온 이 두 장들의 수백 개의 직접 인용과 암시들은 존재한다.

반역과 불순종에 대한 이스라엘의 성향으로 인해 미래를 위한 소망은 거의 없었다. 그러나 그 사안들은 결코 그 선지자들의 책임은 아니다. 하나님의 계획은 인간들의 실패로 종결될 수 없을 것이다. 하나님의 계획은 승리를 거둘 것이다. 그에 맞춰 그 선지자들은 그런 사안들을 다루기 위한 특별한 방식을 가진다. 그들은 종종 상당히 가까이 있는 하나님의 현재의 심판을 미래에 하나님의 먼 절정의 일과 동시에 묘사한다. 그러므로 현재는 하나님의 분노의 날 즉 정당성과 하나님이 역사적 과정을 결론지었던 것과 같은 그의 영광스런 구원 둘 다에 대한 창구와 같은 종류들이다. 예를 들면 요엘의 날에 있는 메뚜기 재난의 즉각적 심판은 단지 역사의 종결에 있는 주의 날에 오고 있는 우주적 대개혁의 축소판이었다(욜 1:1-2:17; 참고. 욜 2:18-3:21).

레위기 26장과 신명기 28장의 하나님을 믿고 신뢰했던 자들 혹은 순종할 것을 거절했던 자들에게 벌어질 일에 관한 대안적인 전망들은 아모스 4장 6-12절에서 적절히 설명된다. 하나님이 그의 백성인 이스라엘에게 내릴 것을 허락했던 다섯 개의 연속적인 일시적 징벌들을 피할 회개의 기회가 왔으나 이 애절한 말씀들은 반복해서 백성들의 강퍅함을 나타냈다. "너희가 내게로 돌아오지 아니하였느니라 여호와의 말씀이니라"(암 4:6, 8-11). 그것은 북 이스라엘의 수도인 사마리아가 왜 지금 멸망되어야만 하는지에 대한 이유이다. 아무도 주께 "돌아설"것에 대한 부름에 주의를 기울이지 않았다. 비슷하게 예레미야는 마치 하나님이 토기장이의 집에서 아주 생생하게 보였던 것처럼 여기에 그리고 지금 하나님이 나라들을 심판하실 것을 가르쳤다(렘 18:1-6). 그 토기장이가 녹로에서 일하고 있었을 동안 그가 작업하고 있었던 그 도자기에 잘못된 일이 일어났다. 그러나 비록 그 흠집이 그 진흙에 있었고 그의 예술적 기술 속에 적합하지 않았지만 그 토기장이가 번민 가운데 그 녹로를 털어내기 보다는 오히려 그는 인내하면서 새 도구를 만들기 위해 동일한 진흙을 가지고 작업을 했다. 지금 이 지점에서 대부분은 하나님은 우리 인간들에 대해서가 아니라 진흙에 대해서 주권자이시라고 결론내리는 것을 만족하고 있음을 느낀다. 그러나 그것은 예레미야에게 주어진 결론이 아니다. 왜냐하면 그는 다음에 말하는 일반적인 원칙에서 지시받기 때문이었다. "내가 어느 민족이나 국가를 뽑거나 부수거나 멸하려 할 때에, 만일 내가 말한 그 민족이 그의 악에서 돌이키면 내가 그에게 내리기로 생각하였던 재앙에 대하여 뜻을 돌이키겠고, 내가 어느 민족이나 국가를 건설하거나 심으려 할 때에, 만일 그들이 나 보기에 악한 것을 행하여 내 목소리를 청종하지 아니하면 내가 그에게 유익하게 하리라고 한 복에 대하여 뜻을 돌이키리라"(렘 18:7-10). 이것은 정확하게 왜 니느웨가 멸망되지 않았는지 비록 요나가 그 큰 성읍이 하나님의 심판이 임할 때까지는 오직 사십일만 남겨졌다는 것을 선언했음에도 불구하고 왜 니느웨가 멸망되지 않았는지에 관해 요나서가 설명한 이유이다. 그러나 그들이 뜻밖에 회개했을 때 요나의 실망에도(왜냐하면 그는 이 전통적으로 잔인한 민족을 증오했기 때문이다) 불구하고 하나님의 심판은 더 이상 그들의 머리위에 걸려 있지 않았다. 여기서 제시된 원칙들은 과거에만 국한되지 않는다. 그러나 하나님은 지금 이곳과 지구상의 모든 국가들을 향해 어떻게 행동하시도록 기대되어야 하는 지를 묘사한다.

심판은 선지자들을 위한 사안들의 목적이 아니었다. 그들은 하나님이 역사의 마지막 날에 존재하실 것처럼 그는 현재 그의 구원의 약속들에 대해 신실하신 분이심을 선언했다. 하나님은 그의 백성과 이스라엘 국가를 마치 본래 창조되었을 때 가졌던 전 우주의 본래 영광을 그가 회복시키시는 것처럼 그들의 유산을 회복하실 것이다. 죄와 악 둘 다는 심판받게 될 것이며 하나님의 영원한 나라에서 영원히 사라지게 될 것이다.

나라들에 대한 하나님 신탁의 전달자들로서 선지자들

요나서는 이방 국가의 수도에서 설교했던 선지자들에 관해 우리가 가진 유일한 증거이지만 반면에 국가들에 대해 지시받은 기록된 신탁들은 많은 선지자들로부터 있다. 사실 이사야, 예레미야 그리고 에스겔의 세 선지서들 속에 스물다섯 장들이 있다(사 13-23; 렘 46-51; 겔 25-32). 그러나 다른 선지서 들에도 있다. 예를 들면 아모스 1-2장과 오바댜의 상당 부분은 또한 외국 나라들에 대해 선언된 것들이다.

하나님이 이방 국가들을 심판하시고 계셨다는 사실은 하나님은 그의 왕국에 맞선 모든 반역을 평정하신다는 흔적이다. 이렇게 하여 하나님은 모든 나라들의 주권자이심을 입증하시며 모든 나라들은 하나님이 그의 백성의 구원과 함께 심판의 역사를 동반하실 그 마지막 날에 그에게 설명을 해야 할 것을 입증할 수 있다.

의에 관한 동일한 표준은 존중 혹은 편애가 없이 모든 백성들에게 요구된다. 하나님은 그를 반대하고 그의 백성에 맞서 싸우는 자와 겨루신다. 나라들은 그 날에 하나님의 백성을 맞선 그들의 불신앙의 충돌로 인해 심판받을 것이다.

선지서들의 현대적 타당성

그렇다면 우리는 어떻게 선지자들로부터 하나님을 들을 수 있는가? 특별히 그들이 그들 당대의 문제들에 대해 말했었다면 말이다. 누군가는 "대체" 방법이 그 대답을 제공할 것이라고 결정했다. 즉 모든 긍정적인 위치에 있는 "이스라엘" 이름을 그것과 일치하는 새로운 가치인 "교회"와 대체하는 것이다. 그러나 이 방법은 결코 해결책이 되지 않는다. 왜냐하면 그 방법은 반드시 역사를 새로 써야하기 때문이다. 그리고 그것은 심지어 하나님이 이스라엘과 아직 끝나지 않았다는(롬 9-11) 바울의 기대와 위반된다.[245] 이 제안에 대해 더욱 당황스런 것은 이스라엘에 관한 언급이 부정적인 곳이 아닌 긍정적인 곳들에 있는 이스라엘만을 교회로 대체하기 위해 선택하는 것이다. 그 방법이 어떻게 일관된 혹은 공정한 해석학이 될 수 있는가?

대신에 나는 선지자들을 액면 그대로 인정하는 것을 촉구한다. 단지 그들은 그들 세대에게 하나님의 도덕법을 선언했던 것처럼 그 동일한 말씀들은 우리 세대에게도 계속해서 들려진다. 왜냐하면 하나님의 본성과 성품은 담론 율에서 제공되거나 축소되거나 바뀌지 않기 때문이다. 우리는 비슷하게 신앙의 공동체가 우리를 둘러싼 문화를 모방했던 정도에 대해 회개하거나 "유턴" 신학을 실행하도록 소환되었다. 하나님은 여전히 모든 문화들과 민족들이 그를 위해 그의 자비의 시간을 확장하기 위해 회개하고 그에게 돌아오도록 여전히 부르고 있었다. 왜 선지자들의 이 메시지들은 그 메시지들이 본래 주어졌던 때에 적절했던 것과 동일한 이유로 오늘날 우리에게 적절하게 자리하지 않는가?

선지자들의 예견들에 관해서 그것들 역시 우리 자신의 시대에 관해 심각한 영향을 가진다. 정말로 메시야는 그 선지자들이 그가 첫 번째 오실 것을 예언했던 것처럼 두 번째 오실 것이다. 오직 그 두 번째 오심은 심판과 구원의 시기들에 의해 표시될 것이다. 우리가 공정히 선지자들에 관해 말한다면 균형 잡힌 묘사를 반드시 받게 될 두 주제들은 하나님의 분노와 사랑의 두 표현이 될 것이다. 하나님의 분노의 개념은 구약성서에서 170번 이상 나타난다. 그러나 그 경우들 중의 어떤 것도 비열한 복수와 관련되지 않았다. 오히려 "하나님의 보복"으로써 다소 부정확하게 언급되어졌던 것

---

245 이 논쟁점의 더 자세한 토의를 위해서 Walter C. Kaiser Jr. "An Assessment of Replacement Theology: The Relationship Between the Israel of the Abrahamic-Davidic Covenant and the Christian Church," *Mishkan* 21 (1994): 9-20쪽을 보라.

은 더욱 하나님의 이름과 명성 그리고 인성의 "옹호"로써 책임감 있게 언급된다. 인간들이 거짓되게 하나님은 결코 정말로 선하고 올바르고 공정한 것을 방어하기 위해 일어나지 않는 종이사자라고 결론짓지 않도록 하나님은 반드시 최종적인 행동을 하실 것이다. 반대로 그것은 바로 하나님이 하실 것이다. 하나님은 그 자신과 최종적으로 심판받고 제거될 잘못에 확신한 모든 자들에게 그의 정당성을 입증할 것이다. 그리고 하나님의 승리는 그가 돌아오시는 그 날에 영광스럽게 될 것이다. 반면에 하나님은 마지막 심판이 나타낼 부분적 심판과 구원을 가져오는 것을 기뻐하신다. 이것들은 그 선지자들이 그들 자신의 시대에 요청했던 신앙과 순종 그리고 회개의 동일한 근거들 위에 발생할 것이다.

16.

지혜 자료들과 시편은
얼마나 적절한가?

지혜서와 시편 둘 다 구약성서에서 발견되는 다른 장르의 형태들과는 매우 다르다. 지혜 자료들은 모든 세속적 일상 내에 있는 인생의 의미를 다룬다. 반면에 시편은 하나님을 향한 접근의 말들을 묘사한다. 둘 다에 있어 우리는 하나님으로부터 온 말씀의 직접 드러냄을 받는 것보다 자주 하나님의 말씀(우리의 첫 인상들에 의한 사안들을 진술하기 위해)을 우연히 듣는다. 그럼에도 불구하고 둘 다에 있어서 하나님으로부터의 말씀은 구약성서의 내러티브 장르들을 통한 하나님의 간접적 드러내심을 알기에는 효과적이다.

지혜서의 가르침들

잠언, 전도서, 아가 그리고 다른 지혜 격언들의 일부들과 지혜 시편들 안에서 하나님의 말씀을 듣는 것이 어떻게 가능한가? 이 임무는 단순한 것이 아니다. 왜냐하면 이 모든 자료들은 매우 다르고 복잡하며 이 모든 책들의 동시대의 적절성을 발견하도록 돕는 어떤 유일한 전략을 제안하는 것은 어렵다. 그러나 일단 각 지혜 단위의 목표가 이해되면 그것을 우리의 시대로 데려오는 임무는 상당히 편해진다.

잠언의 저자에게 주를 경외함은 인생의 모든 세속적 결정들을 위한 온전한 과정을 착수시킨다(잠 1:7). 저자들이 강조하는 세속적 분야들 중의 하나는 사람의 성생활의 영역에 있는 진실성이다. 그리고 잠언에 있는 일부의 대조들은 "이상한/이방 여인"과 "지혜 숙녀"의 대조처럼 빈번하거나 혹은 분명하다. 그 "이상한 여인"은 끊임없이 젊은 남자를 그녀의 침상으로 와서 그녀와 사랑을 나누도록 올무를 놓는 자로 묘사된다. 그러나 그녀의 걸음걸이는 무덤으로 내려간다. 그녀의 유혹은 피해야하며 거절되어져야 할 것이다.

인간의 성생활의 신적 선물에 대한 이 뒤틀림과 대조해서 결혼의 끈과 보호 내에 있는 결혼 행위의 기쁨과 아름다움이 있다. 이 기쁨은 잠언 5장 15-23절에서 가장 선명하게 제시된다. 자기 자신의 우물로부터 물을 마시는 은유의 사용을 통해 이 풍유의 저자(왜냐하면 그것은 이 은유를 그것 자체의 작은 이야기 속으로 확장하기 때문에 그것이 의미하는 것은 바로 이것이다)는 그의 독자들을 다른 누구를 향한 어떤 순간적 열정을 위해 그들의 결혼의 사랑을 타협하지 않을 것을 재촉한다. 잠언 5장에 있는 그의 논쟁은 다음과 같다.

1. 우리의 배우자는 우리의 즐거움의 원천이다(15절).
2. 우리의 배우자와의 관계는 반드시 보호되어야 한다(16-17절).
3. 우리의 기쁨은 반드시 우리의 배우자에게 있어야 한다(18-20절).
4. 우리의 배우자와의 관계는 하나님의 응시에 노출된다(21-23절).

자신의 결혼의 즐거움과 결혼 행위는 짐작건대 뜨거운 날에 "[시원한] 물을 마시는 것처럼" 묘사된다. 결혼의 기쁨은 계속해서 시내로부터 흐르고 있는 "흐르는 물"과 같다. 그러나 그것은 또한 사적이며 오직 그들 "자신의 수조"와 그들 "자신의 우물"인 결혼으로 연합된 자들에 의해 소유된 것이다. 훔친 열매는 순간적으로는 맛이 달지만 나중에 쓴맛으로 변하며 자신의 입 안에 나쁜 맛을 남긴다(잠 9:17-18). 그러므로 사랑은 신선함과 매력 그리고 관심을 잃어버리지 않도록 반드시 끊임없이 일구어져야 할 것이다.

그 풍유는 우물 혹은 수조(그것은 너무 문자적 유형 속으로 배치되어서는 안 된다)의 이미지로부터 잠 5장 16절에 있는 "샘물" 혹은 "시내의 물"의 이미지로 발전한다. 그것은 우리가 나그네와 시원한 물 한 잔을 나누지 않는 것을 의미하는 것이 아니다. 그것은 반드시 우리의 무절제한 성적자유를 누리지 않아야 하며 우리의 결혼의 배우자를 위해서만 보존하여야 할 것이다.

그러므로 "젊어서 취한 〔우리의〕 아내"는 우리의 마음을 사로잡는 기쁨이다. 우리는 다른 사람의 신체적 아름다움에 의해 탈선하는 대신에 우리의 배우자의 신체적 매력 속에 있는 우리자신들을 기뻐해야 할 것이다. 그 풍유자는 수사적으로 질문한다. "왜 다른 사람의 아내의 가슴을 품겠느냐?"(20절) 우리의 "열중"(19절과 20절 그리고 23절에 걸쳐 세 번 사용된 문자적 단어이다)은 우리 자신의 배우자와 함께 있어야 할 것이다.

만약에 이 모든 것이 충분하지 않다면 마지막 상기시켜 주는 것은 (잠 5:21) "대저 사람의 길은 여호와의 눈앞에 있나니 그가 그 사람의 모든 길을 평탄하게 하시느니라"(21절)이다.

그런 이유로 모든 것을 보시고 모든 것을 기록하시는 살아계신 하나님의 시야 너머에 존재하는 모텔과 호텔 혹은 침실은 없다.[246]

---

246 Walter C. Kaiser Jr., "The Commendation of True Marital Love in Proverbs 5:15-23 as the Entry Point for Interpreting Song of Songs," in *The Way of Wisdom: Essays in Honor of Bruce K. Waltke*, ed. James I. Packer and Svend K. Soderlund (Grand Rapids, Mich.: Zondervan, 2000), 106-16쪽을 보라.

아가에 따른 성과 결혼

결혼 생활의 영역에서의 아름다움과 순수한 기쁨에 관한 가르침의 강조는 아가 혹은 솔로몬의 노래 전체에 존재한다. 그 책의 결론은 아가서 8장 6-7절에서 절정을 이룬다.

> 너는 나를 도장 같이 마음에 품고 도장 같이 팔에 두라
> 사랑은 죽음 같이 강하고 질투는 스올 같이 잔인하며 불길 같이 일어나니
> 그 기세가 여호와의 불과 같으니라 [247]
> 많은 물도 이 사랑을 끄지 못하겠고
> 홍수라도 삼키지 못하나니
> 사람이 그의 온 가산을 다 주고 사랑과 바꾸려 할지라도
> 오히려 멸시를 받으리라

그러나 여기서 말하고 있는 자는 누구이며 책 전체의 줄거리는 무엇인가? 우리의 견해는 전통적으로 두 명의 인물이 책 속에 있다는 견해와는 달리 세 명의 인물이 존재한다는 것이다. 다른 여인에게 구애를 한 것이 어떠하여 무가치한 것이 되었는지를 기록하는 솔로몬이 있다. 그리고 자신의 애인이 집으로 돌아올 것을 갈망하는 술람미 여인이 존재한다. 그녀는 갑자기 (이스라엘의)북쪽에 있는 그녀의 집으로부터 솔로몬의 궁궐로 옮겨진다. 그 곳에서 그녀는 솔로몬의 여러 아내들 가운데 한 명이 되기 위해 준비된다. 반면에 집으로 돌아온 그의 애인인 양치기는 그녀를 계속해서 갈망한다. 그는 많은 번역 속에서 "연인"이라 불린다.

이 노래의 이야기(만약 그 이야기가 재구성될 수 있다면)는 한 봄 날에 수넴으

---

247 NIV는 하나님의 이름인 야(Yah)를 강화하는 부사로써 제시한다. 그러나 이 제안은 대부분의 히브리어 학자들의 평가에서 전례가 없는 것이다.

로 부터 온 사랑스런 소녀가 솔로몬의 수행단이 지나는 큰 길을 끼고 있던 이스르엘 골짜기에 있는 포도원과 견과류의 과수원을 재배하고 있었던 (아 6:11-12) 것과 연관된다. 그녀가 이 웅장한 무리들과 육십 명의 사람들에 의해 운반된 가마에 있던 솔로몬을 보기 위해 달려갔을 때 행렬 중에 있던 백성들은 그녀를 불렀으며 "〔그들과 함께〕 돌아올 것"을 재촉하였다(아 6:13). 그러나 그녀의 형제들의 포도원의 뜰에서 일하던 거무스름한 양치기 소녀는 이미 후궁들로 "예루살렘의 딸들"(아 6:9-10)로 불렸던 다른 사람들에 의해 준비되어지기 위해 다소 강제로 예루살렘으로 옮겨 졌다.

책의 서두에 솔로몬은 이 술람미 여인에게 그녀가 갈망하는 것에 대해 약속하고 있었다. 반면에 그녀는 뜰로 나갔던 그녀의 연인이 집으로 돌아오는 것을 회상한다(아 1:1-2:7). 그녀는 뜰로 나갔던 그녀의 애인이 그녀를 방문하는 것을 꿈꾼다(아 2:8-3:5). 반면에 솔로몬은 당혹스런 애정의 조건들을 통해 그녀의 구애를 얻기 위해 압력을 가한다(아 3:6-4:7). 이 구절에서 잠언 5장 15-23절과의 연결이 나타난다. 왜냐하면 "우물," "정원," 그리고 "샘"의 주제들이 성적 친밀감을 위한 동일한 의미들과 함께 다시 나타나기 때문이다. 종종 동일한 저자가 잠언과 아가의 둘 다를 기록하였던 것으로 간주된다. 한 번 더 그 여인은 그녀의 애인이 집으로 돌아오는 것에 관해 꿈꾼다(아 5:2-6:3). 반면에 솔로몬은 그녀를 얻기 위해 한 번 더 시도한다(아 6:4-7:9). 그러나 그 여인이 그녀와 같이 있지 않은 연인을 향해 더욱 갈망할 때 모든 노력은 헛되었다(아 7:10-8:3). 마지막으로 그 여인은 놓이고 그녀의 애인을 향해 집으로 돌아간다. 그리고 그녀는 그와 결혼으로 연합한다(아 8:4-14).

자주 반복되는 주제는 "내 사랑하는 자는 내게 속하였고 나는 그에게 속하였도다"(아 2:16; 6:3; 7:10). 이 구절은 술람미 여인과 그의 애인인 목동이 서로에게 가졌던 애정의 표현이다.

그러나 솔로몬은 어떤가? 정말로 연기 기둥과 육십 명의 용맹한 사람들에 의해 운반되며(은 지지대와 금 등받이 그리고 그 내부가 금 은 등으로 새겨 넣어진 상아로 구성된) 레바논으로부터 수입된 목재로 만든 가마에서 보이는 것처럼 그의 존재는 웅장하다(아 3:6-11). 솔로몬은 또한 아가 5장 10-16절에서 그의 체격에 대한 송시도 가진다. 그러나 술람미 여인은 그녀에게 헌정된 그녀의 아름다움을 칭송하는 그와 같은 세 개의 송시를 가진다(아 4:1-7; 6:4-9; 7:1-8).

그래서 현대인을 위한 아가의 요점은 무엇인가? 그것은 하나님이 부부의 사랑은 친밀한 또한 강렬하며 파괴할 수 없는 그리고 불가항력적인 것으로 의미하였음을 보여주고 있는 것을 의미한다(아 8:5-7). 결혼의 연대 속에 있는 부부의 사랑은 세속적이거나 당혹스런 행위가 아니다. 오히려 인간의 육체와 남편과 아내 각자의 신체적 감정적 갈망을 만드신 창조주로부터 온 선물이다.

솔로몬 왕과 같은 비범한 부자가 선물을 가지고 이 사랑을 구입하거나 사랑의 갈증을 풀 수 있는가? 그것은 철저히 경멸될 것이다. 그런 갈증 해소의 행위를 씻어 내거나 소멸시키는 것은 단지 불가능하다(아 8:6-7). 솔로몬에게 물어보라. 그는 시도했지만 패배했다. 그리고 하나님의 영은 솔로몬에게 자신이 모았던 부의 예상된 모든 선물들과 그가 제의했던 약속들을 얼마나 심하게 잃었는지 기록하게 했다. 그러므로 살아있는 말씀이신 예수님이 결혼을 위해서 그는 요한복음 2장에서 가나에서의 결혼 잔치에 참석했다. 그래서 이제 기록된 말씀은 아가(모든 노래들 중에 최고의 노래)에 자리한다. 성서는 이 침입자와 마침내 패자가 된 솔로몬 앞에서 결혼의 고결함을 고양한다.

지혜 교사에 따른 인생

만약 잠언과 아가로부터 어떤 동시대의 가치들을 추론하기에 어려움을 느끼는 자들이 많다면 전도서를 주목하라. 그들은 손들을 그냥 순전히 들어 올리게 된다. 전도서는 월요일에 기록된 것처럼 보인다. 왜냐하면 그 저자는 분명히 병약한 자로 보이기 때문이다. 만약 그가 터무니없이 염세주의적이 아니라한다면 말이다.

그러나 그것 역시 본문 읽기의 불공평한 명백한 증거이다. 한 번 더 전도서 저작의 목적은 그 본문의 성공적 읽기가 수행되도록 식별되어져야 할 것이다. 다행히 그 목적은 또다시 추론될 필요가 없다. 왜냐하면 그것은 그 책의 마지막 장에 위치하기 때문이다. 전도서 12장 13-14절을 읽어 보자.

일의 결국을 다 들었으니
하나님을 경외하고 그의 명령들을 지킬지어다
이것이 모든 사람의 본분이니라,
하나님은 모든 행위와 모든 은밀한 일을 선악 간에 심판하시리라.

그러나 커다란 저항은 이 결론이 선언되고 이 책의 진정한 목적으로서 진술되어지자마자 일어난다. 이 끝이 원래 본문의 일부가 아니며 이 책을 성서의 정경 속에 포함시키기 위해 훨씬 후대에 더해진 것이었다고 큰소리로 외치며 선언된다. 그 가설에 대한 유일한 문제는 이 끝을 가지지 않은 현존하는 히브리어 본문들이 존재하지 않는다는 것이다. 그러므로 어떤 증거가 출현하기까지는 만들어진 생각으로 선언되어야만 할 것이다. 그래서 이제 우리에게 이용할 수 있는 증거에 관해 작업한다면 정말로 이 끝은 진정한 결론이 된다. 어떻게 전도서의 염세적 읽기와 함께 그 결론을 끝낼 수 있는가?

염세적 읽기의 끝은 전혀 결론지어지지 않는다. 우리는 반드시 우리의 추정을 수정해야 할 것이다. 그리고 그 책에 관한 우리의 사고들을 주의하여 다시 돌아가야 할 것이다. 전도서에는 네 개의 주요 부분들이 있는 것으로 나타난다. 그 각각은 반복된 수사적 장치인 다음 구절에 의해 표시된다. "사람이 먹고 마시며 수고하는 것보다 그의 마음을 더 기쁘게 하는 것은 없나니"(전 2:24; 참고. 5:18; 8:15). 그렇다고 해도 이 구절은 쾌락주의자의 찬가 즉 "먹고 마시고 즐거워하자. 왜냐하면 내일 우리는 그 양동이를 차버릴 것이기 때문이다[죽는다]"에 관한 것은 아니다. 오히려 그 본문은 이것들 또한 하나님의 선물들이라는 반복된 확신과 함께 즉시 세속적 지시를 따른다.[248]

그래서 저자의 요점은 무엇인가? 그 저자는 전도서 3장 11절에서 그 요점을 진술한다. "하나님이 모든 것을 지으시되 때를 따라 아름답게 하셨고 또 사람들에게는 영원을 사모하는 마음을 주셨느니라 그러나 하나님이 하시는 일의 시종을 사람으로 측량할 수 없게 하셨도다." 다른 말로하면 만약 우리가 하나님을 찾고 구하지 않는다면 하나님의 바로 그 형상으로 만들어진 우리의 내적 존재는 그것이 하나님 안에 쉬게 될 때까지 걱정하고 불안하게 된다. 정말로 어떤 것의 끝으로부터 그 시작을 알 수는 없다.

그러므로 전도자는 우리에게 창조 속에 있는 모든 것과 우리가 소유한 모든 것 그리고 즐거움은 하나님의 손으로부터 즉시 온다는 것을 보이기 위해 시도한다. 그러나 하나님은 우리들을 선물 그 자체로 우리에게 주시는 행위로부터 구별하고 에워싸는 것들을 즐기기 위해 능력과 힘을 보존하신다. 그렇게 하심으로 우리는 한 번 더 순수한 환경들 그 자체들로 인해 하나님을 신뢰하기 위해 다가가는 설득된 이성을 가지게 될 것이다.

그렇다면 "헛됨"은 전도서에서 무엇을 의미하는가? 그 단어는 하나님을 신뢰하는 모든 경우를 굴복하는 것인가? 만약 당신이 "헛됨"을 말하는 것이 무(없음)이나 혹은 추운 날 볼 수 있는 증기이거나 혹은 없음과 비슷하다면 어떻게 이것을 긍정적 그림에 더할 수 있는가?

---

248 Walter C. Kaiser Jr., *Ecclesiastes: Total Life* (Chicago: Moody Press, 1979), 17-24쪽을 보라. 또한 서명이 없는 논문인 "The Scope and Plan of the Book of Ecclesiastes," *The Princeton Review* 29 (1857): 428, 431-32, 433-36, 437-38, 440을 보라.

"헛됨"은 위에서 알린 사전적 가치들을 가진다. 그러나 전도서에서는 그것들은 다른 것을 의미한다. "헛됨"은 전도서의 문맥의 대부분의 경우에 본질적으로 그것 자체는 하나님의 선한 세계에서 선하지 않은 것이 우리에게 삶의 열쇠나 혹은 모든 삶과 사랑 그리고 노동의 주요 목표인 최고선을 제공하지 않는다는 것을 의미한다. 하나님은 스스로 인생에 대한 답변과 열쇠를 보존한다. 그리고 그것을 오직 그에게 다가오는 자들과만 나눌 것이다. 오직 그에게로 나아옴으로 그들에 관한 사안들의 진실성과 의미를 발견할 수 있을 것이다. 하나님이 그에게 다가오는 자들에게 제공하신다는 그런 견해와 의미가 없다면 모든 옥외와 우주 그 자체만큼 큰 공백이 그들의 마음속에 존재한다. 우리는 이 세상에서 혼자이며 단절됨과 무가치함 혹은 상황 이해에 어떤 참조가 되는 것도 남겨져있지 않음을 느끼게 된다.

잠언에서 일반 은혜와 하나님 경외

설령 사람들이 지혜와 연결될 수 있을지라도 지혜는 하나님에게 속한 독특한 무엇이다. 그리고 그 의미 속에서 지혜는 반드시 그로부터 기인하게 된다. 그러나 하나님 또한 초자연적 영역과 함께 자연 세계를 창조하셨기 때문에 지혜는 마치 하나님이 그것을 그의 말씀과 꿈들 그리고 선지자들과 사도들과 같은 사람들에게 그의 말씀의 드러냄의 "특별한 계시" 속에 분명히 지혜를 두신 것처럼 "자연 계시" 속에 놓았다. 그러므로 자연 계시처럼 지혜와 하나님은 어느 정도 하나님이 행하신 일들을 통해서 알려질 수 있을 것이다.[249]

또한 지혜에 있는 자연과 특별 계시의 상호 작용은 하나님의 주권과 인간 책임의 동시의 확언 속에 보일 수 있다. 그런 이유로 잠언 16장 9절은

---

249 J. C. Rylaarsdam, Revelation in *Jewish Wisdom Literature* (Chicago: University of Chicago Press, 1946)에 있는 이 논점들에 관한 고전적 토의를 보라.

"사람이 마음으로 자기의 길을 계획할지라도 그의 걸음을 인도하시는 이는 여호와시니라"라고 단언한다. 그것은 바로 같은 장의 앞부분인 1절에서 "마음의 경영은 사람에게 있어도 말의 응답은 여호와께로부터 나오느니라"라고 확인한 것이다. 그래서 오직 주를 신뢰하는 화법에 의해서만 우리의 사고들은 희망했던 목표를 성취할 수 있다. 비슷하게 잠언 19장 21절은 "사람의 마음에는 많은 계획이 있어도 오직 여호와의 뜻만이 완전히 서리라"라고 동의한다. 또한 잠언 20장 24절은 "사람의 걸음은 여호와로 말미암나니 사람이 어찌 자기의 길을 알 수 있으랴"라고 밝힌다. 이 모든 구절들은 우리를 인생에서 우리가 생각하는 것과 행동하는 것 혹은 행하는 것을 돌보는 것으로부터 낙담시키지 않는다. 대신에 우리의 모든 계획들과 우리가 인생에서 대면하는 잠재적 위험들과 많은 위험 요소들을 대비한 준비들과 함께 우리는 하나님의 의지에 대한 온전한 겸손과 복종을 드려야 할 것이다. 궁극적인 결과는 주의 손에 있을 것이다.

반드시 인정되어야 하는 하나님의 의지에 관한 불가해함이 존재한다. 예를 들면 잠언 16장 33절은 "제비는 사람이 뽑으나 모든 일을 작정하기는 여호와께 있느니라"라고 명시한다. 지혜 자료들의 분명한 흔적의 형태에 관한 한 구절이 있다.[250] 그것은 "정결한 마음"이다(보기. 잠 22장 11절-"마음의 정결을 사모하는 자의 입술에는 덕이 있으므로 임금이 그의 친구가 되느니라"). 잠언 20장 9절에서 다시 "내가 내 마음을 정하게 하였다 내 죄를 깨끗하게 하였다 할 자가 누구냐"라고 묻는다. 그런 내적 경건을 위한 요구는 구약성서에 자리하고 있는 것과 같은 정도로 신약성서에도 존재한다(참고. 마 5장 8절-"마음이 청결한 자는 복이 있나니 그들이 하나님을 볼 것임이요"). 이것 주제는 우리를 구약성서에서 예배의 부르심으로 이끈다.

---

250 이 요점은 R. E. Clements, *Wisdom in Theology* (Grand Rapids, Mich.: Eerdmans, 1992), 172쪽에서 제기된다.

시편의 예배

시편은 개인들과 공동체들이 그들의 삶과 재난과 궁핍의 시기에 하나님의 중재를 위해 그들의 부르짖음에 관한 표현으로써 찬송들과 기도들의 시적 모음집이다.

하나님이 불린 형태는 시편 속에서 대단히 폭넓은 형태들을 보인다. 하나님은 때때로 "당신"(참고. 시 5) 혹은 3인칭으로 "주"(시 1:2, 6: 23)로 불린다. 매우 흥미로운 것은 시편 23편은 1절에서 3절 그리고 6절에서 "주"와 "그"를 그리고 4절에서 5절에서 "당신"과 "당신의"로 대체한다.

같은 방법으로 화자가 확인되는 형태 속에 상당한 다양함이 존재한다. 종종 "나"가 다윗의 관리를 대신해서 말한다(시 20: 71: 89). 다른 경우엔 화자는 "우리"(시 100:3: 12:7)이거나 혹은 "나"와 "우리" 사이에서 앞으로 나아가거나 돌아올 수 있는 상황(시 44: 137)이다.

다른 형태들의 유형들에 관해서는 하나님의 창조 세계의 경이로움(시 104) 혹은 세계에 대한 그의 다스리는 주권(시 93-100)을 위해 그를 위대하게 하는 찬송들이다. 또한 그들의 절망과 비통함을 하나님께 올려 질병과 군사적 패배들 그리고 박해와 그와 같은 것들의 시기에 하나님의 중재를 구하는 애가들이 있다. 감사시들은 또 다른 형태의 시편으로 하나님 스스로 찬양하거나 혹은 그는 개인들 혹은 집단들을 대신해서 일하고 있음에 관한 행동들을 찬양하는 형태이다. 이 세 가지의 기본 형태들에는 종종 여러 종류의 하부 범주들이 더해진다. 그러나 그것들은 이 세 개의 주제들에 관한 단순한 변형들로 판명된다.

그러나 이 모든 것은 단순히 우리 앞에 문제들을 놓는 것이다. 나는 하나님의 말씀을 어떻게 시편의 이 세 가지의 기본 형태들 속에서 들을 수 있는가? 만약 이 시편들이 기본적으로 하나님을 찬송하기 위해 그리고 그에게 무언가를 요청하기 위해 혹은 그가 어떤 존재인지 혹은 그들을 위해서 그가 무엇을 행하셨는지에 관해 입증하기 위해 그에게 나아가는 화자들에게 그 기원들을 가진 말씀들이라면, 우리는 우리의 시대를 위해 어떻게 그것으로부터 어떤 규범이나 신적인 권위의 자료를 얻을 수 있을 것인가?

아마도 하나님이 우리가 어떻게 하나님에게 감사를 돌리며 우리의 행동의 찬송 속에 안내되어야 할 것인지에 대한 권위를 가지고 가르치는 수단으로써 찬송과 감사를 보존하였는지를 보는 것이 가장 쉬운 것이다. 사도 바울 조차도 그의 서신들을 단지 에베소서 1장 3절의 "찬송하리로다. 하나님 곧 우리 주 예수 그리스도의 아버지께서 그리스도 안에서 하늘에 속한 모든 신령한 복을 우리에게 주시되"와 같이 감사의 단어들로 시작하지 않았는가? 비슷하게 시편은 우리의 기도와 찬송 그리고 예배를 위한 안내를 제시한다.

그러나 우리가 애곡의 사안으로 가게 되면 우리는 심히 불편한 표현들과 마주하게 된다. 그 표현들은 자기 의의 상태에 조금 치우쳐 있는 것으로 보이며 자신의 적들을 다룸에 있어서 지극히 가혹한 것으로 보인다. 시편 137편은 이 점과 관련해서 가장 오명이 난 것 중의 하나이다. 7절-9절을 특별히 읽어보라.

> 여호와여 예루살렘이 멸망하던 날을 기억하시고
> 에돔 자손을 치소서
> 그들의 말이 헐어 버리라 헐어 버리라
> 그 기초까지 헐어 버리라 하였나이다
> 멸망할 딸 바빌론아
> 네가 우리에게 행한 대로
> 네게 갚는 자가 복이 있으리로다
> 네 어린 것들을 바위에 메어치는 자는
> 복이 있으리로다

여기에 욕설 혹은 저주 시편들의 문제들이 놓여있다. 그것들은 성서에 있는 다른 모든 것들과 특히 기본적으로 신약성서에 있는 것들과 매우 이질적인 것처럼 보인다. 이 애곡들에 어떻게 현대적 사용이 있을 수 있는가?

마음고운 신자들은 그와 같은 단어들을 놀라움을 가지고 읽는다. 그들은 질문한다. 어떻게 시편 137편의 시작 구절들의 온화함이 동일한 시편의 마지막 세 구절들과 조화를 이룰 수 있는가? 이 구절들은 신자들이 피하도록 경고된 복수를 요청하는 잔인한 것이 아닌가?

모두 합쳐서 그 애곡들 속에서 어떤 저주의 요소를 가진 시편은 오직 열여덟 편들이다. 비록 이 열여덟 편의 시편들이 368 구절들을 포함하지만 이 구절들 가운데 오직 65개만 이러한 저주의 요소를 나타낸다. 가장 심각한 저주의 시편들은 시편 55; 59; 69; 79; 109와 137편이다. 놀랍게도 온화한 다윗(그는 자신이 사울 왕에 의해 십년 동안 추격을 받고 있을 때 그리고 또 다른 칠년 동안 헤브론을 다스리는 것으로 축소되었을 때 자신의 손으로 행동을 취하는 것을 거절했다. 그리고 결국 이스라엘의 전 열 두 지파들 위에 왕으로 선언되어졌던 자)이 시편들이 동반하는 고대 표제들에 의하면 이 열 여덟 개의 저주 시편들의 단 두 개만 제외한 모든 시편들의 저자이다. 시편 79편은 아삽에게 부여되고 시편 137편은 어떤 귀속도 표제 구절도 가지지 않는다.

그래서 어떤 설명이 가능한가? 그것은 이와 같다. 이 기도들은 복수심에 불타는 정신의 단순한 감정의 폭발들이 아니다. 그것들은 대신에 하나님에게 들려진 기도들이다. 심지어 "저주하는"이란 딱지도 오해의 소지가 있는 것이다. 왜냐하면 그 기도들은 그것 자체의 심판, 재난 혹은 저주를 부르지 않기 때문이다. 하나님만이 그런 모든 사안들의 심판자이고 재판자이시다. 그러므로 간청은 하나님의 손과 하나님 자신에게만 놓여야 한다. 이것들은 회복되어야 할 하나님의 명예와 의를 위한 구약성서의 거룩한 자들의 갈망들의 정당한 표현들이다. 개인의 보복의 진술들로 제한된 것 보다 그 기도들은 하나님의 왕국과 영광을 향한 열정의 표현들로써 고려되어야 할 것이다. 정말로 하나님의 이름을 보는 것과 승리를 초래하기 위한 갈망과 죄에 대한 강렬한 혐오는 존재한다. 다윗은 "내가 … 때까지 단지 기다려라"라고 말하지 않는다. 그는 심판과 그것의 실행을 하나님께 맡긴다. "하나님, 당신이 이 악을 갚아주소서."

만약 그런 설명들이 정당하고 대신에 극히 무례한 사상들과 행동들을 행하기 위한 시도에 속한 추론으로 의심된다면 만약 다윗이 그의 적들에 관한 기록에서 그가 기회들을 기다렸던 복수심이 강한 사람이었는지 주목하고 보라. 사실, 이 저주들의 일부를 수반하는 바로 그 시편들에서 다윗은 그의 적들을 향한 자신의 친절한 마음들을 주장한다. 그런 이유로 시편 35편 12-14절에서 다윗은 애곡한다.

> 내게 선을 악으로 갚아
> 나의 영혼을 외롭게 하나
> 나는 그들이 병 들었을 때에 굵은 베 옷을 입으며
> 금식하여 내 영혼을 괴롭게 하였더니
> 내 기도가 내 품으로 돌아왔도다
> 내가 나의 친구와 형제에게 행함 같이
> 그들에게 행하였으며
> 내가 몸을 굽히고 슬퍼하기를
> 어머니를 곡함 같이 하였도다

그러나 시편 137편은 어떤가? 모든 사안의 핵심은 "네 어린 것들을 바위에 메어치는 "(9절)의 표현을 이해하는 것에서 발견될 것이다. 틀림없이 갓난아기들을 유괴하려는 자나 그들을 길이나 바위투성이 길의 경사면에 메어치는 자는 잔인한 자 그 이상이다. 그러나 우리가 여기서 가진 것은 무엇인가? 결코 그렇지 않다. 왜냐하면 그 표현은 의식적으로 과장하는 근동의 전형적인 감정적 과장법이다. 그러나 저자는 이 시편을 바빌론에 위치시킨다. 바빌론에 결여되어 있는 한 가지는 바위들 혹은 바위 절벽들이다. 이곳은 바위들이 온 사방에 있는 팔레스타인 지역과는 전적으로 다른 곳이다. 그러나 바빌론에는 그런 것들이 없다. 만약 누군가가 바빌론에서 건축을 할 것이라면 그는 진흙 벽돌을 먼저 구워야 했을 것이다. 단순히 바위들과 돌들은 거기에 존재하지 않는다. 그러므로 "바위에 메어치는"이란 표현은 진정으로 과장된 것이다.

매우 흥미로운 것은 신약성서와 구약성서를 예리하게 대조하는 것을 좋아하는 자들을 위해서 이와 동일한 단어들은 누가복음 19장 44절에서 예수님에 의해 신약성서 속에서 반복된다. 헬라어 형태의 그 동사는 오직 여기와 시편 137편 9절(히브리어의 헬라어 칠십인 역에서)에서만 발견된다. 이것은 우리 주님이 의도적으로 이 시편에 연결하고 있었던 분명한 말이다. 게다가 우리 주님은 다른 가장 악명 높은 저주의 시편들 중의 둘인 시편 69편과 109편을 인용하는 것에 전혀 어려움을 갖지 않았다.

시편 141편 6절은 동일한 은유적 사용을 드러낸다. "그들의 재판관들이 바위 곁에 내려 던져졌도다." 그러나 그 시편은 동일한 구절에서 다음의 말을 더한다. "내 말이 달므로 무리가 들으리로다." 이제 만약 통치자들이 문자적으로 절벽으로부터 던져짐을 당했다면 그들은 이 구절의 두 번째 부분의 동일한 "악한 자"들이 틀림없이 "달지" 않은 어떤 것들을 배워야하는 어려운 시간을 가졌을 것이다.

그렇다면 "네가 우리에게 행한 대로 네게 갚는 자가 복이 있으리로다"(시 137:8)-네 어린 것들을 바위에 메어치는 자는 복이 있으리로다(시 137:9)는 무엇을 의미하는가? 그것은 하나님은 하나님과 그의 왕국에 대항하는 거만한 죄에 대한 바빌론과 바빌론의 후손들을 멸망할 것을 의미한다. 왜냐하면 그것이 그때에 이스라엘을 향한 공격을 의미했기 때문이다. 그러나 하나님을 신뢰하는 모든 자는 이스라엘 사람들이든 바빌론 사람들이든 모두 복을 받을 것이다.

여기에 우리가 반드시 보아야하는 시편 저자의 선지자적 역할이 있다.[251] 칼 래니(J. Carl Laney)가 주장했던 것처럼 그 시편의 저주들은 아브라함 언약에 근거한 것이다.[252] 바빌론 몰락 바로 직전에 기록된 시편 137편은 이사야 13장과 예레미야 51장에서 또한 발견된 바빌론에 대항한 용어들을 사용한다. 그 "파괴자"가 그 국가를 대항해 나아올 때(사 13:49, 55, 56) 동일하게 "어린 것들"은 그들의 집들이 노략될 때 그것을 본 모든 자들의 눈앞에서 산산이 부서질 것이다(사 13:16; 참고. 시 137:8-9). 이 시편이 하나님이 이스라엘의 대적으로부터 구원을 가져다주기를 위하는 것과 열방들을 책망하기 보다는 오히려 그들을 축복하기 위해 기다리시는 하나님을 대항하여 반역하는 모든 자들에 대해 위협이 되었던 것을 초래하기 위한 부르짖음이 아니라면 무엇인가?

우리 중의 누군가가 악한 존재 가운데 있고 그를 위해 그 사안을 처리하여 줄 것에 대해 하나님을 향한 부르짖음이 감동되지 않을 때는 끔찍한 날이다. 위태로운 것은 하나님의 영예와 명성 그리고 그의 원칙과 통치이다. 그러므로 시편 저자의 기도와 우리의 기도는 우리 시대에 하나님의 사역의 성공과 승리를 위해 존재해야 한다.[253]

---

251 시편 저자의 "선지자적 영역"은 최근의 해석자들에게 무시되어졌다고 Raymond J. Tournay가 *Seeing and Hearing God with the Psalms: The Prophetic Liturgy of the Second Temple in Jerusalem* (Sheffield, England: Journal for the Study of the Old Testament, 1991), 31-32쪽에서 말한다. 또한 Graham S. Ogden, "Prophetic Oracles Against the Nations and Psalms of Communal Lament: The Relationship of Psalm 137 to Jeremiah 49:7-22 and Obadiah," *Journal for the Study of the Old Testament* 24 (1982): 89-97쪽을 보라.

252 J. Carl Laney, "A Fresh Look at the Imprecatory Psalms," *Bibliotheca Sacra* 138 (1981): 44.

253 저주 시편의 이슈들에 관해 더 나아가는 토의를 위해서 Walter C. Kaiser Jr. *Toward Old Testament Ethics* (Grand Rapids, Mich.: Zondervan, 1983), 292-99; Walter C. Kaiser, Peter H. Davids, F. F. Bruce and Manfred T. Brauch, *Hard Sayings of the Bible* (Downers Grove, ILL.: InterVarsity Press, 1996), 280-82; Howard Osgood, "Dashing the Little Ones Against the Rock," *Princeton Theological Review* 1 (1903): 537-53; Alex Luc, "Interpreting the Curses in the Psalms," *Journal of the Evangelical Theological Society* 42(1999): 395-410쪽을 보라.

그러므로 이 저주들은 거의 시편 저자의 자신의 앙갚음의 바람들의 표현들로써 상상될 수 없을 것이다. 그러나 그것들은 이미 사악한 자들의 마지막이 어떻게 될 것인지에 관해 선언된 심판 위에 근거한다.

결론

시편 저자들의 말들은 어떻게 기도하며 찬송하며 감사를 드리며 간절히 하나님의 왕국의 성공을 갈망하며 예배할 것인지를 가르친다. 사실 그 말들은 주로 하나님을 향한 그들의 접근 내에 있는 유한한 자들에 관한 것들이다. 그럼에도 불구하고 하나님의 섭리 속에서 우리는 하나님이 그가 그의 보좌와 제단 앞에 우리들이 어떻게 나아갈 것인지 우리의 더듬는 입술들을 선택하고 보존하며 가르치는 이 말씀들을 통해서 말씀하고 계시는 것을 여전히 들을 수 있을 것이다.

구약성서 전체는
무엇에 관한 것인가?

이 모든 야단법석의 이유는 무엇인가? 누군가는 구약성서가 얼마나 신뢰할 만하고 적합한 것인지에 관한 우리의 조사를 결론지을 때 질문할 것이다. 왜 누군가는 구약성서를 이십일 세기의 삶에 점점 더 멀어지고 필요하지 않은 책이 되고 있지 않은가? 그 이유들을 사람의 문화적 신학적 배경과 본문에 관한 현재의 이해에 근거해서 다룰 수밖에 없다.

예를 들면 누군가는 여전히 구약성서의 어떤 긍정적 숙고를 매우 약화시키는 십구 세기의 지적 풍조에 영향을 받는다. 무신경하며 거친 개인들에겐 하나님에 관한 인간의 상상들의 자연적 진화만이 존재한다. 결과적으로 구약성서는 기독교 이전(pre-Christian)에 존재한 것일 뿐만 아니라 신약성서의 윤리적 신학적 정상에 도달하는 것에 실패하였던 기독교 하부(sub-Christian)의 존재로 고려되었다.

다른 많은 자들은 이 시대 초기의 철학적 관점에 의해 영향을 받지는 않았다. 그러나 그럼에도 불구하고 구약성서를 우회하는 그들의 실천 행위에 있어서 상당히 유사한 태도를 채택했다. 만약 첫 번째 그룹들과 같은 동일한 결론이 아니라면 그들이 구약성서에 관해 무언가 경멸하는 말을 하지는 않은 반면에 실제로 그들은 전적으로 구약성서를 무시했고 거의 동일한 결과를 초래했다. 어떤 점에서 그 문제는 첫 번째 그룹들 보다 두 번째 그룹들이 더욱 심각하다. 왜냐하면 구약성서의 포기에도 불구하고 구약성서로부터 어떤 기원과 인용들 혹은 연결들이 없다는 신약성서 신앙을 확립하는 것은 불가능하기 때문이다.

세 번째 그룹도 있다. 그들은 일반적으로 구약성서는 단지 건조하고 흥미롭지 않으며 따분하며 장황하고 혼돈스럽다고 선언한다. 중요성 자체와 다양함 그리고 첫눈에 나타나는 구약성서의 혼란스러움은 더욱 자주 노골적인 거절보다는 오히려 태만과 무관심 그리고 소극성으로 이끈다.

다행스럽게도 이 세 번째 그룹은 전체 이야기를 하진 않는다. 여전히 구약성서를 읽으며 그것을 고대 이스라엘 사람들에게 말하는 것처럼 오늘날 우리에게도 많은 것을 말한 하나님의 기록된 계시로써 간주하는 자들이 존재한다. 그러나 이 독자들 중의 일부는 마찬가지로 구약성서를 읽고 해석하는 다소 불완전한 방식을 나타내는지도 모른다.

독자들이 구약성서를 읽는 방법을 잊어버리는 주요한 이유들 중의 하나는 성서의 통일성을 인식하는 것에 실패한 것이다. 하나님은 창세기로부터 계시록까지 이르는 한 계획을 가지고 계신다. 우리가 구약성서와 신약성서 어디에 관심이 있더라도 우리를 고정되게 유지시킬 그의 "약속-계획"에 관한 이 지침이다. 그 계획은 창세기 12장 2-3절에 있는 첫 번째 공식 선언을 발견한다. 특별히 "땅의 모든 족속이 너로 말미암아 복을 얻을 것이라"의 구절에서 발견한다. 이 주제는 많은 하부주제들에 의해서 상술된다. 그러나 그것은 또한 이질적인 주제들과 사건들처럼 보이는 그 모든 것들을 연결하는 초점과 구심력을 형성한다.[254] 잠시 후에 나는 하나님의 약속-계획에 관한 더 많은 설명을 제공할 것이다.

그러나 그처럼 성경의 메시지를 통합하는 중심이 없이 교회는 알레고리적 해석 방법을 채택했다. 쓸모없는 하부 기독교와 도덕적으로 이의가 있

---

254 이 주제에 관한 더 많은 설명을 위해서 Walter C. Kaiser Jr. *The Christian and the "Old" Testament* (Pasadena, Calif.: William Carey Library, 1998)을 보라.

는 연관 없는 주제들과 사건들의 쪽매붙임의 종류로써 구약성서의 많은 부분을 보았기 때문에 소위 말하는 "숨겨진 영적 의미"를 위해 본문의 표면 의미 너머를 보기 위해 그 본문을 구출하고자 하였다. 이 사실은 그 해석자의 독창성에 많은 것이 남겨진 것을 의미했다. 그사이 구약성서의 역사적 자연적 의미는 심각하게 방해되었거나 함께 폐기되었다. 본문의 권위는 더 이상 그것의 당연한 의미에 자리하지 않는다. 그러나 해석자의 "영적" 선호 혹은 교회의 가르침은 "숨겨진 의미들"을 대신한 것처럼 본문 자체의 도그마들로부터 유래되었다.

오직 약간의 예외와 함께 이와 같은 구약성서를 해석하는 영적 접근은 개신교 개혁자들이 구약성서의 권위를 구약 자체의 역사적 당연한 의미에서 회복할 때 까지 만연했다.[255]

기독교인들과 다른 구도자들이 구약성서를 읽고 연구하는 이유들 중 가장 납득할 만한 이유들 중의 하나는 구약성서를 동반하는 쌍둥이 같은 문서 즉 신약성서에 놓여있다. 구약은 기대했던 발생한 것들이 신약성서의 본문 내에 있다는 것이 신약성서의 주장이다. 뿐만 아니라 신약성서는 구약성서로부터 약 300개의 직접 인용들과 구약성서로부터 2000개에서 4000개 사이의 개인들과 사건들 그리고 가르침들에 대한 암시들이 있다. 게다가 신약성서가 구약성서 본문을 인용하거나 암시할 때 그것은 일반적으로 인용과 암시들이 만들어지는 전체 문맥의 재수집을 촉진시키기 위한 의도적인 의도를 가지고 있다.

시간과 문화의 간격을 연결함

역사적 의미를 사용하는 어려움들 중의 하나는 구약성서의 백성들과 사건들 그리고 가르침들이 그것들로부터 우리를 구별하는 경향이 있다는 것

---

255 충분한 토의를 위해 Sidney Greidanus, *Preaching Christ from the Old Testament: A Contemporary Hermeneutical Method* (Grand Rapids, Mich.: Eerdmans, 1999), 70-90쪽을 보라.

이다. 만약 우리가 그것에 관해 생각하기 위해 멈춘다면 동일한 간격은 신약성서의 책들에게도 존재한다. 그러나 그것을 신약성서를 위한 우리의 숙고를 억제하도록 하는 것보다는 오히려 우리가 신학적으로 첫 번째 세기와 이십일 세기 사이의 공통적으로 나타나는 근거를 인식하는 것을 배우는 것이다. 우리는 직관적으로 무엇이 일어나고 있는지 하나님이 그의 인간들을 다루시는 견해와 그들에 대한 그의 행위로부터 분석한다. 그러므로 이스라엘의 하나님은 우리의 하나님이시며 그의 본성과 성품 그리고 가르침들은 오늘날 그들의 시대에 그들에게 했던 것처럼 우리에게 규범을 제공하는 것이다.

구약성서학에 대한 접근들

나는 이곳에서 본문의 자연적 해석은 우리가 단순히 과거의 경험들을 전적으로 우리의 시대 너머로 옮기는 것을 의미한다고 주장하지 않는다. 여기서 피해야할 두 개의 주요 위험들이 있다.

구약성서에 접근하는 바르지 못한 방법 중의 하나는 우리가 우리 자신들을 위한 도덕적 교훈들과 보기들을 대부분 이끌어 낼 수 없는 성격 연구의 연속으로 본문을 보는 것이다. 이것은 성서의 가르침에 관한 근본적인 원리들을 얻고자 하는 더욱 힘든 작업을 위해 대체된 얇은 베니어판과 같은 도덕화에 지나지 않는다. 우리 자신의 시대를 위해 관측되어진 것의 이것 혹은 저것의 관점을 성경 내러티브들에서 일어났던 것을 단순히 관측하는 것과 직접적으로 처방하는 것은 성경 공부를 하는 것과는 분명히 동일하지 않다.

다른 사람들은 성경의 내러티브들에서 묘사하는 것과 그것이 처방하는 것 사이를 구별하는 것에 실패한다. 성경에 대한 소위 말하는 성격 연구의 진정한 위험은 구약성서의 인물들과 사건들은 신약성서의 진리들에 관한 단순한 예증들로 사용하는 남용으로 이끈다는 것이다. 그 인상은 하나님의 말씀의 의미에 이르는 올바른 방식은 신약성서에 있는 가르침에 위치하며 그런 후에 구약성서는 기껏해야 단순히 신약성서에서 확증되고 있는 것을 설명하거나 보충하는 것으로 남겨진 것이란 사실이다. 그러나 실제 사실에 있어서 우리는 구약성서를 이야기들의 저장 장소로써, 또한 우리는 성서외적인 자료들을 사용했었던 방식을 사용하고 있는 것에 불과한 것을 하고 있는 것이다. 이것은 공정한 것이 아닐뿐더러 구약성서 그 자체가 말하는 것을 허락하지 않는 것이다.

그런 주관적이며 임의적인 해석들을 피하기 위해 본문의 해석자와 연구자는 성경의 기본적 통일성에 관한 감각들을 가져야할 필요가 있다. 주제를 통일하는 것은 성서 메시지의 구조와 전체에 대한 각 부분의 종합적 관계를 제공할 것이다. 이것은 해석 과정에 대해 대단히 중요하다. 만약 누군가가 숲 혹은 도시의 부분들을 숙고하고자 한다면 그는 숲 혹은 도시의 전체성에 관한 개념이 필요한 것과 마찬가지로 성경의 통일성에 관한 개념이 필요한 것은 동일한 이유에서이다.

이 사실은 문맥은 해석의 기술에 있어서 왕이라는 것을 의미한다. 만약 "한 문장의 정당한 이해를 얻기 위한 통일성을 얼마나 폭넓게 시작해야만 하는가?"라는 질문이 주어진다면 그 대답은 문단(혹은 내러티브에 있는 장면 또는 시에서의 연과 같은 다른 장르들에 있는 그 문단에 동등한 것)이 저자가 염두에 두었던 의미를 이해하기 위한 것이다.

그러나 한 문단(그리고 그것과 동등한 것)은 다수의 다른 문단들의 문맥 속에서 발생한다. 그리고 이와 관계된 문단들은 장구(가르침 덩어리들) 혹은 장들 그리고 결국 책 전체를 형성해 간다. 그리고 그것들은 성경 전체의 일반적 주제 혹은 계획에 참여한다. 그러므로 만약 문맥이 중요한 것이라면 그것은 하나 혹은 그 이상의 문단들의 직접적인 문맥이 성경 전체 속에 있는 하나님의 구속의 계시의 종합적인 계획 속에 놓일 때 가장 성공적으로 이해된다.

성경에 있는 통합하는 요소로써 하나님의 약속-계획

성경이 통일성을 표현하는 방법 중에 가장 흥미로운 방법 중 하나는 이십세기 초에 윌리스 비처(Willis J. Beecher)에 의해 주어진 프린스톤의 유명한 스톤(Stone) 강의에서 주어졌다.[256] 그의 개략적 개요와 함께 나는 이 책을 마무리 지으며 이장의 질문에 대답할 것이다.

구약성서에 있는 하나님의 계획은 기본적으로 많은 예견이 아니라 하나의 약속이다. 약속-계획 그 자체는 이 방식에서 규명될 것이다. "하나님은 아브라함에게 그리고 그를 통해서 모든 인류에게 한 약속을 그리고 이스라엘 역사에서 주요한 자인 예수 그리스도 안에서 주로 완성된 그리고 이스라엘 역사에서 완성되고 영구히 완성된 약속을 주셨다."[257] 하나님의 왕국과 그 왕국의 기름 부음 받은 왕은 신약성서 내에서 가장 두드러진 특징들이지만 신약성서 저자들은 그들이 이 교리의 증거로 구약성서에 호소할 때 그 왕국을 선포한 신적 약속의 근거위에 있다. 그런 식으로 그들은 그 왕국 자체보다 더 분명히 약속을 만든다.[258] 이 약속의 교리는 단 하나의 장이나 선별된 장들에서 가르쳐지지 않는다. 오히려 그것 자체는 성서들 전체에 걸쳐 폭넓게 펼쳐져 있다. 신약성서에 있는 약속의 단어의 명사적인 형태뿐만 아니라 동사적 형태들을 포함 시킬 수 있다면 그것은 여섯 번의 경우를 제외하고 신약성서의 모든 책에서 거의 육십 번 정도 발견될 것이다.

그러므로 예수님 자신은 자신과 "모세의 율법과 선지자의 글과 시편"(눅 24:44)에서 가르쳐진 그의 계획에 관한 모든 것을 가르쳤던 것이다. 그러므로 누가는 누가복음 24장 27절에서 동일한 메시지를 제시한 것이다. "이에

---

256 Willis J. Beecher, *The Prophets and the Promise* (1905; reprint, Grand Rapids, Mich.: Baker, 1963, 1975). 특히 뒤따르는 내용을 위해 175-94쪽을 보라. 또한 이 주제에 관해 더 많은 설명을 위해서 나의 *Toward an Old Testament Theology* (Grand Rapids, Mich.: Zondervan, 1978)을 보라. 동일한 내용의 더욱 대중적인 제시는 *Christian and the "Old" Testament*에 나타난다.

257 Beecher, *Prophets and the Promise*, 178.

258 Ibid., 178-79.

모세와 모든 선지자의 글로 시작하여 모든 성경에 쓴 바 자기에 관한 것을 자세히 설명하시니라." 이 진술로부터 우리는 아래와 같은 명제들을 끌어낼 수 있다.

1. 신약성서 저자들은 그리스도에 관한 가르침을 단일한 약속 계획과 교리(헬라어: 에판겔리아)의 펼침으로써 그리스도에 관한 가르침으로 간주한다. 그러므로 사도 바울이 사도행전 26장 6-7절에서 아그립바 앞에서 재판 중일 때 그는 그런 궁핍 속에서 그를 밀어 넣은 것은 "우리 선조에게 하나님〔에 의해〕 만들어진 약속의 소망"이었다고 선언했다. 그것은 바울이 구약성서에서 발견했던 약속의 다양성이 아니라 한 약속 교리 속에 있는 그들의 통일성 이었다.

2. 신약성서 저자들은 그 한 약속의 정체성에 관해 어떤 의심도 우리에게 남겨두지 않는다. 그들은 그것을 하나님이 아브라함을 갈데아 우르로부터 그를 불러내고 그의 후손으로 인해 땅 위의 모든 가족들이 복을 받게 될 것이라 선포되었을 때 그에게 약속되었던 것(창 12:3)과 함께 동일시하였다. 그리고 히브리서의 저자는 하나님을 아브라함에게 그가 획득했던 약속을 하셨던 분으로 묘사한다(히 6:13-15, 17). 정말로 동일한 저자는 이삭과 야곱을 히브리서 11장에서 나열된 모든 자들이 비록 그들은 그 약속을 받았을 때 아직 모든 것을 받지 못했지만 참여했던 "동일한 약속의 참여자들"(9, 39-40절)로써 말한다.

3. 신약성서의 저자들은 정관사가 없는 "약속", 그 약속(보기. 롬 9:4; 15:8-9)을 드물게 사용한다. 이 정관사는 하나님의 이 계획에 대하여 구체적인 통일성과 실체가 있다는 사실을 가리킨다. 종종 신약성서는 복수 형태의 그 "약속들"에 관해 말할 것이다(히 7:6; 8:6; 11:13, 17). 이것은 결코 그 약속의 단일성과 통일성을 약화시키지 않는다. 그것은 단지 이 한 계획에 속한 많은 구체성들이 존재한다는 것을 의미한다.

4. 이 한 약속은 그것의 모든 구체성들과 함께 신약성서를 구약성서 전

체의 주제로써 간주한다. 예를 들면 스데반은 구약성서의 사건들을 통해 약속의 교리들을 추적했다. 그가 이스라엘의 역사를 재 진술하는 중에 출애굽의 사건에 도달했을 때 그는 "하나님이 아브라함에게 약속하신 때가 가까우매 이스라엘 백성이 애굽에서 번성하여 많아졌더니"(행 7:17)라고 하는 진술을 가능하게 하였다. 스데반은 그 약속을 성취의 단계들 중의 하나에 도달한 것으로써 묘사했다. 사도 바울은 이후에 비스디아 안디옥에서 사도행전 13장 22-23절에 동일한 진술을 하였다. "하나님이 약속하신 대로 이 사람의 후손에서 이스라엘을 위하여 구주를 세우셨으니 곧 예수라." 스데반처럼 바울은 그 약속을 하나님이 그리스도의 초림과 재림에 있는 그것의 마지막 절정까지 이끌었던 그 모든 역사적 과정을 통해 그 완성을 이루시고 계셨던 한 과정으로써 간주했다.

5. 신약성서 저자들은 그들이 약속의 교리를 그들이 지금 그들 자신의 것으로 선언하고 있는 것을 추적하는 것이 아니라 그들 또한 그들 자신의 화법의 패턴들의 구약성서 부분의 어법을 만든다. 이 사실은 메시아, 주의 종, 나의 아들, 나의 택한 자, 나의 거룩한 자, 마지막 날들, 주의 날, 나의 사자 그리고 그와 같은 것들을 포함한다.

6. 이 약속은 영원히 작동하는 것으로 번복할 수 없는 것으로 보인다(히 6:13, 17-18). 바울은 갈라디아 3장 15-18절에서 이것과 동일한 주장을 밝힌다.

7. 물론 그리스도가 약속의 전체는 아니지만 그는 확실히 고대 약속의 절정에 달하는 성취이다(행 13:23, 32-33; 갈 3: 22).

8. 하나님의 이 한 약속에 포함된 것들은 뒤따르는 구체성들이다: 약속의 한 교리의 부분으로써 전체, 이방인들의 구원(갈 3:8, 28-29), 땅위와 하늘에 하나님의 왕국의 선언, 모든 신자들의 죽은 자들로부터 부활의 교리, 미래의 보상(벧후 3:4; 행 26:8; 요일 2:24-25; 히 9:15), 성령의 선물(갈 3:14; 행 2:38-39), 그리고 죄로부터 구속의 교리와 믿음에 의한 의롭게 됨(야 2:21-

23; 롬 4:2-5, 9-10). 이것은 전체 목록은 아니다. 그러나 그것은 우리를 약속의 폭 넓은 교리가 무엇인지에 관한 환원주의적이거나 단순화한 가정들을 만드는 것으로부터 충분히 지켜줄 것이다.

결론

이 약속 구절들은 우리를 기독론에 있는 본질적인 모든 것과 연결한다. 그러므로 하나님이 아브라함을 부르시고 그를 통해 전 인류가 축복받을 수 있는 그에게 주어진 약속을 선언했다. 이 약속은 모든 선지자들에 의해 설교된 다윗과 함께 갱신되었다. 그리고 그 선언의 최초로부터 그 마지막 성취까지 완성되어지기 시작했다.

그러므로 우리는 창세기로부터 계시록까지 "하나님의 모든 조언"을 찾아야 할 의무가 지워진다. 그리고 모든 인류들을 위한 그 자신에 관한 하나님의 선언의 어떤 작은 부분과 그의 의지는 구약성서 속에서 발견된다. 우리의 본연의 존재와 우리의 힘인 기쁨에 대한 삶에 있어서 창세기로부터 말라기까지의 말씀들을 함께 발견하게 된다. 왜냐하면 우리는 "빵으로만 사는 것이 아니며" 혹은 다른 것들만으로 사는 것이 아니다. 그것은 중요한 일이다! 우리는 틀림없이 하나님의 입으로부터 나온 모든 말씀(구약성서에 있는 것들을 포함)해서 살아야 할 것이다.

a postscript

우리가 이 책에서 가로지른 이슈들은 정말로 복잡하다. 여기에 제시된 해결책들과 관점들은 나 자신의 것임을 독자들은 깨닫기를 바란다. 성서가 영감을 받은 것인 반면에 나는 오직 여러분들이 이 장들을 읽을 때 모든 것에 노력을 기울일 것을 주장할 것이다. 나의 가장 바라는 소망은 여기서 제공된 해결책들의 많은 것들이 다른 사람들과 공유되며 채택되는 것이다(특별히 만약 증거가 강력하다면). 그러나 이것들은 여기서 논쟁된 때때로 어려운 사안들에 대한 가능한 유일한 복음적 해결책들이라고 제안하기 위한 의도는 없다. 물론 나와는 다른 결론에 도달하는 다른 보수주의적 저자들도 존재한다. 그러나 우리를 부르는 것은 성서 본문은 모두 우리들에 관한 것이라는 우리의 동의이다. 믿음의 공동체는 하나님으로부터 온 이 말씀이 성령의 인도와 감독 아래에 기록되었던 권위를 가진 것이라는 사실을 붙잡는다.

고등 비평	(본문과 정경을 다루는)저등 비평과 다른 비평. 성서 책들의 연대, 저작권, 목적 그리고 문학적 구조와 같은 성서학에 있는 이슈들과 연관된 비평.
기호일람표	하나의 구체적인 문서를 다른 것과 구별하기 위해 사용된 기호.
그리스도 가현설 해석	그리스도는 오직 인간이었던 "것처럼" 나타났던 것이며 그는 그러나 진정으로 전적으로 신이었다고 말 한 기독론적 논쟁으로부터 차용된 이름. 해석에 적용된 것처럼 이 견해는 본문의 인간적 측면에 관해 어떤 신뢰도 주지 않으며 오직 신에게 초점을 둔다.
게니자	버려진 신성한 기구들 혹은 신성한 책들을 위한 회당 내에 있는 보관소.
게마라	미쉬나(구전 율법)에 관한 아람어 주석. 탈무드의 두 번째 부분에 나타난다. 미쉬나와 게마라는 탈무드를 구성한다.
게마트리아	수치를 이름이나 단어 속에 있는 글자들에 덧붙이는 체계(알파벳으로 된 아람어 숫자 가치를 각 글자를 위해 차례차례로 사용) 그리고 그 단어 혹은 이름의 어떤 난해한 혹은 새로운 의미에 도달하기 위해 전체 숫자를 더함.
과장법	요점을 강조하기 위한 의식적인 과장.
글래시스	성벽 공격을 어렵게 만들기 위해 성벽의 바깥 기초에 있는 일반적으로 회반죽이 발린 경사진 제방.
관념의 사다리	보편적인 공평의 원리 혹은 형태가 발견되는 곳인 한 사다리의 정상을 행해 고대 당시의 구체적인 상황으로부터 상상력의 추상적인 사다리를 올라감을 통해서 주전 시대의 성서 본문의 구체성 혹은 특별성을 적용한다. 그런 다음 우리의 시대를 향해 그것의 주후의 당대에 구체적 적용을 위해 결합하는 사다리로 내려온다.

나할 헤벨	히브리어 마소라 본문 보다 더 이른 두루마리들이 조금 발견된 지역.
네 개의 문을 지닌 집	세 개의 방들 혹은 천장이 없는 마당과 네 번째의 중앙 공간 주변의 기둥으로 구별된 공간들로 구성된 이스라엘 사람들의 주거 형태로 불린 철기 시대의 특징적 구조.
두 가지 색의 도자기	중기 청동기 2 기와 후기 청동기 1기에 이 도기는 기하학적인 그리고 동물상의 디자인이 검은 색과 붉은 색으로 그리고 키프로스인과 시리아 가나안 인들의 특성과 지역에 특유한 것으로 특징지어졌다.
단편문서 가설	오경의 자료들은 매우 단편적이며 그것들은 더 이상 문서들로써 간주될 수 없고 단지 중심 되는 엘로힘 문서에 대한 정보의 단편들만 제공하는 것으로 주장하는 비평적 문서 견해.
라기스 편지	유다의 마지막 시기에 기록된 라기스의 성읍으로부터 온 히브리어로 쓰인 도자기의 파편.
레닌그라드	현재 우리의 히브리어 성서의 본문의 근거로 주후 1009년으로 연대가 설정되며 특별히 벤 아쉐르 본문과 그리고 수백 개의 중세 시대의 사본들과 동일한 본문이다.
동물의 간으로 점치기(Hepatoscopy)	동물의 간을 관찰하기 위해 동물을 도살하는 행위. 그렇게 함으로써 미래에 어떻게 행동할 것인지 깊이 들어가며 방향을 얻는다.
루브릭(Rubric)	"붉은"(영어로 루비) 펜으로 기록된 고대 세계의 본문의 제목.
마리 문서들	유프라테스 강가에 있는 마리에서 발견된 주전 18세기의 아카드어의 상형 문자들과 행정 기록물들.
마소라	마소라 학자들에 의해 기록된 히브리어 성서에 있는 책 여백(책 페이지의 양쪽과 하부의 여백)의 읽기.
마소라 본문	랍비 아론 벤 아쉐르의 손에서 나온 주후 10세기의 사본으로 확인된 특징적인 히브리어 본문 형태로 중세 시대의 수백 개의 사본들의 분석을 반영하였다.
마소라 학자들	성서의 히브리어 본문을 보존하기 위하여 주석들과 표시들의 체계를 고안했던 유대인 학자들의 무리들.
모세 이후 시대 흔적(Post-Mosaica)	아마도 여호수아에 의해 모세 이후에 만들어진 오경에 추가된 일부들.

무라바아트(Muraba'at)   성서의 히브리어 마소라 본문 보다 더 이른 시기의 두루마리
                       들이 조금 발견된 지역.

미드라쉬   성서에 관한 초기 유대인들의 주석들의 수집물들과 성서를 해
                       석하는 방법

미니멀리스트 역사가   만약 구약성서에 이스라엘의 역사를 구성하기 위한 어떤 역사
                       가 존재한다면 그런 것은 거의 없다고 느끼는 포스트모던 시
                       대의 성서 역사가들을 지칭하는 최근의 용어.

미쉬나   주후 200년경에 편찬된 탈무드의 기본 부분을 형성하는 유대
                       인들의 구전 율법과 전승들의 수집물.

미케네 문명의 도자기   그리스 문화와 무역의 시기를 가리키는 수입된 도자기.

문법적역사적 해석   저자에 의해 주장된 그리고 저자의 시대와 진리 주장들의 관
                       점으로부터 이해된 것으로서의 구절의 자연적, 문자적, 그리
                       고 역사적 의미.

문서 가설   네 개의 문학적 가설 자료들이 오경의 마지막 구성을 위한 자
                       료들이었다는 주장으로 주후 1900년 바로 직전에 율리우스
                       벨하우젠에 의해 최종적으로 공식화된 고전적 이론.

바알   "주" 혹은 "주인"을 의미하는 총칭적인 용어와 비와 이슬 그
                       리고 풍요의 셈족 계열의 신 둘 다를 의미. 바알로 불린 여러
                       지역의 남성 우두머리 신들 즉 바알 하몬, 바알 제폰과 우가리
                       트에서 바알과 "구름을 타는 자" 등이 존재한다.

보편적인 공평의 방법   성경에 있는 구체적인 경우는 성서 본문에 나타난 시대보다
                       우리의 시대에 쌍방에 의해 공유된 공평으로 인해 더 많은 경
                       우들과 본문의 독특한 환경에 적용한다.

비유적인(Tropological) 해석   중세 시대에 촉진된 모든 성서에 주어진 네 개의 의미들
                       가운데 하나. 이 해석은 본문의 도덕적 의미였다.

비즉위 년 추정   왕이 보좌에 앉은 첫 번째 날을 비록 그 날이 한 해의 한 가운
                       데 이든지 혹은 그 해가 시작된 달력의 날에 시작되었든지 왕
                       의 통치를 시작한 첫해의 시작으로 계산하는 체계이다.

불가타   제롬에 의해 완성되었으며 로마 가톨릭 교회용으로 권위가 부
                       여된 성경의 라틴어 본.

사마리아오경   성서의 첫 다섯 권에 부드럽게 현대화된 약간 확장된 본문. 사
                       마리아에 사는 부분적으론 유대인이며 부분적으론 이방인 무

리들인 사마리아 사람들에 의해 만들어졌다. 그 본문은 대략 주전 2세기경에 만들어졌다.

사해 사본	쿰란 근처의 동굴들에서 발견된 에스더서를 제외한 구약성서의 모든 책의 전체 혹은 부분을 가진 약 800개의 두루마리들.
시대착오	어떤 사건(들) 혹은 인물(들)을 시기에 잘못 두는 것.
시체 안치소	자연석으로 만들어진 작은 집 안에 있는 지상 매장지. 밥-에드 드라(Bab-edh Dhra)에서 초기 청동기 시대에 사용되었다.
스카라브(Scarab)	작은 풍뎅이 모양의 이집트 장신구. 스카라브에는 일반적으로 글들이 새겨져있으며 종종 바로의 이름이 기록되어 있다.
상호 언약	신과 인간들 사이의 규정들로 그들 사이에 효력이 발휘되게 준수하여야 하는 것에 근거한 양자 간의 언약.
상형 문자	기호들과 한정사들 그리고 알파벳의 성격들로 구성된 주전 3000년경부터 알려진 이집트 그림 문자.
석비	세워진 돌 비석 혹은 보통 만든 사람 혹은 기념비적 역사를 제공하는 비문을 가진 기둥.
섭정	둘 혹은 더 많은 왕들이 동시에 다스린 겹치는 통치기간.
설형 문자	쐐기 모양의 문자로 주전 3400-3200년에 수메르 인들에 의해 발달되었으며 또한 초기 아시리아인 들과 바빌로니아인들에 의해 점토판위에 사용되었다.
성서의 사중 의미	성서 해석은 모든 본문들이 문자적, 알레고리적, 도덕적(혹은 교훈적) 그리고 영적 의미 등의 네 가지 의미들을 낸다는 견해.
"손을 더럽히다"	주전 2세기경에 랍비들이 거룩한 책들을 가리키기 위해 사용한 표현으로 만약 높은 경외감으로 그 책들을 다루거나 취급하는 것에 실패한다면 그 거룩한 책들이 그 손들을 더럽히게 된다는 표현이다.
신비적 해석	("상향," "상승," "고양"을 의미하는 헬라어 아나고게로부터). 아나고게에 의하여 성서 본문에 있는 천상의 실재들을 숙고할 수 있도록 한다. 중세 시대의 학자들에 의해 증진된 성서의 네 가지 의미들 가운데 하나이다.
센수스 플레니어(Sensus Plenior)	하나님은 성경의 궁극적 저자이시기 때문에 저

자가 성서에 있는 자신의 본문에 의미했던 것을 넘어서는 이
나머지 세대의 의미로부터 인간 저자의 의미 보다 우리는 성
서에 우리 시대를 위한 또 다른 의미를 말할 수 있다는 견해.

셉투아진트	"칠십." 전설에 의하면 주전 3세기에 칠십일 동안 칠십 명의 학자들에 의해 기록되었던 히브리 성서의 그리스 어 번역.
아마르나 서신들	이집트의 십팔 왕조의 아멘호텝 3세와 아멘호텝 4세와 가나안의 왕들과 주변의 다른 왕들 사이의 서신 교환으로 이집트 엘-아마르나에서 주로 발견된 약 삼백 개의 편지들이다(주전 십사세기).
아카드어	바빌로니아와 아시리아에서 사용된 쇄기 모양으로 기록된 셈어이다.
야브네(얌니아)	주전 70년 예루살렘의 몰락을 피해 달아난 유대인 학자들의 무리들이 모인 이스라엘에 있는 해안 도시. 그 곳에서 그들은 주전 90년에 전도서와 아가의 해석과 같은 일들을 토의하기 위해 만났다.
오경	전체로 간주된 구약성서의 첫 다섯 권. 창세기, 출애굽기, 레위기, 민수기 그리고 신명기.
오스트라콘(Ostracon)	도편의 그리스어. 고고학자들에 의해 도자기 파편의 일부와 표면에 기록된 흔적을 가진 뼈 조각 혹은 나무를 묘사하기 위해 사용된 용어. (파피루스는 값비쌌기 때문에 오스트라카가 일상의 기록 목적에 사용되었다).
우르텍스트(Urtext)	후대 본문의 원형으로써 제시된 본문.
우주론	세계의 기원과 과정 그리고 구조에 관한 연구.
에비온파의 해석	그리스도는 전적으로 인간이었으며 신이 아니었다고 그리스도에 관해 주장한 기독론적 논쟁들로부터 파생된 이름. 해석에 적용된 것처럼 이 견해는 어떤 신적 강조의 난점에 대해 본문의 인간적 측면을 강조한다.
에포님(이름의 시조)	"그 해의 인물"을 뒤따른 해에 이름을 짓는 아시리아 사람의 행위. 그는 그의 "이름"을 이름의 시조 혹은 직함으로써 그 해에 사용한다.
유추의 방법	하늘과 땅 사이의 상응의 원리를 추정한다. 그러므로 표현된 유사함이 존재한다. 고대 본문과 동시대의 배경들 속에서 그

본문의 영적, 천상의 그리고 경건한 현대 적용 사이에서 생각된다.

외경(아포크리파)
일곱 권의 책들(토빗서, 유딧서, 솔로몬의 지혜서, 집회서(또는 시라 혹은 벤 시락의 지혜서로 불린다, 바룩서, 그리고 마카비 1서와 2서)은 칠십인 역(헬라어본)과 성경의 불가타역(라틴어 역본)에 포함되었지만 히브리어 성서와 개신교 정경들 속에는 포함되지 않았다.

알레고리적 해석
해석자가 세속적인 문자적 의미와 소위 말하는 보다 더 심층적인 천상의 의미 사이를 영적 어조와 그렇지 않다면 지루한 세속적인 시대에 뒤떨어진 자료들의 의미와 영향을 증가시키기 위해 비교하는 것을 허용하는 성서 본문에 표현되지 않은 비교들이 존재한다는 확신을 가진다.

약속–계획
아브라함과 이삭 그리고 야곱과 다윗에게 개인적인 하나님이 되시겠다는 하나님으로부터 주어진 신적 약속. 그 약속은 하나님이 오시는 약속의 사람(Man)을 믿는 자들 모두를 마찬가지로 축복하기 위해 행동하신다는 것이다.

얕은 돋을 새긴 부조
양각으로 새겨진 조각으로 인물들이 배경으로부터 가볍게 뛰어나온다.

양식 비평
다른 문학적 양식의 역사를 삶에 있어서 반복된 사회적 배경들에 관계되는 것으로 강조한 헤르만 궁켈(1862-1932)에 의해 개척된 비평의 형태.

인공물체
어떤 목적을 위한 동전과 작은 조각상 혹은 돌 또는 철 연장으로 사람의 개입을 입증하는 어떤 물체들.

인 사이투(In situ)
"제자리에," "원 위치에." 유물이 본래 발견된 정확한 지점과 위치를 가리킨다.

인클루시오
유사한 단어들 혹은 사상들을 한 단락의 처음과 마지막에 배치함으로써 한 구절을 둘러싸는 문학 장치.

인장
토판 혹은 다른 유연한 (그리고 결과적으로 단단하게 된) 물질들 위에 찍힌 인감.

일방적 언약
인간의 순종에 근거하지 않은 오직 하나님의 신실하심에 근거한 한편의 하나님의 무조건적인 약속.

육십진법
시간을 말하기 위해 사용하는 것과 같은 5와 12의 단위들과

	함께 60의 기준을 사용하는 수학 체계.
은유	한 가지가 다른 것으로 말해지는 암묵의 비교. "A"는 "B"이다.
와디	오직 우기동안만 물이 흐르는 임시 물줄기를 위한 아랍어 용어.
외경(듀터로-캐노니칼)	외경(아포크리파)를 보라. 트렌트 공의회(주후 1545-1563년)에서 로마 가톨릭교회에 의해 구약성서 정경으로 더해진 일곱 권의 책들로 그것들은 항상 유사-정경 혹은 이차적인 지위를 가진 것으로 생각되었다.
자료보충 가설	엘로힘 문서가 성서의 첫 여섯 책들의 기본 문서였으며 다른 모든 자료들은 이 주요 문서에 단순히 보충되었다는 에발트(H. G. A. Ewald)의 견해.
저등 비평	본문과 성서의 정경에 관한 성서적 질문들에 대한 연구.
저주 문서	저주가 동반된 팔레스타인과 시리아에 있던 민족 집단들과 지역의 통치자들의 이름들이 새겨진 주전 19-20세기의 이집트의 문서들.
지구라트	피라미드 형태의 계단을 가진 메소포타미아 신전.
제1성전 시대	솔로몬의 성전 건축(주전 967년)과 성전 파괴(주전 586년) 사이의 시기.
제2성전 시대	성전의 재건축(주전 516년)으로부터 포로후기 시대까지의 시기.
중간 원칙 방법	일반적인 관념(정의와 같은)과 동시대의 세계 속에서 구체적인 행동들을 이어주는 원리가 존재한다는 생각.
점진적 인식	성서의 책들은 신적으로 영감 되었고 권위를 가진 것으로 일부의 유대인들 혹은 교회의 선언 또는 그리스도교 시대에 그와 같은 그들의 최종 평가를 선언하기 위해 기다린 것에 의한 것이 아니라 오히려 그것들을 가장 잘 알고 있던 저자들의 동시대인들과 그들의 뒤를 곧바로 따른 자들에 의해 인정되었던 주장.
정경	"측량 도구" 혹은 "규정." 성서로 간주된 권위 있는 책들의 목록.
정경의 삼중 구분	구약성서의 서른아홉 권 모두는 세 개의 기준으로 요약된다는 견해. 율법, 선지서, 그리고 성문서(혹은 때때로 성문서 부분의 가장 크며 첫 번째로써 단순히 "시편").

종주권 조약	주전 이천년 대에 힛타이트에 있던 고전적인 다섯 부분의 문학적 양식을 따르는 강력한 왕이 봉신 왕과 함께 맺은 쌍방 간의 협정. 그러나 주전 첫 번째 천 년대에는 아시리아 조약들에서 이 문학적 부분들 가운데 오직 세 부분만 사용되었다.
즉위 년	통치연도를 세는 체계로 일 년 열두 달로 이루어진 통치 기간과 부합되는것이 아니라 왕권을 지닌 왕이 즉위한 날로 일 년 후에 시작되는 달을 지날 때 즉위년도가 계산 된다.
테오리아(Theoria)	하나님이 선지자에게 "환상"을 주어서 선지자가 하나의 의미 아래에서 함께 연결한 그가 예언한 그 사건의 가까운 완성과 가장 먼 완성을 볼 수 있다는 주전 4세기에서 5세기의 안디옥 학파의 견해.
탈무드	미쉬나(토라의 초기 구전 해석의 기록된 형태)와 게마라(미쉬나에 관한 광범위한 주석) 두 부분으로 이루어진 유대인 종교와 법률 전승들의 모음. 팔레스타인 판은 아마도 주후 450년에 만들어졌으며 여전히 미완성의 상태이다. 그러나 바빌로니안 판의 탈무드는 네 배가 더 길며 주후 500년에 완성되었다. 저작의 과정은 아마도 주후 200년부터 500년에 걸쳐서 발생했다.
텔(Tell/Tel)	반복된 파괴 혹은 축적된 거주지의 잔해들에 기인하는 성벽 내에 건축물들의 층에 의해 초래된 사람들의 거주지로 인공적인 구릉지와 관계된 아랍어(히브리어로는 하나의 l).
특수성 혹은 특수성의 원리	성서 본문의 "스캔들"은 그 본문이 구체적으로 고대 시대의 사람들과 장소들 그리고 시간 속에 위치해 있는 것이다. 그리고 그 사실은 성서 본문을 우리의 시대에까지 이르는 어떠한 후대와의 동시대의 연관성을 가지는 것을 막는 것처럼 보인다.
케이스메이트	일련의 포곽들 혹은 그것들 사이에서 저장 창고와 거주를 위한 공간들 혹은 포위시기에 방비를 강화하기 위해 채워진 이중벽.
코덱스	두루마리를 대신해 책의 형태로 엮어진 고대 사본.
콜로폰	부속물 혹은 서류의 종결 혹은 본문의 한 부분.
케티브(Kthiv)	"쓰인." 히브리어 본문에 서있는 히브리어 자음들에 의해 "쓰

인"을 나타내는 것과 연관된다.

케테프 힌놈(Hinnom)　현존하는 성경의 가장 오래된 (주전 7-6세기)본문이 새겨진 두 개의 작은 은장들이 발견된 곳으로 힌놈의 골짜기를 가로지르는 예루살렘의 남쪽.

키르베(Khirbeh)　주거지로 사용된 한 층을 가진 고대 장소를 가리키기 위해 사용된 아랍어 그러나 지금은 폐허로 자리한다(장소 명으로 사용될 때 마지막 모음 문자 아는 키르벳 쿰란에서처럼 마지막 자음 타브로 바

칠십인 역(LXX)　셉투아진트를 보라. 칠십 명의 번역가들에 의해 히브리어 본문을 그리스어로 칠십일 동안 완성하였다는 주장으로 인해 제시된 약어이다.

케레(Qere)　"읽기." 히브리어 성서의 여백들에 쓰여 있는 히브리어 자음들과 연관된다. 그리고 그 본문 속에 또한 케티브로 불린 모음들과 함께 "읽는다."

쿰란　사해 사본이 근방에 있는 동굴들에서 발견된 사해의 서쪽 편에 위치한 여리고의 남쪽 9 마일 정도에 자리한 폐허의 지역.

포르라게(Vorlage)　"아래에 누운." 후대의 본문들에 나타난 요소들의 기초 혹은 근거로 간주된 본문.

포스트모던, 포스트모던 주의　20세기 후반부에 발생w한 지식의 위상에 있어서의 변형. 그 결과는 제도들, 가치들, 역사 혹은 문화 등을 통합하는 설명들에 관한 광범위한 냉소와 그리고 보편적인 세계의 이해들에 대한 회피와 인식의 모든 형태들에 있어서 상대성에 대한 신념과 권리의 드러냄과 비평, 그리고 삶의 형태들의 모든 것 속에 있는 특수성과 다양성 그리고 다원성을 열렬히 제시한다.

페쉐르(Pesher)　쿰란에서 발견된 해석 방법으로 성서 본문들에 있는 역사적 인물들과 사건들에 그 본문에서 정말로 우리 시대에 있는 이것을 말하고 있는 말을 통해 동시대의 동일성과 동등성이 주어졌다. 그러므로 쿰란 서기관들은 하박국서 본문의 "바빌론인들"을 그들의 주석들에서 정말로 주후 1세기에 그들을 공격하고 있었던 "로마인들"로 만들었다.

하비루/하피루　아마르나 서신들에 언급된 가나안에 있는 후기 청동기 시대의 정착지가 없던 사람들. 고대 히브리인들 혹은 용병 무리들로

구성된 것으로 다양하게 생각되었다.

호크마	잠언, 전도서, 아가 그리고 지혜 시편들의 내용을 특징짓는 "지혜"를 위한 히브리어 단어.
헤로도토스	"역사의 아버지"로 언급되는 주전 484년에 태어난 그리스 역사가.

The Old Testament Documents
Are They Reliable & Relevant